# 엘리엇 시에 있어서의 동서 구원관의 융합

# 엘리엇 시에 있어서의 동서 구원관의 융합

최희섭 지음

KSI 한국학술정보㈜

# |머리말|

　모든 작가는 개인으로서 그리고 예술가로서 그가 몸담고 있는 시대와 사회의 영향을 받게 마련이다. 자신의 환경에 순응하지 않는 경우에도 그는 자신이 그 환경에 속해 있음을 묵시적으로 드러내게 된다.[1] 엘리엇Eliot 자신도 위대한 시인은 "자신을 쓰면서 자신의 시대를 쓴다"[2]고 말하여 작품 가운데 그가 처해 있는 현실이 표현될 수밖에 없음을 긍정하고 있다. 그러나 현실을 단지 묘사하기만 하는 것은 예술이라고 할 수 없기 때문에 위대한 작품은 단지 현실을 묘사하는 것에 그치지 않고 그 속에 영속적인 가치를 지닌 무엇인가를 포함하게 된다.[3]

　종교적, 신비적 차원의 "영속적인 무엇"에 대한 엘리엇의 추구는, 그가 단테Dante의 시를 좋아하는 이유를 다음과 같이 말하고 있는

---

1) Sean Lucy, *T. S. Eliot and the Idea of Tradition*, (London: Cohen and West,1960), p.7.
2) T. S. Eliot, *Selected Essays*, (London: Faber and Faber Limited,1976), p.137.
3) T. S. Eliot, "Commentary", (*Criterion*, Oct. 1932). Quoted in Kristian Smidt, *Poetry and Belief in the Work of T. S. Eliot*, (London: Routledge and Kegan Paul, 1961), p.44.

데에서도 시사되어 있다.

　(보다 고차원적인 수준에서 비유하여) 내가 셰익스피어의 시보다
단테의 시를 좋아하는 이유가 무엇인가를 스스로 자문한다면, 나는
단테의 시가 나에게는 삶의 신비에 대한 보다 건전한 태도를 예증
하는 듯이 보이기 때문이라고 대답해야 할 것이다.

　If I ask myself (to take a comparison on a higher plane) why
I prefer the poetry of Dante to that of Shakespeare, I should
have to say, because it seems to me to illustrate a saner attitude
towards the mystery of life.[4]

　엘리엇의 추구는 단테와 같이 현세에 살고 있는 사람들을 불행한
상태로부터 구해내어 지복의 상태로 이끄는 것을 지향하고 있다고
할 수 있다.[5] 그런데 엘리엇의 경우 현세의 불행한 상태는 그가
"형이상학 시인들"에서 말하고 있는 것처럼,[6] 다양성과 복잡성을
그 특징으로 하고 있다. 그와 같은 상태에서 개인은 점점 더 자아
속으로 움츠러들게 되어 개인들 사이의 의사소통이 단절되고, 그로

---

4) T. S. Eliot, *The Sacred Wood*, (London: Methuen and Co. Ltd.,
　1972), p.x.
5) George Cattaui, *T. S. Eliot*, (U.S.A.: Minerva Press, 1966),
　Trans. Claire Pace and Jean Stewart, p.117.
6) T. S. Eliot, *Selected Essays*, p.289.

인해 각개인은 소외된 상태에 처하게 된다. 엘리엇은 이러한 삶을 묘사하면서 궁극적 해결방안을 종교에서 추구한 것이다.

그러므로 엘리엇의 작품을 논함에 있어서는 삶과 현실을 그의 믿음 및 그 믿음의 발전과 연결시켜 설명하지 않을 수 없다.[7] 엘리엇은 문학과 종교를 서로 연관시켜 설명한 경우가 많은데 문학비평과 종교와의 관계를 다음과 같이 말하고 있는 것은 그 한 예이다.

문학비평은 명확한 윤리적, 신학적 관점에서 이루어지는 비평에 의하여 완성되어야 한다. 어느 시대이든지 윤리적, 신학적 문제에 대하여 일반적인 의견이 일치한다면 문학비평은 그만큼 실질적일 수 있다. 우리 시대와 같은, 그러한 일반적인 의견의 일치가 이루어지지 않는 시대에는 기독교 독자가 그들의 읽을거리, 특히 문학 작품을 윤리적, 신학적 관점에서 음미할 필요가 더욱 더 있다.

Literary Criticism should be completed by criticism from a definite ethical and theological standpoint. In so far as in any age there is common agreement on ethical and theological matters, so far can literary criticism be substantive. In ages like our own, in which there is no such common agreement, it is the more necessary for Christian readers to scrutinize their reading, especially of works of imagination, with ethical and theological standards.[8]

---

7) George Cattaui, *op. cit.*, p.119.
8) T. S. Eliot, *Selected Essays*, p.388.

문학비평이 윤리적 신학적 표준에 의하여 이루어져야 한다는 그의 말은 달리 말하면 문학작품은 윤리적 신학적 관점에서 비평의 대상이 될 수 있다는 것을 전제로 하고 있다. 그는 「신성한 숲*The Sacred Wood*」의 서문에서 "시는 윤리를 설득하거나 정치의 방향을 설득하는 것이 아니고 또한 종교나 종교의 등가물이 아니"9)라고 말한 바는 있지만 작가가 종교에 관심을 지니고 있을 경우 그의 작품 속에 교의의 전파를 위한 노력이 암암리에라도 개재될 수밖에 없는 것이다.10)

엘리엇은 1927년에 「랜슬롯 앤드루즈를 위하여*For Lancelot Andrewes*」의 서문에서 자신의 일반적인 관점은 "문학에 있어서는 고전주의자, 정치에 있어서는 왕당파, 종교에 있어서는 영국국교도"11)라고 선언한 바 있다. 그가 1927년에 영국국교로 개종하기 전에 많은 작품들을 발표하였지만 그의 개종이 "갑작스러운 것이 아니었기"12) 때문에 개종 이전의 작품에서도 종교적인 성향 내지는 종교적인 탐색의 흔적을 찾을 수 있다. 많은 비평가들이 「황무지*The Waste Land*」를 두고 제1차 세계대전 이후의 유럽의 황폐상과

---

9) T. S. Eliot, *The Sacred* Wood, p.ix.
10) George Cattaui, *op. cit.*, p.19.
11) T. S. Eliot, *For Lancelot Andrewes,* (London: Faber and Faber, 1970), p.7.
12) Kristian Smidt, *op. cit.*, p.28.

환멸을 묘사했다고 평한 데 대하여 그가 자신의 개인적인 불만을 토로한 것이라고 말한 것은[13] 그 탐색의 과정과 무관하지 않다. 브래들리Bradley의 관념철학에 몰두하여 현실은 허상이고 외면적인 현상의 배후에 보다 근원적인 실재가 있다는 일원론적 사상을 지니고 있던 엘리엇이 물질적으로는 풍요로우나 정신적으로는 황폐한 유럽사회를 볼 때 현실을 부정적으로 인식하고 이의 극복을 위해 노력했으리라는 것은 쉽게 짐작할 수 있다. 엘리엇은 현실의 어려움에서 도피하기 위하여 종교를 택한 것이라기보다는 현실이 궁극적으로 지향해 나가야 할 이상으로 종교세계를 택한 것이다. 사실상 그가 영국국교로 개종하기 이전에도 기독교 이외의 다른 종교를 신봉했던 것은 아니다. 그의 가문은 대대로 유니테어리언이즘을 신봉했다. 그러므로 그의 개종은 매튜스T. S. Matthews의 말처럼 "그가 태어나고 자라난 집으로 다시 들어가는 것"[14]이라고 할 수 있다. 많은 비평가들이 그의 .이러한 면에 관심을 두고 그의 작품을 기독교적인 관점에서 해석하고 있는 것은 당연한 일이라 하겠다.

그러나 여기에서 우리가 유의해야 할 것은 엘리엇의 작품 속에

---

13) Valerie Eliot, ed. *T. S. Eliot: The Waste Land: A Facsimile and Transcript of the Original Drafts including the Annotations of Ezra Pound*, (New York: Harcourt Brace Jovanovich, Inc., 1971), p.1.

14) T. S. Matthews, *Great Tom: Notes Towards the Definition of T. S. Eliot*, (New York: Harper and Row, Publishers, 1974), p.89.

불교 내지는 힌두교의 주제와 상징이 기독교의 그것들과 융합되어
있다는 점이다. 그러므로 대부분의 비평가들이 이 사실을 간과하고
그의 작품을 주로 기독교 또는 기독교적 신비주의의 관점에서 해석
하고 있는 것은 다소 편협한 태도라고 할 수 있다. 엘리엇은 대학
원시절에 찰스 랜만Charles Lanman의 지도하에 2년 동안 산스크리
트어를 공부하고, 제임스 우즈James Woods의 지도하에 1년 동안
파탄잘리Patanjali의 형이상학을 공부했다.[15] 그가 인도사상 연구에
몰두한 기간이 자그마치 3년이라는 긴 기간이었음을 생각할 때 그
가 단지 일시적인 흥미로 인도철학에 관심을 가졌고 우연히 산스크
리트어를 배운 것이 아님을 알 수 있다. 그의 인도사상 연구가 결
코 일시적인 것이 아니라 진지한 것이었음은 그가 「황무지」를 쓸
당시에 불교도가 되려고 했다는 술회를 하고 있는 것을 보아도 분
명하다.[16] 그는 결국 영국국교도가 되었지만 구약성서의 일부가 끼

---

15) T. S. Eliot, *After Strange Gods*, (London: Faber and Faber Limited, 1933), p.40.

16) "이 작품[「황무지」]을 쓸 당시에 그[엘리엇]는 자신이 불교를 받아들이기 직전이었다고 말했다. ……그의 한 노트에서 그는 워렌 H. C. Warren의 「번역으로 보는 불교」를 알고 있었음을 회상하고 있다. 그 책에서 제3부의 제목이 유래되었고, 설교가 제3부의 끝에 간략히 인용되어 있다." "At the time of writing this poem[*The Waste Land*] he [Eliot] said he was on the brink of accepting Buddhism. ……In one of the notes he recalls knowledge of H. C. Warren's *Buddhism in Translation*, from which the third title is derived; the sermon is

친 영향과 같은 영향을 초기 불교성전의 일부로부터 받았음을 자인
하기도 하고[17] 자신의 작품에 동양사상의 영향이 남아 있음을 긍정
하기도 한다.[18] 따라서 엘리엇의 작품을 논하는 데 있어서 동양사
상을 도외시하고 기독교적인 관점에서만 해석하는 것은 불충분하다.
그의 작품을 폭넓게 이해하기 위해서는 불교 및 힌두교 같은 동양
의 종교사상이 그 가운데 어떻게 표현되고 있으며 이것이 기독교

---

briefly quoted at the end of part Ⅲ." A. C Partridge, *The Language
of Modern Poetry*: *Yeats, Eliot, Auden*, (London: Andre Deutsch,
1976), p.166. 스티븐 스펜더Stephen Spender도 다음과 같이 엘리엇이
불교도가 되려고 했음을 말하고 있다. "불교는 그[엘리엇]의 작품에
평생토록 영향을 끼쳤으며, 그가 「황무지」를 쓸 때 그는 거의 불교도
가 되었었다. 다시 말하여 나는 그가 불교도인 칠레의 시인 가브리엘
미스트랄Gabriele Mistral에게 그렇게 말하는 것을 들은 적이 있다."
"Buddhism remained a lifelong influence in his [Eliot's] work and
at the time when he was writing *The Waste Land*, he almost
became a Buddhist‐or so I once heard him tell the Chilean poet
Gabriele Mistral, who was herself a Buddhist." Stephen Spender, *T.
S. Eliot*, (New York: The Viking Press, 1975), p.20.

17) T. S. Eliot, *The Use of Poetry and the Use of Criticism*, (London:
Faber and Faber, 1975), p. 91.

18) "……나는 내 자신의 시가 인도의 사상과 감수성의 영향을 보여준다
는 것을 알고 있다." "……I know that my own poetry shows the
influence of Indian thought and sensibility." T. S. Eliot, *Notes
Towards the definition of Culture*, (London and Boston: Faber and
Faber Limited, 1979), p.113.

사상과 어떻게 조화를 이루고 있는가에 주목할 필요가 있다.

　필자는 이러한 관점에서 엘리엇의 시에 나타난 현실에 대한 인식과 그 현실의 궁극적인 구원의 모색과 그리고 그 모색이 도달한 결론을 살펴보고자 한다. 통상적으로 엘리엇의 시는 「황무지*The Waste Land*」를 중심으로 전기와 후기로 나누고 있으나 그의 사상적 전개과정을 보면 동양종교에 심취한 시기, 기독교에 경도된 시기, 동서양의 종교적 사상의 융합을 모색한 시기 등의 세 시기, 또는 여기에 아무 종교에도 별다른 관심이 없었던 시기를 포함하여 네 시기로 나누는 것이 바람직하다고 생각된다. 그가 대학 재학시절에 썼던 습작들이 명백히 기독교적인 주제와 소재로 되어 있다는 사실은 부인할 수 없다. 그러나 그 이후 발표된 그의 초기시편에는 종교에 대한 관심이 특별히 두드러지게 나타나지는 않으므로 습작기의 작품을 제외한 「황무지」 이전의 작품들을 종교에 이끌리지 않은 시기에 발표된 작품이라 할 수 있다. 「황무지」는 동양종교에 심취하여 이를 표현한 시기의 작품이고, 그의 개종을 전후한 시기의 작품들, 즉 「텅 빈 사람들*The Hollow Men*」, 「성회 수요일*Ash Wednesday*」 및 「에어리얼 시편들*Ariel Poems*」이 기독교에 경도된 시기의 작품이며, 「네 사중주*Four Quartets*」는 동서양의 종교의 융합에서 현실의 구원가능성을 표현한 시기의 작품이다.

　이러한 시기구분을 염두에 두고 제1장에서는 「황무지」 이전의 시편들을 중심으로 엘리엇이 현실을 어떻게 인식하고 있는가를 살펴보고자 한다. 인간의 현실을 올바로 파악해야 그 구원의 방법도 제대로 정립될 수 있기 때문에 그는 초기시에서 현실의 파악에 주력한다고 볼 수 있으므로 우리는 제1장에서 엘리엇의 현실 인식을 고찰할 것이다. 제2장에서는 「황무지」를 중심으로 엘리엇이 동양의 종교를 통하여 현실의 구원을 위한 노력을 하고 있음을 살펴보고자 한다. 불교와 힌두교의 관점에서 파악된 현실이 어떤 양상을 띠고 있으며 그 현실에서의 탈피를 위한 구원의 방법으로 불교와 힌두교의 가르침을 그가 어떻게 받아들이고 있는가를 살펴보고자 한다. 그리고 이 작품에 기독교적인 상징이나 인용, 인유도 많이 사용되고 있기는 하지만, 이것이 기독교의 정통적인 관점에서 도입된 것이 아니라 불교와 힌두교 또는 신화의 관점에서 도입된 것임을 아울러 살펴보기로 한다. 제3장에서는 엘리엇의 영국국교로의 개종을 전후한 작품들, 즉 「텅 빈 사람들」, 「에어리얼 시편들」 및 「성회 수요일」에 표현된 기독교적인 현실 구원의 모색을 살펴보고자 한다. 불교와 힌두교 등의 동양의 종교에서 현실의 구원을 추구하여 어느 정도 그 가능성이 엿보였던 상황에서 영국국교로 개종함으로써 엘리엇은 의식적이든 무의식적이든 작품에 기독교적인 상징 내지는 인유를 많이 사용하고 있으므로 이들 작품에 비록 불교나 힌두교적인 요소들이 다소 있다 하더라도 주로 기독교적으로 그것들을 해석하는 것이 바람직할 것이다. 기독교를 통한 현실구원에의 노력이 결국은 현실부정으로 기울게 되므로 여기서는 엘리엇의 현실구원에의 노력이 바람직한 결론에 이르지는 못함이 고찰될 것이다. 제4장에서는 「네 사중주」를 중심으로 하여 엘리엇이 기독교적인 관점을 버리는 것은 아니지만 불교와 힌두교 등의 동양의 종교사상 및 철학사상들을 포용하여 동서양의 종교와 사상을 융화시키고 있으며, 그가 추구하는 현실의 구원이 동서양의 종교 및 사상의 결합에서 이루어지는 것임을 고찰하고자 한다. 여기서는 주로 정점과 장미원의 이미지의 고찰을 통하여 이것들이 기독교에 국한된 것으로 사용되는 것이 아니라 불교와 힌두교 등의 동양의 종교도 포용하는 것으로 사용되고 있음을 살펴볼 것이다. 그리하여 결국 현실의 구원방법은 현실의 부정이 아니라 현실의 긍정이며 궁극적 실재와 현실이 항상 연결되어 있으나 우리가 그것을 인식하지 못하고 있을 뿐이라는 결론에 도달함을 고찰하려 한다. 이처럼 엘리엇의 시는 사상적 전개에 있어서 변모 발전을 거듭하고 있으나 그 바탕에 현실인식이 자리잡고 있음으로써 그의 시 전체가 "유기적 전체"[19]를 이루고 있음을 이 연구는 밝혀보려 한다.

---

19) T. S. Eliot, *Selected Essays*, p.23.

# |목 차|

# I

초기시에서의 현실인식

엘리엇이 현실을 어떻게 인식하고 있는가를 살펴보기 위해선 그의 시에서 현대인들의 처지가 어떻게 묘사되고 있는가를 살펴보아야 한다. 「프루프록과 다른 관찰들 *Prufrock and Other Observations*」과 「1920년 시편들*Poems, 1920*」에 실려 있는 작품들은 대부분 현실인식을 묘사하고 있는데 그 밑바닥에는 구원의 추구가 깔려 있기는 하지만 그것보다는 현실의 실상에 초점이 맞추어져 있다. 이들 작품에서 표현되고 있는 현대인들은 상호간의 의사소통이 단절된 소외상태에 있고, 그들이 처해 있는 현실은 참다운 진보의 가능성이 보이지 않는 암담한 것이며, 파멸을 향해 치닫고 있는 것처럼 보인다.

엘리엇이 현실을 이렇게 우울하고 어둡게 보는 것은 그의 개인적인 생애와도 무관하지 않다. 그의 초기시에 보이는 황량함, 어두움, 불안감 등은 각각 소외의식의 양상이지만 그의 소외의식은 그의 성장과정이나 학문연구, 사회생활 그리고 이중국적자의 갈등과 관계가 있을 것이다. 그는 지나친 과잉보호를 받으면서 유년시절을 보냈다. 칠남매의 막내로, 날 때부터 신체적으로 허약했던 그는 누이와 유모와 어머니의 과도한 보살핌 가운데서 마치 온실 속의 화초처럼 성장했다. 이와 같은 외적인 보호와 간섭에 더하여 대대로 내려오는 엄격한 청교도 집안의 근엄한 생활규범이 그의 자연스러운 정신적 성장을 저해하는 내적인 과잉보호의 틀을 구성했는데 특히 금욕과

청빈과 봉사의 생애를 보낸 조부의 영향은 지대하였다.[20] 그로 인하여 퓨리탄적 자제에 익숙해진 그는 자신의 생의 쾌락을 즐길 수 없었다고 고백한 적이 있는데 어려서 사탕을 사먹지 못했다거나 성관계를 긍정적으로 보지 못하는 것 등이 그 대표적인 예라고 할 수 있다.[21] 그는 부모의 과보호 속에서 내성적이고 수줍은 아이로 자랐을 뿐만 아니라[22] 친구들과도 어울리지 못하고 공상과 고독과 독서로 시간을 보냈다고 한다.[23] 다른 아이들과 어울리지 못하고 혼자서 독서와 공상 속에서 자란 그가 내성적이고 소심하며 수줍은 성격을 지녔으리라는 것은 쉽게 짐작할 수 있다. 어린 시절의 한 친구가 그를 "수줍고 은둔적이며 혼자서만 노는 꼬마"[24]였다고 말하듯이 그는 학교나 가정이나 마을에서도 다른 사람들과 어울리지 못하는 이방인이었던 것이다. 그는 자신이 속한 집단이나 사회에 뿌리를 내리지 못하고 늘 거리감과 괴리감을 느끼곤 했는데 이는 그가 때때로 자신을 "거류외인(metoikos)"이라고 서명한 것에서도 드러난다. "거주하는 이방인"이란 뜻의 그리스어인 "거류외인"은 그의 소외감을 잘 집약한 말이라고 할 수 있다.[25]

---

20) Lyndall Gordon, *Eliot's Early Years*, (Oxford and New York: Oxford University Press, 1977), p.2.
21) T. S. Matthews, *op. cit.*, p.22.
22) *Ibid.* p.19.
23) Robert Sencourt, *T. S. Eliot: A Memoir*, ed. Donald Adamson, (New York: Dodd, Mead and Company, 1971), p.vii.
24) Peter Ackroyd, *T.S. Eliot*, (London: Hamish Hamilton, 1984), p.22.
25) *Ibid*, p.88.

이러한 자전적인 면을 고려할 때 엘리엇의 초기시는 그 자신의 고뇌를 표현한 것이라고 할 수 있으나 독자의 입장에서 본다면 시대의 환멸과 현대인의 정신풍토를 시화(詩化)한 것이라고 할 수 있다. 일반적으로 타인으로부터의 고립과 소외의식의 결합은 타인과 사회에 대한 초연함으로 나타나고, 자신이 처해있는 현실의 적나라한 파악으로 나아가기 쉽다. 수줍고 내성적인 성격을 지니고 근엄한 생활태도를 몸에 익힌 행동력이 약하고 지성이 발달한 시인에게 있어서 현실은 속된 것이면서 동시에 유혹적인 아이러니컬한 대상이 된다. 엘리엇의 위와 같은 성장배경은 그로 하여금 현대의 상업주의 문명, 물질문명을 멸시하고 정신적인 지주가 없이 떠도는 현대인의 공허한 상황을 비판적인 눈으로 보도록 만들었다. 더욱이 그가 태어난 나라인 미국은 정신문화의 전통이 취약하고 급격히 발전한 상업주의 문명이 범람하고 있었으므로 엘리엇과 같은 이상주의자의 눈으로 볼 때 그것은 속되고 천박하고 불건전하게 비쳤을 것임에 틀림없다. 이러한 현실 가운데서는 개인들이 상호간의 의사소통이 단절된 소외상태에 놓이게 마련이다.

엘리엇은 초기시에서 이와 같은 현대인들과 그들의 현실을 묘사하고 있다. 그는 시가 시인의 경험뿐만 아니라 자신에 관한 이야기 즉 자신의 사적(私的)인 세계를 노래하기도 하나 시인이 자신의 정체를 드러내지 않음으로써 시가 비개성화되고 보편성을 얻게 된다고 말한다.[26] 이 말은 그의 작품이 개인적인 정서의 표현이기는 하

---

26) T. S. Eliot, *Selected Essays*, pp.122–3.

지만 그 이상의 무엇, 즉 현실에 대한 고찰로 볼 수 있다는 견해를 표현한 것으로 생각된다. 또한 엘리엇은 시를 하나의 독립된 작품으로 감상하는 자세가 필요하다고 말하여[27] 시를 시인의 사생활과 분리시켜 생각할 것을 강조하고 있다.

여기서는 이러한 점에 주의를 기울여 엘리엇의 개인적인 소외의식 내지는 절망감을 표현한 작품으로 볼 수 있는 초기시들을 현실파악의 관점에서 해석하고자 한다. 「프루프록과 다른 관찰들」과 「1920년 시편들」에 실려 있는 작품들은 대부분 부정적인 현실과 그 현실 가운데의 개인의 상태를 묘사한 작품들이다. "제이 알프레드 프루프록의 연가The Love Song of J. Alfred Prufrock"와 "부인의 초상 Portrait of a Lady"에서는 개인의 소외가 묘사되어 있으며 "서곡 Prelude"에서는 기계화되어가는 현대인의 상태가 묘사되어 있다. "게론촌Gerontion"에서는 구원의 가능성이 보이지 않는, 파멸로 치닫고 있는 현실이 묘사되고 "하마The Hippopotamus"와 "엘리엇 씨의 주일 아침예배Mr. Eliot's Sunday Morning Service"에서는 종교의 현실적인 모습이 그려져 있다. "나이팅게일에 둘러싸인 스위니 Sweeney Among the Nightingales"에서는 동물적인 상태로 전락해 버린 현대인의 모습이 파멸에 임박한 것으로 묘사된다. 우리는 이 작품들을 차례대로 살펴봄으로써 엘리엇이 현실과 현대인의 실상을 어떻게 파악하고 있는가를 알게 될 것이다.

---

27) T. S. Eliot, *On Poetry and Poets*, (London and Boston: Faber and Faber Limited, 1979), p.117.

「프루프록과 다른 관찰들」의 표제시인 "제이 알프레드 프루프록의 연가"는 "패배적 이상주의에 사로잡혀 있으며 욕망이 충족되지 못하기 때문에 괴로워하는"[28] 프루프록이라는 한 중년 신사의 연가이다. 연가이므로 연모의 대상이 누구 또는 무엇인가 하는 문제가 당연히 제기된다. 일차적으로 연모의 대상을 이 작품에 암시적으로 등장하는 여인들로 볼 수 있으나 프루프록이 단지 여인과의 성적(性的)인 교제만을 추구하는 것으로 생각하기에는 작품의 내용이 지나치게 포괄적이고 단테의 「지옥편 *Inferno*」에서 인용한 제사(題辭)가 너무 거창해 보인다.

만일 내 대답이 지상으로 다시 돌아갈 사람에게 하는 것이라고 내가 생각한다면, 이 불꽃은 더 이상 움직이지 않을 것이다. 그러나 내가 듣는 바가 사실이라면 이 심연에서 살아 돌아간 사람이 없으므로 나는 불명예를 두려워하지 않고 당신에게 대답할 수 있다.

S'io credessi che mia risposta fosse a persona che mai tornasse al mondo, questa fiamma staria senza piu scosse. Ma per cio che giammai di questo fondo non torno vivo alcun, s'i'odo il vero, senza tema d'infamia ti rispondo.
(If I thought that my reply would be to someone who would ever return to earth, this flame would remain without further movement; but as no one has ever returned alive from this gulf, if

---

28) Coles Editorial Board, *T. S. Eliot's Major Poems and Palys*, (Toronto: Coles Publishing Company Limited, 1981), p.23.

what I hear is true, I can answer you with no fear of infamy.)[29]


많은 비평가들이 귀도 까발깐띠Guido Cavalcanti의 내밀한 이야기에 중점을 두고 생각하여 이 작품을 프루프록이 여인에 대한 사랑의 속마음을 드러내기를 꺼려하는 것으로 해석한다. 그러나 데이비드 워드David Ward 같은 비평가는 이 작품이 에로틱한 욕망과 형이상학적 욕망 두 가지를 모두 다루고 있고, 이 두 가지 욕망이 각각 상대편 욕망에 대한 이미지가 되며 자연스럽게 상대편 욕망과 섞인다고 말하여[30] 이 작품의 의미를 형이상학적 차원으로 승화시키고 있다. 이 작품의 내용이 일차적으로는 프루프록이 여인과의 사랑을 추구하는 것으로 이루어져 있지만, 프루프록이 그 사랑을 단순한 성적인 관계 이상의 것, 다시 말하여 진정한 정신적 교류를 통하여 고독과 소외를 벗어날 수 있는 방법으로 생각하는 것으로 보아 이 작품을 단지 성적 추구의 좌절로 보는 것은 다소 편협한 견해라 하지 않을 수 없다. 다시 말하여 프루프록이 추구하는 여인과의 사랑은 육체적인 사랑과 정신적인 교류를 모두 포함하는 종류의 것이다.

이 작품의 첫머리에서 지금 화자가 처해 있는 상태와 환경을 통하여 해체상태에 이른 현대문명의 단편적인 모습이 제시된다.[31]

---

29) Andrew Swarbrick, *Selected Poems of T. S. Eliot*, (Basingstoke and London: MacMillan Education Ltd., 1988), p.22.
30) David Ward, *T. S. Eliot: Between two Worlds*, (London and Boston: Routledge and Kegan Paul, 1973), p.19.
31) Wallace Fowlie, "'Prufrock', 'Gerontion' and Baudelaire", in *'Prufrock', 'Gerontion', Ash wednesday and Other Shorter Poems*, ed. B. C. Southam, (London and Basingstoke: The MacMillan Press Ltd., 1978), p.135.

그러면 가보세, 자네와 나와,
수술대 위에 에테르로 마취된 환자처럼
저녁이 하늘에 퍼질 무렵.
밤내 잠 못 이루는 싸구려 일박여인숙과
굴껍질을 내놓은 톱밥 깔린 식당에서
중얼거림이 새어나오는 골목,
거의 인기척도 없는 거리를 지나 우리 가 보세.
음흉한 의도에서 우러나오는
지루한 논쟁처럼 내닫는 거리는
압도적인 문제로 자넬 데려갈 걸세…
아 "무엇이냐"고 묻질랑 말게.
우리 가서 방문이나 하세.                    (1 - 12행)


Let us go then, you and I,
When the evening is spread out against the sky
Like a patient etherised upon a table;
Let us go, through certain half-deserted streets,
The muttering retreats
Of restless nights in one-night cheap hotels
And sawdust restaurants with oyster-shells:
Streets that follow like a tedious argument
Of insidious intent
To lead you to an overwhelming questions...
Oh, do not ask, 'What is it?'
Let us go and make our visit.[32]

---

32) T. S. Eliot, *The Complete Poems and Plays of T. S. Eliot,* (London

화자가 길을 나서는 시간인 저녁 시간이 마치 수술대 위에 마취되어 있는 환자처럼 묘사되어 있다. 마취되어 있는 환자는 살아 있으면서도 감각하고 의식할 수 없으므로 살아 있다고 할 수 없다. 또한 규칙적인 호흡이 있고 단지 의식하지 못하고 있을 뿐이지 감각, 의식이 완전히 없는 상태가 아니기 때문에 죽어 있는 상태도 아니다. 이와 같은 애매한 시간은 "질병과 무력감"[33]을 상기시킨다. 지금 화자가 가고 있는 거리는 "거의 인기척도 없는 거리"이며 사람들의 수근거림이 들려오는 무기력한 삶이 영위되는 피폐적인 장소이다. 이 장소는 여행자가 오래 머무르는 곳이 아니라 "싸구려 일박 여인숙"에서 불안한 하룻밤을 보내고 다시 다른 장소로 떠나는 곳이며 지저분한 쓰레기가 어지러이 널려 있는 곳이다. 여기서는 현대문명의 자취들이 활기차거나 발전적인 것이 아니라 쇠퇴하는 모습을 드러내고 있다. 이 거리는 마치 "음흉한 의도에서 우러나오는 지루한 논쟁"처럼 끝이 없고 화자는 이러한 세계로부터 도피하고자 한다.[34] 이 거리를 계속 따라가면 "압도적인 문제"에 도달하게 된다.

"압도적인 문제"는 이 작품의 중심적인 문제로서 제목에서 제기

and Boston: Faber and Faber, 1978), p.13. 차후 시행의 인용은 이 책에서 하며 본문 중에 행만 간단히 표기함.

33) Elizabeth Drew, *T. S. Eliot: The Desine of His Poetry*, New York: Charles Scribner's Sons, 1953), p.33.

34) Piers Gray, *T. S. Eliot's Intellectual and Poetic Development* 1909 – 1922, (Sussex and New Jersey: The Harvester Press and Humanities Press, 1982), p.57.

된 연모의 대상은 바로 "압도적인 문제"이며 작품의 내용은 프루프록이 이 문제의 해결을 위해 노력하는 과정이라 할 수 있다. 화자는 이 문제에 관한 질문을 금지시키고 단지 방문하자고 할 뿐이다. 작품 전체에서 풍기는 화자의 우유부단하고 애매한 태도로 볼 때 화자 자신도 이 문제에 관하여 확실한 답을 할 수 없기 때문에 질문을 금지시키는 것으로 보인다. "압도적인 문제"에 관하여는 비평가들 간에 상당한 이견(異見)이 노정(露呈)된다. 프루프록이 "압도적인 문제"를 형성하기조차 않는다고 하여 "압도적인 문제"가 실체가 없는 것 또는 공연히 제기된 것으로 보는 견해도 있고,35) 프루프록이 아무 일도 하지 못하는 무능력자라고 보는 견해도 있으며,36) 작가 자신도 이 문제를 어느 방향으로 진행시킬 것인가를 모르면서, 혐오스러운 세상에 대하여 질문할 압도적인 필요성을 느끼고 있을 뿐이라고 보는 견해도 있다.37) 버튼 라펠Burton Raffel은 "압도적인 문제"를 프루프록이 삶의 의미를 묻는 것이라고 하며 다음과 같이 말하고 있다.

　　그[프루프록]는 자신의 일상생활의 결실이 없는 단조로움을 인식하고 더 생산적이고 의미 있는 삶이 틀림없이 존재한다는 사실을

---

35) Martin Scofield, *T. S. Eliot: The Poems,* (Cambridge: Cambridge University Press, 1988), p.59.
36) Gertrude Patterson, T. S. *Eliot: Poems in the Making,* (Manchester and New York: Manchester University Press and Harper and Row Publishers, Inc., 1971), p.111.
37) Lyndall Gordon, *Eliot's Early Years,* p.44.

느낀다. 만일 이것이 충분히 정확하지 않다면 [그것이] 무엇인지 나는 모른다.

He [Prufrock] realizes the sterile monotony of his 'works and days', and he senses that a more fruitful and meaningful life must exist. If this is not precise enough, I do not know what [it] is.38)

여기서 라펠은 프루프록이 현실을 단조롭고 무미한 것으로 파악하고 있으며 보다 의미 깊은 삶의 필요성을 막연히 느끼고 있음을 말한다. 그는 프루프록 자신도 현실을 부정적으로 인식하며 그것으로부터의 탈피의 필요성을 느끼고 있다는 것을 암시한다.

반면에 헬렌 가드너Helen Gardner는 우리가 초기시에서 종교적이라고 부를 수밖에 없는 고통의 압력을 받지 않을 수 없다고 하며, 프루프록이 감히 언어로 표현하지 못하는 "압도적인 문제"가 그 고통의 압력에 의존하고 있다고 말하여 "압도적인 문제"를 종교와 관련시키고 있다.39) 이를 종교와 연관시키는 것은 이 작품에 등장하는 여인들이 성적 욕망의 대상 이상의 존재임이 암시되기 때문이다. 다시 말하여 이 여인들은 명확하게 규정하기는 어렵지만 소외와 의사소통의 문제와 연관되어 있기 때문이다.40) 이처럼 소외와 의사소

---

38) Burton Raffel, *T. S. Eliot*, (New York: Frederick Ungar Publishing Co., 1982), p.31.
39) Helen Gardner, "T. S. Eliot", in T. S. Eliot: *A Collection of Criticism*, (New York: McGraw－Hill Book Company, 1974), ed. Linda W. Wagner, p.127.
40) Nancy K. Gish, *Time in the Poetry of T. S. Eliot: A Study in*

통의 문제까지 포함하는 포괄적인 "압도적인 문제"는 둘째 단락에
서 그 실체가 보다 뚜렷해진다.

둘째 단락은 화자가 찾아가는 목적지의 광경이다. 화자가 길을
가는 목적이 "압도적인 문제"에 도달하는 것이고 그 목적지에 무료
함을 달래기 위하여 미켈란젤로를 이야기하는 공허한 여인들이 있
다. 따라서 "압도적인 문제"는 이 여인들과 관계있는 것, 즉 사랑임
이 암시된다. 그러나 앞에서 열거한 여러 비평가들의 의견을 종합해
볼 때 "압도적인 문제"는 여인과의 단순한 육체관계를 넘어 보다
의미 있는 삶과 관계된 것으로서 화자가 진정한 정신적 교류를 통
하여 현실의 소외상태를 벗어나려는 것과 관련됨이 분명하다. 단순
한 육체관계는 정신적 공허를 더욱 깊게 할 것이기 때문에 화자가
추구하는 여인들과의 관계는 보다 의미 깊은 종류의 것이다.

엘리엇이 이 작품을 쓸 때 "압도적인 문제"를 이처럼 포괄적인
의미로 생각하고 썼는지는 알 수 없다. 주지의 사실이지만 그는 단
편적으로 작품을 쓰고 나중에 그것들이 전체를 이루도록 배열하는
방식을 취한 시인이다. 그의 단편성이 보다 큰 통일성을 유지시키는
매체로 작용한다는 사실을 생각하여[41] 이 작품을 그의 시 전체와
관련시켜 고찰해볼 때 "압도적인 문제"는 진정한 정신적 교류를 통
한 화자의 소외의 극복 내지는 현실의 소외상태의 극복과 연관된다
고 할 수 있다. 즉 그의 작품 전체와 연관시켜 생각하면 "압도적인

---

    *Structure and Theme*, (London and Basingstoke: The MacMillan
    Press Ltd., 1981), p.13.
41) Gertrude Patterson, *op. cit.*, p.169.

문제"는 여인과의 성적인 사랑과 소외상태의 현실의 구원의 문제와 관련된다.

화자가 이와 같은 "압도적인 문제"를 추구하려 할 때 그가 처해 있는 현실은 노란 안개에 싸인다. 저녁이 마치 마비된 환자처럼 펼쳐져 있는 무기력한 장소 위에 쌓이는 노란 안개는 현실의 무기력하고 몽롱한 상황을 한층 더 짙게 한다. 프루프록의 의식 속의 노란 안개가 저녁의 구석구석으로 스며드는 동작은 게으른 고양이의 움직임으로 형상화되어 있다. 고양이의 이미지로 표현되는 안개는 프루프록의 정신 상태를 반영하는 것으로 결국은 무기력한 상태로 귀결되고 마는 욕망을 표현한다. 다시 말하여 안개는 프루프록의 나른함, 권태감을 반복하여 강조하는 효과를 낸다.

현실의 개조 내지는 구원을 위한 전제로 현실의 보다 명확한 인식이 필요하다. 현실을 보다 명확히 인식하여 그 문제점을 올바로 파악해야 그 구원의 방법이 뚜렷하게 제시될 수 있기 때문이다. 그러나 프루프록은 현실의 명확한 인식에 앞서 자신의 능력에 관하여 생각한다.

> 그리고 정말 시간이야 있을 걸세,
> "내가 감히", "내가 감히" 하고 의심하는데도.
> 내 머리 한복판의 벗어진 데를 보이면서
> 돌아서서 충계를 내려오는 데도 –
> (모두들 말하겠지, "저 이 머리는 어쩌면 저렇게도 빠진담!"
> 내 모닝 코우트, 뻣뻣하게 턱을 치받치는 내 칼러,
> 짙으면서도 수수하지만 산뜻한 핀으로 한결 드러나는 내 넥타이 –

(모두들 말하겠지, "그런데 저이 팔다리는 어쩌면 저렇게도 가늘담!")
내가 감히
우주를 건드릴 수 있을까?
일분 동안에도 결정하고 수정할 시간은 있지,
다시 그것을 일분 동안에 뒤집어 버릴지라도.          (37 – 48행)

And indeed there will be time
To wonder, 'Do I dare?' and, 'Do I dare?'
Time to turn back and descend the stair,
With a bald spot in the middle of my hair –
(They will say: 'How his hair is growing thin!')
My morning coat, my collar mounting firmly to the chin,
My necktie rich and modest, but asserted by a simple pin –
(They will say: 'But how his arms and legs are thin!')
Do I dare
Disturb the universe?
In a minute there is time
For decisions and revisions which a minute will reverse.

이 단락에서 외견상으로는 프루프록이 여인들이 있는 방의 층계
에 올라와 있는 듯이 보이지만 실제로는 모든 일이 프루프록의 의
식 속에서 이루어지므로 지금 그는 사랑의 성취를 결심할 마지막
단계에 도달해 있는 것이다. 그런데 지금 그는 "내가 감히 할 수
있을까?" 하고 자신의 능력에 대하여 회의하고 있다. 그는 여인들이
있는 방의 문 앞에서 지금이라도 결심을 되돌릴 시간이 충분히 있

다고 함으로써 실제로는 매우 절박한 상태임을 강조한다. 그러면서 그는 여인들의 조롱을 받지나 않을까 두려워하고 자신이 여인들을 만나서 바람직한 관계를 이룰 수 있을 것인가를 회의하며 행동을 망설이고 있다. 그는 자신의 외모를 살펴보고 그것이 지극히 평범함을 깨닫는다. 자신이 영웅적인 외모를 지니지 못하고 있음을 인식한 그는 "감히 우주를 뒤흔들 수 있을까?" 하고 자신의 능력에 대하여 회의한다. "압도적인 문제"는 이제 우주를 뒤흔드는 정도의 엄청난 문제가 된 것이다. 그는 허약한 신체를 지닌 소심한 사람이기 때문에 그에게는 여인과의 성적인 사랑이 우주를 뒤흔드는 정도의 큰 문제로 생각될 수 있다. 그러나 여인과의 사랑은 그가 소외를 극복하는 방법이므로 그가 여인과의 사랑을 성취하는 것은 소외상태의 현실을 구원하는 일이 된다. 그래서 프루프록은 여인과의 사랑을 우주를 뒤흔드는 정도의 엄청난 문제로 생각하는 것이다.

현실의 구원에 앞서 구원의 대상인 현실을 올바로 인식하는 일이 프루프록이 지금 당면한 문제이다. 그는 지금까지 살아온 현실을 다음과 같이 묘사한다.

> 나는 이미 다 알고 난 다음, 다 알고 난 다음―
> 그러한 저녁도, 아침도, 오후도 알고 난 다음,
> 나는 애 생애를 커피 수깔로 되질해버렸지,
> 저쪽 방에서 들려오는 음악 가운데
> 들릴 듯 사라질 듯 들려오는 말소리도 알고 있지.
> 그러니 어떻게 내가 감히 그럴 수 있겠는가?　　　(49–54행)

For I have known them all already, known them all –
Have known the evenings, mornings, afternoons,
I have measured out my life with coffee spoons;
I know the voices dying with a dying fall
Beneath the music from a farther room.
So how should I presume?

　여기에서 "그들"은 프루프록이 찾아가려는 여인들을 가리키지만 여인들이라고 한정하기보다는 여인들과 그들의 현실 즉 프루프록 자신이 몸담고 있는 현실을 가리키는 것으로 보는 것이 바람직하다. 프루프록은 그 현실을 이미 파악하고 있으며 "저녁, 아침, 오후" 등 현실의 세부를 자세히 알고 있다. 그는 그가 사랑을 나누고자 하는 여인들의 일상생활을 이미 알고 있다고 함으로써 그들의 삶이 모두 공허하고 무의미하며, 결국은 허무한 종말을 맞으리라는 사실을 알고 있다고 하는 것이다. 프루프록은 자신도 그 현실 속에 살았음을 "커피 수깔로 삶을 되질했다"고 표현한다. 그의 삶도 무의미한 현실 속의 삶이었고 그것이 사소한 것임을 알고 있다는 것이다.[42] 그도 여인들과 마찬가지로 전적으로 무용한 생존방식에 따라 생존해 왔다.[43] 현실이 이와 같은 상태이므로 그는 "어떻게 내가 감히 그럴 수 있겠는가?" 하고 현실에 대하여 체념하는 태도를 취한다. 이는 그가 노력한다 할지라도 현실이 의사소통이 단절된 소외상태를 벗

---

42) *Ibid.*, p.35.
43) F. O. Matthiessen, *The Achievement of T. S. Eliot*, (London, Oxford and New York: Oxford University Press, 1958), p.18.

어날 수 없음을 간접적으로 시사한다.

프루프록은 여인들의 잦아드는 목소리, 그들의 눈, 그들의 하얗게 드러난 팔, 팔에 난 갈색 털 등을 알고 있다고 하는데 이것은 그들의 외모뿐만 아니라 실체도 속속들이 알고 있다는 것이다. 이처럼 그들의 현실을 자세히 알고 있는 프루프록은 그들의 눈에 의하여 자신이 특정한 어떤 부류의 인간이라고 채집된 곤충마냥 고정될 것인데 어떻게 자신의 속마음을 드러낼 수 있는가 하고 행동의 어려움을 이야기한다. 그는 그들을 진정으로 이해하고 상호간에 의사소통을 이루기를 바라지만 그들은 그를 진정으로 이해하려는 태도를 보이지 않으리라고 프루프록은 생각한다. 그는 여인들을 만나 진실로 의사소통을 이루는 관계를 맺고자 하나 현실적으로 그것이 거의 불가능하다는 사실에 좌절하고 만다. 그는 여인들이 단지 육체적인 쾌락만 제공할 수 있을 뿐이고 의사소통을 통한 소외의 극복과 현실의 구원에 도움을 줄 수 없으리라는 예감(豫感)에 불안해하고 있다. 그래서 그는 어떻게 이야기의 서두를 꺼낼까 하고 망설이면서 외로운 사내들의 이야기를 해볼까 하고 생각한다.

화자가 여인들에게 어떻게 말을 꺼낼까 하고 망설이는 장면에서 이 작품의 서두에 나온 거리풍경이 보다 상세히 묘사된다:

> 황혼에 좁은 골목을 가서
> 창으로 내다보는 샤쓰바람의 외로운 사내들의
> 파이프에서 피어오르는 담배연기를 보았다고나 할까?
>
> (70 – 2행)

Shall I say, I have gone at dusk through narrow streets
And watched the smoke that rises from the pipes
Of lonely men in shirt‒sleeves, leaning out of window?

　여기의 좁은 길은 앞에서 나온 "압도적인 문제"로 이끄는 길이고
싸구려 일박 여인숙과 지저분한 식당이 위치해 있는 거리이다. 이
거리에 사는 사람들은 「황무지」에서 황무지의 주민들로 발전하는,
현실에서의 탈피를 싫어하는 "우리가 살고 있는 현대세계"[44]의 사
람들이다. 창가에 기대어 단지 방관자적인 삶을 영위하는 이들은 현
실에 적극적으로 참여하지도 않고, 현실로부터 적극적으로 도피하지
도 않는다. 이 사람들은 사회로부터도 소외된 외로운 사람들로서 그
들의 삶은 담배연기가 아무 자취도 남기지 않고 공중에 흩어지듯이
무가치하고 공허하다.[45] 프루프록도 지금까지 이와 같은 공허한 삶
을 살아왔는데 이제는 삶의 방식을 바꾸어 볼까 하고 생각하지만
아직 결심에까지 이르지는 못했다. 이는 그에게 현실에 안주하고 싶
은 마음이 있기 때문이다. 그는 이제 방관자적인 삶에서 한 걸음
더 나아가 아무 의식조차 없는 하등동물과 같은 무의미한 삶을 영
위하기를 염원하기조차 한다. 그가 "조용한 바다 밑을 어기적거리는
한 쌍의 게다리"나 되었더라면 하는 것은 현실의 부조리함, 무의미
함 때문에 갈등을 겪을 필요가 없는 무목적적인 삶의 영위를 염원

---

44) T. S. Eliot, ed. *Literary Essays of Ezra Pound*, (London and
　　Boston: Faber and Faber, 1954), p.420.
45) Gertrude Patterson, *op. cit.*, pp.53‒4.

하는 것이다. 이러한 자세는 프루푸록이 "절망하는 구경꾼"[46)]으로 머물기를 바라는 것으로 볼 수 있다. 그러나 이와 같은 염원이 나올 수 있는 것은 그의 의식이 깨어 있기 때문이다. 그는 현실에 안주하려면 하등동물의 삶과 같은 무목적적인 삶을 영위해야 한다고 말함으로써 현실에 안주하는 사람들의 삶이 하등동물의 삶과 다르지 않다는 것을 암시한다. 여기서 영적(靈的)으로 죽어 있는 현대인들의 삶은 동물의 삶과 거의 동일시되고 있는데 엘리엇이 초기시에서 의사소통이 단절되어 소외된 삶을 살고 있는 현대인들을 동물과 거의 동일시하는 것은 이들의 현실이 가장 낮은 단계의 현실임을 나타내는 것이다.

프루프록이 찾아가고자 했던 여인들도 영적으로는 죽어 있는 삶, 즉 동물과 같은 삶을 영위하고 있다. 그래서 그는 자신이 여인들을 만났어도 육체관계 이외의 아무 결과도 얻지 못했으리라고 자위한다. 그는 자신의 삶뿐만 아니라 여인들의 삶도 구원하기를 원하여 여인들에게 현실의 동물적인 삶에서 벗어나 참다운 삶을 영위하라고 말하기 위하여 자신이 죽음에서 부활한 나자로라고 말하여 현실의 소외상태를 탈피해볼까 하고 생각하기도 한다. 그러나 그는 자신이 그러한 노력을 할지라도 여인들이 단지 육체관계만을 원할 뿐이라고 말하며 진정한 정신적 교류를 원하지 않으면 자신의 노력이 아무 가치도 없으리라고 생각하며 자신의 우유부단함을 정당화한다.

---

46) Conrad Aiken, "From the Poetic Dilemma", in *T. S. Eliot: The Critical Heritage*, (London: Routledge and Kegan Paul: 1982), vol.I, ed. Michael Grant, p.248.

이러한 태도는 매사에 적극적으로 행동하지 않고 소극적으로 어려움에서 도피하려 하는 현대인의 한 가지 특성을 보여준다. 우유부단하고 소극적이기 때문에 행동을 두려워하는 프루프록은 "압도적인 문제"를 앞에 놓고서 이를 실천에 옮겨보려는 상상만으로도 두려움을 느끼고 쉽게 체념해버릴 뿐만 아니라 나아가서는 자신의 무력한 행동 때문에 삶에 대한 권태와 무의미에 시달린다. 그는 여인과의 결합이라고 하는 현실을 갈구하면서도 그 현실에 뛰어들지 못하는 상태, 즉 마음의 세계와 행동의 세계 사이의 간격을 극복하지 못하는 상태에 있다. 이상주의적이고 관념적인 사람에게는 현실의 세계가 값없고 허무한 것이지만 그 현실이 있음으로 해서 마음과 영혼이 존재할 수 있으므로 프루프록이 그 현실과 결합되지 못한 상태로 있는 한 그는 고독과 권태, 소외를 면할 수 없는 것이다.

그는 다시 자신이 "뜻하는 바를 정확히 말하는 것은 불가능"하고 "마치 환등(幻燈)이 화면에 신경을 투사하듯이" 자신의 의도를 보여줄 수는 있으나 그 실체를 보여줄 수는 없다고 생각하여 의사소통의 불능으로 인한 현실의 소외상태를 다시 한 번 강조한다. 그가 뜻하는 바를 올바로 말하기 위해서는 그 자신을 주어야 하고 신경을 있는 그대로 화면에 던져야 한다. 그러나 진짜 신경을 투사하는 것, 개인의 감정 전체를 투사하는 것은 불가능하다. 이 말은 레너드 엉거Leonard Unger가 적절히 지적하고 있듯이 엘리엇이 자신의 초기시의 난해함, 애매함을 변명하는 말이기도 하다.[47)]

---

47) Leonard Unger, *T. S. Eliot: Moments and Patterns*, (Minneapolis:

이 작품의 주제가 개인들 사이의 의사소통의 문제뿐만 아니라 표현의 문제도 포함하기 때문에 소외감, 의사소통과 이해의 불가능성 등은 엘리엇의 시의 스타일, 구성방법, 시의 구조에도 직접 관계되어 있다. 그는 "표현방식은 모르는데 말할 것은 많고 말과 리듬으로 표현하고 싶은 것이 있으나 그것이 즉각 이해될 수 있도록 말과 리듬을 구사하여 표현할 수 없는 표현 불가능의 문제"[48)]가 그의 초기시의 문제점이라고 고백한 적이 있다. 표현불가능의 문제는 소외의식의 두드러진 양상이라고 할 수 있다. 이 작품의 내용도 현대인의 소외를 다루고 있지만 구성도 또한 소외의식의 표현구조의 실험을 보여주는 것이라 할 수 있다. 이 작품은 마치 일련의 슬라이드와 같이 독립되고, 단편적인 이미지로 구성되어 각각의 슬라이드가 나름대로의 효과를 내며 보다 큰 행동을 암시한다. 지금까지 살펴보았듯이 이 작품은 반쯤 황폐한 거리에서 시작하여 여인들, 노란 안개, 계단, 창가의 외로운 사내들, 여인의 방 등의 단편적인 이미지로 연결되어 있고 마지막에 인어들이 있는 바다에서 끝난다. 이와 같은 단편들은 단편으로 남아 있으면서 보다 큰 전체, 즉 프루프록의 의식을 이루는데, 이 단편성은 현대인들의 삶이 단편들로 구성되어 있으며 각기 고립된 상태에 있음을 암시한다.

프루프록은 자신이 늙어 간다고 말하여 삶이 짧다는 것을 인식하며 괴로워한다.[49)] 그는 현실 속의 삶에 절망하고 삶의 공허함을 발

University of Minnesota Press, 1966), p.19.
48) *The Paris Review* 21. Spring - Summer, 1959, pp.63 - 4.
49) Staffan Bergsten, *Time and Eternity: A Study in the Structure and*

견하는 단계는 넘어섰지만 아직 그 공허함을 채울 만한 것은 발견하지 못한 상태에 있다.50) 그가 이상향으로 여기고 추구하는 세계는 인어들의 세계이다. 인어들은 「성회 수요일」의 "부인"과 같은 정신적인 안내자를 대표하는 유형의 여성이다.51) 프루프록이 백일몽 속에서 인어들을 꿈꾸는 것은 그들 사이에는 진정한 의사소통이 이루어지는 것으로 여긴 때문이라고 생각된다. 그러나 인어들은 자기들끼리만 노래할 뿐이고 프루프록에게 노래하지는 않으므로 그는 인어들의 세계로부터 소외된 상태에 있다. 또한 프루프록은 백일몽 속에서 인어들의 세계에 머물면서 현실에 적극적으로 참여하지 않으므로 현실로부터도 소외된 상태에 있다. "인간의 목소리"(131행)는 현실의 소리로서 프루프록은 이 소리에 백일몽에서 깨어나 익사한다. 그의 익사는 현실에의 익사로서 이는 그가 현실로부터 소외되어 있음을 나타낸다. 따라서 프루프록은 지금 이상세계에도 속하지 못하고 현실에도 속하지 못하는 이중의 소외상태에 있다. 그가 현실에 익사함으로써 이상의 추구, 즉 진정한 의사소통을 바탕으로 한 소외상태의 탈피가 현재로서는 불가능함이 암시된다.

"부인의 초상"에서는 현대인의 소외된 삶이 묘사될 뿐 그 구원의 방도가 모색되지는 않는다. 이 작품은 현대 문명사회의 소외, 의사

*Symbolism of T. S. Eliot's Four Quartets,* (Stockholm: Svenska Bokforlaget, 1960), p.20.

50) Grover Smith, *T. S. Eliot's Poetry and Plays: A Study in Sources and Meaning,* (Chicago and London: The University of Chicago Press, 1974), p.17.

51) Leonard Unger, *op. cit.,* p.33.

소통의 부재(不在)를 다루고 있다.52) 이 작품에서는 서두에서부터 의사소통이 단절된 답답한 현실이 묘사된다.

> 섣달 오후의 연기와 안개 가운데
> 당신은 "나는 오늘 오후를 당신을 위해 남겨두었소" 하며
> 그 장면이 저절로 펼쳐지게 한다 - 그리하는 것처럼 보이리라 -
> 어두워진 방에는 네 자루 기름초,
> 머리 위 천정에 네 개의 빛의 고리를 만든다.
> 줄리엣의 무덤 같은 분위기가
> 모든 것이 말해지도록 준비하거나 말해지지 않은 채 남겨졌다.
>
> (1-7행)

> Among the smoke and fog of a December afternoon
> You have the scene arrange itself - as it will seem to do -
> With 'I have saved this afternoon for you';
> And four wax candles in the darkened room,
> Four rings of light upon the ceiling overhead,
> An atmosphere of Juliet's tomb
> Prepared for all the things to be said, or left unsaid.

12월은 생물들이 활동적인 삶을 중지하고 속으로 침잠하는 시기이다. 이러한 12월 중의 어느 오후이므로 여기서는 생명이 종말에 다다른 느낌이 부각된다. 이러한 시각에 있는 그대로의 장면이 스스

---

52) John Lucas, *Modern English Poetry: From Hardy to Hughes,* (London: B. T. Batsford Ltd., 1986), p.134.

로 배열되도록 함으로써 여주인공이 현실에 질서를 부여하고자 하는 노력을 전혀 하지 않음이 암시된다. 그 장면이 정리되지 않은 채 무질서한 형태로 방치되는 것은 현실이 정리할 수 없을 정도로 혼란스럽고 타락한 상태임을 뜻한다. 현실이 이와 같은 상태로 타락하게 된 원인은 제사에서도 암시되었듯이 주로 성적인 타락에 기인한다. 제사에서 화자는 지금은 음녀(淫女)가 죽었으므로 의사소통이 단절되어 죄가 드러날 수 없기에 다행스럽다는 태도를 보이고 있다. 작품의 화자와 그 상대방이 있는 방의 분위기도 의사소통의 단절을 암시한다. 셰익스피어Shakespeare의 작품에서 줄리엣과 로미오는 서로 사랑하여 결합하고자 하였으나 의사소통이 원활하지 못하여 자살한 주인공들이다. 여기서 줄리엣의 무덤은 줄리엣이 잠시 가사(假死)상태를 취하여 사랑의 도피를 행하려고 했던 장소이다. 그 무덤을 이 작품에 등장시킨 것은 주로 의사소통의 단절과 재생의 가능성이 보이지 않는 "죽음"[53)을 나타내기 위해서이다. 이 무덤 같은 분위기에서 언표(言表)되어야 할 모든 것이 준비된 상태로 머물거나 언표되지 않고 남겨져 있으므로 의사소통은 제대로 이루어질 리가 없다.

제2부에서는 라일락이 도입되어 젊음과 삶의 덧없음이 표현된다. 지금은 라일락이 피는 계절, 즉 4월로서 제1부의 계절인 12월과는 다르다. 12월이 생물들의 삶의 종말을 그리기에 효과적인 계절이라

---

53) F. B. Pinion, *A T. S. Eliot Companion: Life and Works*, (London and Basingstoke: The MacMillan Press Ltd., 1986), p.73.

면 4월은 새로운 생명의 배태를 그리기에 적합한 계절이다. 그러나 여기서의 4월은 창조적인 계절이 아니라 파괴적인 계절로 묘사되어 있다. 그녀가 라일락 줄기를 손에 잡고 비트는 것("그녀는 말하며 손가락으로 한 줄기를 비튼다And twists one in her fingers while she talks"(43행), "라일락 줄기를 천천히 비틀며Slowly twisting the lilac stalks"(46행))은 삶을 말살시키는 것으로서 젊은 시절의 생명에 대한 희망까지 박탈하는 행위이다. 이 구체적인 시각적 이미지는 여인의 초조함을 분명히 드러낸다.[54] 정서적으로 불안한 이 여인이 라일락 줄기를 비트는 행동은 상대방에게 자신의 의사를 제대로 전달할 수 없기 때문에 취하는 행위이다.

그녀가 손에 잡고 줄기를 비트는 라일락은 그녀로 하여금 그의 젊음이 빠르게 사라지는 것, 4월의 일몰, 그녀의 묻혀진 삶, 파리의 봄 풍경 등을 생각하게 한다.[55] 4월의 저녁은 그녀에게 그녀의 묻혀버린 삶, 즉 사회적인 삶에 묻혀버린 개인적인 삶을 회상케 한다. 개인적인 삶을 희생하고 사회의 양식, 규범에 맞추어 공허한 삶을 살아온 그녀가 이제 묻혀버린 삶을 회상하며 무한한 평화를 느끼는데 그것은 재생을 희구하지 않고 황무지적인 공허한 삶을 영위하기로 마음먹었기 때문이다.

현실 속의 이러한 삶은 공허한 동물적인 삶이 된다. 작품의 화자인 청년은 자신을 서커스에서 춤추는 곰, 의미도 모르면서 사람의

---

54) Gertrude Patterson, *op. cit.*, p.107.
55) F. B. Pinion, *op.* cit., p.73.

말을 흉내 내는 앵무새, 사람의 몸짓을 그대로 모방하는 원숭이처럼 생각한다. 이는 인간다운 존엄성을 상실한 채 동물과 같은 상태로 전락한 인간의 모습이다. 그는 자신이 서커스나 유리동물원의 동물들의 몸짓 표현으로 축소되는 것을 상상함으로써 자신을 비인간화(非人間化)한다.[56] 그는 자신이 인간 이하의 부조리한 상태로 전락한 것처럼 느낀다.[57] 여기서는 현실 속의 사람들이 인간다운 삶을 영위하는 것이 아니라 이처럼 동물과 같은 삶을 살고 있다.

이와 같은 상태에서 그녀가 죽는다면 현실은 더욱 암담하게 될 것이다.

> 그래! 그녀가 어느 날 오후에 죽는다면 어때,
> 회색빛, 연기칙칙한 오후에, 노랗고 빨간 저녁에.
> 죽어서, 내가 손에 펜을 든 채 앉아있도록 남겨둔다면
> ......
> 결국 그녀가 유리하지 않을까?
> 우리가 죽음을 이야기하니까
> 이 음악은 "죽어가는 곡조" 때문에 성공적이다
> 그리고 내가 웃을 권리가 있을까?                    (114-24행)

> Well! and what if she should die some afternoon,
> Afternoon grey and smoky, evening yellow and rose;

56) Erik Svarney, 'The Men of 1914': T. S. Eliot and Early Modernism, (Milton Keynes, Philadelphia: Open University Press, 1988), p.53.
57) Bernard Bergonzi, "T. S. Eliot: The Early Poems", in Linda W. Wagner, ed. op. cit., p.29.

Should die and leave me sitting pen in hand

. . .

Would she not have the advantage, after all?
This music is successful with a 'dying fall'
Now that we talk of dying −
And should I have the right to smile?


그녀가 죽는 시간은 오후로서 삶의 종말적인 상황을 표현하기에 적합한 시간이다. 이 오후나 저녁이 맑고 화창한 것이 아니라 우울하고 암담한 색채나 중간적인 노란색으로 되어 있어 현대인들의 상황을 암시한다. 그는 그녀의 죽음을 생각함으로써 일시적으로 정신을 집중하겠지만 그녀가 죽을 가능성은 그가 완전히 파악하지도 못하고 완전히 무시하지도 못하는 상태에 그를 두게 된다.58) 그녀의 죽음은 그의 현실을 더욱 암담하게 하여 그는 아무것도 느끼지 못하고 이해하지도 못하는 죽음과 같은 상태에 빠지는 것이다. 만일 그녀가 죽는다 해도 그는 그녀가 살아 있을 때 그녀와 의미 있는 관계를 수립하지 못했기 때문에 자신이 공허한 삶을 살아왔다는 사실을 인식하지 못할 뿐만 아니라 그녀가 죽었다는 사실에도 적극적인 반응을 보일 수 없고 스스로 이 무기력의 원인을 따져볼 수도 없이 단지 "손에 펜을 들고" 앉아 있을 수밖에 없다. 다시 말하여 그녀의 죽음으로 인해 그도 정서적으로는 죽음을 경험하게 된다.59)

---

58) *Loc. cit.*
59) Gertrude Patterson, *op. cit.*, p.108.

무기력한 현실은 무의미한 삶으로부터 벗어나도록 해주는 죽음보다도 못한 상태이다. 이와 같은 부정적인 현실은 음악 소리가 잦아들듯이 사라질 수밖에 없는데, 화자는 자신이 이 부정적인 현실에 미소 지을 수 있을 것인가 하고 반문한다. 그가 미소 지을 수 없음을 알고 있으면서도 자문하는 것은 자조적인 모습으로서 현실을 어쩔 수 없이 수용한다는 것을 뜻하는 것으로 생각된다.

이 작품은 프루프록의 세계를 다소 다른 방식으로 표현한 것으로 제목이 "부인의 초상"이지만 이 초상은 화자인 청년을 통하여 드러나며 그것과 함께 암담한 현실의 모습이 드러난다.[60] 이 작품에서 다루어지는 중요한 문제는 현실에서의 영혼의 구원 문제이다. 그러나 지금까지 살펴보았듯이 여기서는 의사소통이 단절되어 모든 개인이 소외된 상태가 있을 뿐이고 "현대의 지옥"[61]에서는 개인의 구원의 가능성은 전혀 보이지 않는다.

"서곡"은 영어 사용권의 어느 시인도 시도하지 않은 현대도시의 누추한 양상이 시화(詩化)될 수 있는 가능성, 현실적으로 지저분한 것과 환상적인 것 사이의 융합 및 병치의 가능성을 시험해본 작품이다.[62] 이미지스트들의 작품과도 같이 시각적인 영상만을 나열한 이 작품의 제1부도 현대사회의 교류의 단절과 소외를 드러낸다.

---

60) Martin Scofield, *op. cit.*, p.63.
61) Stephen Spender, "T. S. Eliot", in *T. S. Eliot: A Selected Critique*, (Toronto: Inehart and Company Inc., 1948), ed. Leonard Unger, p.286.
62) T. S. Eliot, *To Criticize the Critic and Other Writings*, (London: Faber and Faber, 1978), p.126.

여섯시.
통로에 스테이크 냄새와 더불어
겨울 저녁이 자리잡는다.
칙칙한 날들의 타버린 끄트머리.
당신의 발 주변에
시들은 나뭇잎의 더러운 조각들
텅 빈 지역에서 날려온 신문지들.
소나기는
부서진 차양과 통풍관을 때린다
거리의 한 구석에서
외로운 합승마차 맑은 김 뿜으며 발을 구른다.        (1 - 12행)

The winter evening settles down
With smell of steaks in passageways.
Six o'clock.
The burnt - out ends of smoky days.
The grimy scraps
Of withered leaves about your feet
And newspapers from vacant lots;
The shower beat
On broken blinds and chimney - pots,
And at the corner of the street
A lonely cab - horse steams and stamps.

　저녁의 거리 풍경은 지저분한 현실의 일단을 보여준다. "피로에
지친 혐오감"63)을 느끼게 하는 이 광경은 일상생활의 공허함을 드

러내는데 그것은 인적이 없고 황폐한 주변환경의 제시로서 소외상태에 있는 개인의 삶이 영위되는 현실의 일단을 보인 것이다. 화자는 겨울 저녁의 비바람을 맞으며 거리를 걷고 있는데 그의 감각에는 무의미하게 반복되는 일상적인 나날의 잔해인 퀴퀴한 냄새와 시들은 나뭇잎, 신문조각들만이 부딪쳐온다. 그는 이 모든 것이 공허하고 자신의 삶뿐만 아니라 모든 사람의 삶이 공허한 상태로 지속되고 있다는 느낌에 사로잡혀 있다.[64] 소나기가 내리는 거리의 한 끝에 서있는 마차의 말조차도 외롭다.

현실의 공허함의 표현에 이어 제2부에서는 삶이 그 자체의 신선함, 순수함, 존재 의의를 지니지 못하고 시계의 압박에 반응하는 것이 묘사된다.[65] "아침은 희미한 김빠진 맥주 냄새로 밝아오고"(14-5행) 사람들은 온전한 사람들이 아니라 "이른 커피 판매대로 몰려드는 진흙 묻은 발"(17-8행)이나 "칙칙한 휘장을 걷어 올리는 손"(21-2행) 등의 신체 부분으로 표현된다. 이는 권태로운 하루를 시작하려는 사람들이 온전한 인간으로서의 존엄성을 상실하고 기계의 부속품과도 같이 한 가지 기능으로 전락해버린 문명사회에서의 인간의 현실에 대한 준엄한 고발이다. 엘리엇은 이와 같은 세계에 전적으로 참여하지는 않지만 충실하게 관찰하여 그것을 기록하고 판단, 평가함으로써 그것을 초월한다.[66]

---

63) Andrew Swarbrick, *op. cit.*, p.29.
64) *Loc. cit.*
65) *Loc. cit.*
66) Lachlan Mackinnon, *Eliot, Auden, Lowell: Aspects of the Baudelairean*

제3부에는 "수천가지 더러운 이미지들"로 영혼이 구성되어 있는 여인의 삶이 도시생활의 이미지들을 그대로 반영하는 무기력한 것으로 그려져 있고 제4부에서는 아무 발전 없이 되풀이되는 남자의 삶이 묘사된다. 그의 이상과 영혼은 도시생활을 초월하고자 하나 그것은 담뱃대에 담배나 채우고, 신문이나 보는 등의 "일상적인 판에 박힌"67) 일로 끝나고 만다. 이러한 도시생활을 살면서 높은 꿈을 지녔으나 결국 좌절하고 마는 사람들에게 양심이란 아무 가치도 없다. 그들의 양심은 그들이 거짓된 가치를 추구하기 때문에 황폐해지고 더러워졌다.68) 이와 같은 무기력한 사람들과 그들의 의식을 구성하는 외적 도시 현실의 이미지들은 서로 분리할 수 없을 정도로 밀접하게 연관되어 있다.69)

외적 현실의 이미지들과 동일시되고 있는 사람들의 삶을 묘사해 온 화자는 제4부의 후반에서 인간적인 양심을 지닌 사람들을 인식한다. 이것은 외적 현실과 동일시되었던 사람들의 이면(異面)에 숨겨져 있는 것에 대한 인식이라고 할 수도 있다. 화자는 "무한히 선량하고"(50행) "무한히 고통받는 존재"(51행)를 인식하는 것이다. 그러나 이것은 화자가 말하듯이 "환상(fancies)"에 불과하다. "세상

*Inheritance*, (London and Basingstoke: The MacMillan Press Ltd., 1983), p.24.
67) Andrew Swarbrick, *op. cit.*, p.31.
68) *Loc. cit.*
69) Robert Langbaum, "New Modes of Characterization in *The Waste Land*", in *Eliot in His Time*, (Princeton, New Jersey: Princeton University Press,1973), ed. A Walton Litz, p.119.

은 빈 터에서 뗄감을 모으는 노파처럼 회전한다"(53 - 4행)라는 결론은 현대의 도시라는 외적 현실이 변화하지 않은 상태임을 암시한다. 이 노파는 빈 터를 돌아다니며 황폐한 땅에서도 무엇인가를 구하려한다. 엘리엇은 이와 같은 인간적인 사람들의 환상을 보기도 하지만, 결론에서는 개별적인 삶의 중요성보다는 도시의 외적 현실이 강조되고 있다. 따라서 이 세상에서의 삶은 판에 박힌 고역이며 고갈과 상실 가운데서의 생존을 위한 투쟁으로 나타난다.[70] 비록 결론 부분이 개인적인 삶의 다양성을 도시생활의 어려움이라는 한 가지 현상으로 추상화하고 있으나 이는 현실을 경멸하거나 무시하는 것은 아니다.[71] 이는 우리 모두가 살고 있는 황폐하고 공허한 현실에 대한 엘리엇의 부정적인 반응을 보여주는 것이다.

「1920년 시편들」에 들어 있는 "게론쵼"은 프루프록으로부터 발전된 듯한 한 노인을 화자로 하고 있다. 이 작품은 프루프록의 열망과 변덕스러운 페이소스가 패배와 쓰라림으로 대체된 노인의 이야기로[72] 시인은 여기서 극적 인물을 등장시켜 그의 의식의 흐름을 통하여 이야기를 진행시킨다. 이 작품의 주제는 종교, 성, 문명의 쇠퇴로 요약될 수 있다.[73]

이 작품의 첫 부분에서는 게론쵼이 처해 있는 환경의 제시로써 현실의 불모성이 묘사된다.

---

70) Andrew Swarbrick, *op. cit.*, p. 31.
71) Burton Raffel, *op. cit*, pp.17 - 8.
72) Martin Scofield, *op. cit.*, p.102.
73) A. C. Partridge, *op. cit.*, p.153.

내 여기 가물은 달의 한 늙은이
동자에게 책을 읽히며 비를 기다리고 있소.
나는 격전의 성문에 있은 적도 없고
더운 비 내리는 가운데서 싸우거나
소금물 집히는 습지에서 무릎까지 빠져, 단검을 휘두르며,
파리 떼에 뜯기며 싸운 적도 없소.
내 집은 헐어져가는 집,
집주인 유태인이 창틱에 쪼그리고 앉으오,
안트워프의 어느 술집에서 내질러져,
브뤼셀에서 부스럼이 나고, 런던에서 딱지가 앉아 허물이 벗겨진 녀석
염소가 밤에 언덕 위 들판에서 기침을 하오.
바위와 이끼와 비름과 쇠부스러기와 똥.
여자는 부엌일을 보며, 차를 끓이고,
까다로운 수채를 쑤시면서 저녁에 재채기를 하오.
내 한 늙은이,
바람 부는 공간의 투미한 머리.                    (1 - 16행)


Here I am, an old man in a dry month,
Being read to by a boy, waiting for rain.
I was neither at the hot gates
Nor fought in the warm rain
Nor knee deep in the salt marsh, heaving a cutlass,
Bitten by flies, fought.
My house is a decayed house,
And the Jew squats on the window - sill, the owner,
Spawned in some estaminet of Antwarp,
Blistered in Brussels, patched and peeled in London.

The goat coughs at night in the field overhead;

Rocks, moss, stonecrop, iron, merds.

The woman keeps the kitchen, makes tea,

Sneezes at evening, poking the peevish gutter.

I an old man,

A dull head among windy spaces.

여기서 게론촌은 한 개인이기도 하지만 현대문명을 상징하기도 한다.74) 그는 메마른 계절에 비를 기다리고 있는데, 비는 그를 불모의 상태로부터 구원해 줄 "생명을 주는"75) 재생의 비이다. 그에게 재생을 가져오는 것은 물질적 의미의 비가 아니라 상징적 의미의 비이고 그가 바라는 재생도 상징적 의미의 재생이다. 그는 소년에게 책을 읽게 하면서 자신의 과거를 회상한다. 그의 과거는 그가 실패한 주된 원인, 즉 싸우지 않았음을 말한다. 그의 무기력한 노령은 적극적인 삶을 영위하지 않고 단지 나태함만을 추구한 수동적인 안락한 생활을 해온 결과이다.76) 게론촌이 현대문명을 상징하므로 현대문명이 그처럼 쇠퇴한 상태에 있는 것이라고 할 수 있다.77)

자신의 처지를 설명한 후 그는 "육체와 물질적 세계에 대한 은유"78)로 사용되는 자신의 집과 주변 환경을 묘사한다. 그가 세든

---

74) Elizabeth Drew, *op. cit.*, p.47.
75) F. R. Leavis, "T. S. Eliot", in Leonard Unger ed. *op. cit.*,p.200.
76) Elizabeth Drew, *op. cit.*, p.50.
77) Grover Smith, op. cit., p.60.
78) Daniel R. Schwarz, "The Failure of Meditation: The Unity of Eliot's 'Gerontion'", in Linda W. Wagner, ed. *op. cit.*, p.62.

집은 쇠락해가는 집이고, 집주인은 "그리스도를 상징하는"[79] 유태인으로 그의 출생과 성장의 배경은 전 유럽적이다. 그는 개구리 알처럼 "내질러졌으며", "헐고", "허물이 벗겨지고" 하였으므로 사람의 모습이라기보다는 동물의 모습으로 그려지고 있다. 집만 쇠락해가는 상태에 있는 것이 아니라 주변 환경도 역시 쇠락해가는 상태에 있다. 활력의 상징이어야 할 염소조차도 밤에는 기침을 하는 정도로 모든 것이 건강치 못하다.[80]  이는 제1차 세계대전 이후의 유럽의 상황이 이처럼 부패하고 쇠퇴하는 상태임을 말한다. 엘리자베스 드루Elizabeth Drew의 다음과 같은 설명은 이 작품에서 그려지고 있는 문명의 성격을 적절히 요약하고 있다.

그것은 금전적 가치와 세속적 합리주의에 토대를 둔 문명으로, 종교적 영교나 공동사회의 인간적 의미가 없는 고립과 불안정, 불안한 신경질적이고 지적인 활동의 정서적 침체와 영적 메마름의 악몽세계이다. (작은 노인이라는 뜻의 이름을 가진) 게론촌은 이 세상의 민감한 지식인의 어렴풋한 상징이며 대변인이다.

It is a civilization founded on money values and secular rationalism, with no religious communion or human sense of community, a nightmare world of isolation and instability, of restless nervous and intellectual activity, emotional stagnation and

---

79) Christopher Ricks, *T. S. Eliot and Prejudice*, (London and Boston: Faber and Faber limited, 1988), p.29.
80) Elizabeth Drew, *op. cit.*, p.50.

spiritual drought. Gerontion (the name means a little old man) is
the shadowy symbol and spokesman of the sensitive intellectual
in this world.[81]

여기서 지적되고 있듯이 현실은 영적으로 메마른, 소외되고 불안
정한 세상으로 나타난다. 이 사회에서는 개인들이 상호간에 의사소
통을 이루지 못하고, 각자가 소외된 상태에서 자신의 일만을 행할
뿐인데 엘리엇은 이러한 현실을 부패해가는 상황으로 파악하고 있
다. 화자인 노인은 자신을 "투미한 머리"라고 한다. 그는 자신을 육
체와 정신 모두를 지배하는 문명의 상징으로서의 온전한 인간이 아
니라 추상적인 지능으로 축소되어 자신과 문명 사이에 유기적인 관
계가 없는 인간으로 파악하고 있는 것이다.[82]

이러한 상태이기 때문에 그는 인류를 구원하기 위해 도래한 그리
스도의 탄생조차 믿지 못하고 다른 외적 증거를 원한다. 게론촌과
마찬가지로 무지의 어둠에 싸인 현대인들은 각자의 우상을 숭배할
따름이다.

산수유, 밤나무, 꽃피는 유다나무, 타락한 오월,
수군대며 그를 먹고, 나누고, 마시는
리모오즈에서 손으로 어루만지며
밤새도록 옆방을 거니는
씰베로 씨.

---

81) *Ibid.*, p.48.
82) *Ibid.*, p.51.

티치아노의 그림 사이에서 절을 하는 하까가와,
어두운 방에서 촛불을 갈아 꽂는
드 토온퀴스트 부인, 한 손은 문에 얹은 채
복도에서 돌아서는 폰 쿨프 양.
빈 북이 바람을 짠다.
내게는 영이 없다.
바람 부는 언덕아래
외풍 센 집에 사는 한 늙은이.                    (21 - 32행)


In depraved May, dogwood and chestnut, flowering judas,
To be eaten, to be divided, to be drunk
Among whispers; by Mr. Silvero
With caressing hands, at Limoges
Who walked all night in the next room;
By Hakagawa, bowing among the Titians;
By Madame de Tornquist, in the dark room
Shifting the candles; Fraulein von Kulp
Who turned in the hall, one hand on door. Vacant shuttles
Weave the wind. I have no ghosts,
An old man in a draughty house
Under a windy knob.


여기서 "먹고, 나누고, 마시는" 것은 성찬식을 암시한다. 신성하
게 서행되어야 할 싱찬식이 "사회적 재정적 음모의"[83] 속삭임 기운

---

83) Hugh Kenner, "Perspective 1917 - 1966", in B. C. Southam, ed. *op. cit.*, p.109.

데서 행하여지므로 여기에서의 성찬식은 진정한 의미의 성찬식이
아니라 이교도들의 성찬식이다. 리비스F.R. Leavis도 이교도들의 속
삭임이 특징적인 전이로서 그것이 처음에는 종교적 경외의 속삭임
이지만 은밀하고 불길한 음모의 속삭임으로 변한다고 말하여 이 성
찬식을 이교도들의 성찬식으로 보고 있다.[84] 이교도들은 서로 소외
된 상태에서 각자의 우상을 숭배한다. 이들의 우상숭배에서 타락한
현실의 구원방법으로 예술과 종교가 도입되지만 이것들도 현실과
마찬가지로 타락되는 과정에 있다. 소외상태에 있는 이교도들의 이
름은 범세계적으로 영국, 일본, 프랑스, 독일의 것들이 망라되어 있
다. 이들의 이름이 범세계적인 것은 종교의 범세계적인 쇠퇴를 상징
한다.[85] 이들의 삶은 바람을 짜는 빈 북처럼 공허한 것으로 파악된
다. 화자인 노인도 정신적으로는 바삐 움직이지만 아무것도 이루지
못하는 공허한 삶을 살고 있다.[86] 고독, 공허한 형식성, 흐릿함, 회
피, 의심, 불확실, 좌절 등을 암시하는 이들 모두가 완전한 무익함
의 이미지인 "바람을 짜는 빈 북"으로 요약된다.[87]

게론촌은 자신뿐만 아니라 현대인들 모두가 이처럼 공허한 삶을
영위하게 된 이유를 역사와 종교의 타락에서 찾고 있다.

---

84) F. R. Leavis, *New Bearings in English Poetry,* (Middlesex: Penguin
    Books Ltd., 1963), p.74.
85) Michael Herbert, *T. S. Eliot: Selected Poems*, (Essex and Beirut:
    Longman Group Limited and York Press, 1982), p.20.
86) John Crowe Ransom, "'Prufrock' to 'Gerontion'", in B. C. Southam,
    ed. *op. cit.*, p.166.
87) Elizabeth Drew, *op. cit.*, p.53.

이런걸 알았다고 무슨 용서가 있을 것인가? 이제 생각해보라,
역사엔 교활한 통로와 꾸며낸 복도며
출구가 많고, 소곤대는 야심으로 속이고,
허영으로 우리를 인도한다는 것을.
......
이 눈물은 분노를 열매 맺는 나무에서 흩뿌려진다.

(33 - 47행)

After such knowledge, what forgiveness? Think now
History has many cunning passages, contrives corridors
And issues, deceives with whispering ambitions,
Guide us by vanities.
......
These tears are shaken from the wrath - bearing tree.

비록 증거가 주어졌으나 그는 자신이 영적, 정서적으로 메마르고 신념이 없으며 정열을 가질 수 없음을 발견한다. 따라서 그가 느끼는 고통은 상실의 고통이 아니라 무(無)의 공포, 즉 세속적 영혼의 어두운 밤의 공포인 것이다. 이러한 공허와 공포는 단지 역사의 개념을 통해서만 이해될 수 있다.[88] 선과 악에 대한 지식, 즉 영적인 지식이 주어졌으나[89] 이를 믿지 못한 현대인들은 이제 용서조차 필요 없는 상태가 되었다. 현대인들이 현재와 같이 타락한 상태로 전락하게 된 것은 오랜 기간에 걸쳐 점진적으로 이루어진 것이다. 역

---

88) Nancy K. Gish, *op. cit.*, pp.36 - 7.
89) Martin Scofield, *op. cit.*, p.104.

사는 논리의 틀이 없이 살아온 인간의 경험, 경험적인 학문에 의해 제공된 지식에 따라 살아온 인간의 경험이라 할 수 있다.[90] 그 역사가 이제는 성적인 암시를 지닌 대상인 매춘부와 같은 모습으로 제시된다.[91] 역사의 이와 같은 냉소적이고 풍자적인 성찰은 성찰 자체로 끝나버리고 마는 허망한 것이다. 이 허망함 때문에 게론촌은 눈물을 흘리는데 이 눈물은 "선악의 지식의 나무"[92]인 "분노를 열매 맺는 나무"에서 흐른다. 각자의 우상을 숭배하는 이교도들이 소외된 삶을 살고 있듯이, 게론촌은 자신도 소외되고 공허한 삶을 살고 있다는 인식과 현실의 구속 때문에 자신이 현재와 같은 처지로 되었다는 슬픔 때문에 눈물을 흘린다. 게론촌이 자신의 잘못된 과거를 회개하여 눈물을 흘리는 것이 아니라 그를 현재의 상태에 처하도록 만든 세상에 대한 분노 때문에 눈물을 흘린다는 사실에서 그가 역사에 대한 자신의 명상이 무익하다는 사실을 인식하고 있음이 밝혀진다.[93]

　　게론촌과 같은 현대인들은 결국 해체되어 파멸하게 되는데 그 모습은 다음과 같이 묘사되어 있다.

---

90) Elizabeth Drew, *op. cit.*, p.54.
91) Daniel Schwarz, "The Failure of Meditation: The Unity of Eliot's 'Gerontion'", in Linda W. Wagner, ed. *op. cit.*, p.55.
92) Michael Herbert, *op. cit.*, p.22.
93) Daniel Schwarz, "The Failure of Meditation: The Unity of Eliot's 'Gerontion'", in Linda W. Wagner, ed. *op. cit.*, p.57.

거미는 무엇을 할까, 그 작업을 그만둘까?
바구미는 늑장을 부릴까? 바스러진 원자가 되어
떨리우는 곰좌의 궤도 저편에서 회오리치는
드 베일라쉬, 프레스카, 카멜여사.
바람 부는 벨 아일 해협에서 바람을 거스르는,
또는 호온 곳에서 달음질치는 갈매기.
눈 속의 흰 깃틸, 그것은 바다의 것,
그리고 잠오는 한 구석으로 무역풍에 쫓기운
한 늙은이.                                    (65 - 73행)

What will the spider do,
Suspend its operations, will the weevil
Delay? De Bailhache, Fresca, Mrs. Cammel, whirled
Beyond the circuit of the shuddering Bear
In fractured atoms. Gull against the wind, in the windy straits
Of Bell Isle, or running on the Horn.
White feathers in the snow, the Gulf claims,
And an old man driven by the trades
To a sleepy corner.


  현대인들이 정신적으로 각성하지 못하고 현재와 같은 무의미한
삶을 계속 영위한다면 결국은 파멸하고 만다. 마치 거미와 바구미가
파괴행동을 쉬임없이 계속하듯이 현대인들은 지금 해체를 향하여
끊임없이 나아가고 있다. 베일라쉬, 프레스카, 카멜 여사 등은 현대
인을 대표하는 인물들로 낮은 단계의 삶인 거미와 바구미에 비교되

고 있다. 이들은 정신적인 각성이 없이 육체적인 삶만을 영위하고 있으므로 하등동물과 같이 육체적인 죽음, 파멸을 향해 나아가고 있는 것이다. 거미와 바구미 같은 동물적인 상태로 전락해버린[94] 현대인의 해체는 산산이 분해되어 곰좌 너머로 흩어지는 모습과 갈매기의 죽음으로 분명해진다. 이러한 해체 직전의 현실에서 화자는 무역풍에 이끌려 잠오는 구석으로 밀려난다. 화자는 재생의 젊음이나 죽음의 노년을 꿈꾸지만 참다운 육체적인 삶도 영위하지 못하고 참다운 정신적인 삶도 영위하지 못하기 때문에 어느 쪽으로도 접근하지 못하고 애매한 졸리운 상태로 이끌린다.

결국 그가 이 작품의 서두에서부터 기다리던 재생의 비는 내리지 않고 메마른 상태로 작품이 끝맺게 된다. "그 집에 세든 사람들, / 가물은 철에 메마른 머릿속의 온갖 생각들"(74-5행)이라는 결말 부분을 필립 헤딩즈Philip R. Headings는 게론촌이 이제 조용히 죽음을 기다리는 단계에 도달한 것이라고 다음과 같이 설명하고 있다.

조용한 수용이 환영의 헛된 추구보다 나을 것이다. 그리고 게론촌은 자신의 로맨틱한 성격을 굴복시켰다. 플라톤이나 아리스토텔레스처럼 보통의 인간 가운데서 신성을 보았으므로, 그는 두려움이나 싫음 없이 죽음의 바람을 기다린다. 기독교적인 용어로 말하면 그는 죽음 이후의 보다 높은 삶을 고대하고 있다. 그는 죽음을 메마른 두뇌와 부패한 집으로부터의 해방으로, 사소한 생각의 삶보다는 일탈되지 않은 삶으로의 해방으로 여길 것이다.

---

94) Nancy K. Gish, *op. cit.*, p.45.

But the calm acceptance will be better than the vain pursuit of illusions, and Gerontion has surrendered his romanticism. Seeing now the divinity in common humanity. Like Plato or Aristotle, he waits for the death wind without fear and loathing: in Christian terms, he looks forward to a higher life after death, which he will regard as liberation from the dry brain and the decayed house — to the life of the undistracted spirit rather than of the small deliberations.[95)]

헤딩즈는 게론촌이 죽음을 기다리는 것을 기독교적인 견지에서의 사후의 영원한 삶을 기다리는 것으로 해석하고 있으나, 게론촌이 바라는 것은 황무지를 구원해줄 재생의 비이기 때문에 이는 다소 지나친 해석으로 여겨진다. 그러나 그가 현실에 체념하고 조용히 죽음을 기다리고 있다는 것은 위 글에서도 분명히 확인되고 있다. 작품의 서두에서부터 기다리던 재생의 비가 내리지 않아서 게론촌은 메마른 현실에서의 메마른 죽음을 조용히 기다리고 있는 것이다. 그는 황폐한 현대문명을 구원해 줄 어떤 은총을 바라지만 그 가능성은 전혀 보이지 않는 상태로 작품은 끝난다.

엘리엇은 이 작품에서 타락한 현실을 고찰하고 그 원인과 구원의 길을 모색해 보았으나 뚜렷한 원인 규명도 하지 못하고 막연한 결론에 이르렀을 뿐이다. 그는 이제 타락한 현실에서는 종교도 구원의 적극적인 역할을 수행할 수 없고, 현실이 이대로 지속된다면 결국은

---

95) Philip R. Headings, *T. S. Eliot*, (New Haven and Conn.: College and University Press and Publishers,1964), p.49.

파멸에 이르고 말 것이라는 인식에 도달한 것이다. 이 작품은 은총이 없어진 사회의 개인의 초상이라 할 수 있는데 게론춘은 자신의 과거를 기억하고 있으며 정신적 굶주림으로 죽어가고 있다. 따라서 이 작품은 은총이 없어진 사회, 그 자체의 사소함과 추함 때문에 죽어가는 사회의 초상인 「황무지」의 서곡이라 할 수 있다.[96]

엘리엇은 "비데커를 가진 버뱅크: 담배를 문 블라이스타인Burbank with a Baedeker: Bleistein with a Cigar"에서 베니스문화의 퇴락한 모습을 제시하여 현대문명 자체를 평가하려 시도한다. 버뱅크는 한때 아름다웠던 베니스의 문화가 지금은 파괴되어 있는 모습을 보며 시간의 무상함을 인식하고 불루파인 공주가 새로운 애인을 찾아나서는 것을 보고 부패의 의미를 생각한다.[97] 개인의 부패에서 사회의 부패로 관점이 이동함으로써 현대의 실존적 상황은 보편화되고 시인의 의식은 구체적 현실에 고정되지 않고 객관적 현실에 대한 추상적인 사고(思考)로 확장된다.

"요리용 계란A Cooking Egg"은 과거, 미래, 현재의 3부로 구성되어 있다. 제1부에서는 개인적인 경험으로서의 과거가 그려져 있고 제2부에서는 세속적 욕망을 초탈한 상태의 미래가 상정(上程)된다. 화자는 사후(死後)에 천상에서 예전에 실존했던 인물들과의 교제나 명예, 재물도 원치 않을 것이라고 말하여 현실생활에 필요하기는 하지만 현재 그가 지니지 못한 현대문명의 편린들을 원치 않음

---

96) Yvor Winters, "T. S. Eliot", in Leonard Unger, ed. *op. cit.*, p.109.
97) Nancy K. Gish, *op. cit.*, p.31.

을 보여준다. 화자는 현재화시키고 싶은 잃어버린 아름다운 과거를 "장막 뒤에서 피핏과 함께 먹으려고 / 내가 산 한 푼짜리 세상이 어데 있는가"(25 – 6행)라고 말한다. 화자는 이러한 "잃어버린 순수함"[98])을 그리워하고 있다. 그는 아름다운 과거를 현재화시키고 싶어 한다.

그러나 과거의 현재화는 개인적 소망일 뿐이며, 여기서는 화자가 의식한 객관적 현실이 강조되고 있다. 화자는 과거의 개인적 경험을 현재화시키고 싶은 욕구를 느끼면서 과거의 영광을 상징하는 "독수리와 나팔"(30행)은 어디에 있는가 하고 묻는다. 그는 개인적 경험뿐만 아니라 찬란한 과거의 영광을 현재화하고 싶어 하는 것이다. 그는 객관적 현실을 의식하면서 이를 역사적 과거와 대조시킴으로써, 긍정적 과거에 대한 향수와 객관적 현실이 그의 의식 속에 공존함을 보여준다. 그러나 여기서 중요한 것은 과거가 아니라 현재의 화자의 의식이다. 그는 현실의 수치를 인식하며 생활하는 가운데 희망을 달성하지 못하는 것을 슬퍼하고 있다.[99])

엘리엇이 자라난 가정의 종교가 유니테어리언이즘으로 종교의 사회적 책임을 중시하는 종교였기 때문인지는 모르겠으나 그의 작품 중에는 종교의 사회적 책임문제를 다룬 것들이 많이 있다. 그의 전기시 중에서 종교의 사회적 책임 및 종교와 사회와의 관계를 명시적으로 다룬 작품이 "하마"와 "엘리엇 씨의 주일 아침예배"이다. 이

---

98) Martin Scofield, *op. cit.*, p.98.
99) George Williamson, *A Reader's Guide to T. S. Eliot,* (New York: Farrar, Straus and Giroux, 1966), p.104.

두 작품은 현대의 종교가 사회의 선도적인 기능을 수행하지 못하고 오히려 암적인 존재로 변해버린 실상을 다루고 있다.

"하마"에서는 타락한 상태에 있는 교회보다는 오히려 진실한 삶을 영위하는 평신도가 축복받는 모습이 그려져 있는데 물질주의화한 교회의 모습이 그려지면서도 세속적인 세계의 다소 순진한 물질주의가 "진실한 교회"(7행)의 위선적인 물질주의와 대비되고 있다. 골로새서의 베드로St. Paul의 서한에서 인용한 "이 서한이 너희들 가운데 읽힐 때 무관심한 사람들의 교회에서도 읽혀지게 하라"는 제사는 골로새인들에게 기독교인의 의무와 믿음을 상기시키는 것이다.100) 이 제사를 사용함으로써 엘리엇은 이 작품이 "유사 설교적인 형태"101) 가 될 것임을 암시한다.

이 작품은 하마의 실상의 묘사로서 시작된다. 하마는 연약한 생물로 진흙 속에 있으며 "진실한 교회"는 반석 위에 자리잡고 있다. 따라서 하마는 조만간 멸망하고 "진실한 교회"는 영원할 것처럼 여겨진다. 여기서 하마는 잘못을 저지르기 쉬운 인간을 상징한다.102) 인간은 육체를 지니고 있기 때문에 육체를 부정하는 교회가 안전한 것과는 대조적으로 불안하다. 인간의 욕망의 진정한 어려움은 바위, 즉 난공불락의 기독교 정신에 외관상 완전히 무관심할 수 있는가 하는 문제이다.103) 반석 위에 자리잡고 있는 교회에 무관심한 인간

---

100) B. C. Southam, *A Student's Guide to the Selected Poems of T. S. Eliot*, (London and Boston: Faber and Faber, 1981), p.69.

101) David Ward, op. cit., p.30.

102) Philip R. Headings, *op. cit.*, p.40.

은 연약한 듯이 보인다. 그러나 살과 피로 이루어진 하마, 즉 인간의 조야함은 마치 어거스틴St. Augustine이 정신적 깨달음을 이루기 전에 진흙탕 속에 빠져 있었던 것과 마찬가지로 양의 피에 의해 씻겨져 구원받기 이전의 인간의 모습이다. "진실한 교회"는 베드로라는 반석 위에 자리잡고 있음에도 불구하고 정신적 실재보다는 물질적 배당에 더 관심을 갖고 있다.104) 하마는 경제적, 물질적인 것을 추구하는 데 있어서 교회보다 덜 능률적이다. 하마는 물질적 목표를 추구하는 데 있어서 실수도 하고 혹은 그 목표를 달성하지 못하는 수도 있으나 교회는 가만히 있으면서도 할당된 배당금을 분배받는다. 교회의 진정한 역할은 물질적 풍족함을 추구하는 것이 아니라 "종교적 진리의 증인"105)으로 활동하는 것이다. 그러나 현대의 교회는 본연의 역할을 수행하지 못하고 오히려 세속적인 인간들보다 더 타락한 상태에 있다.

결국 타락하고 연약한 듯이 보이던 하마는 습지를 벗어나 천상으로 올라가고 신과 합일을 이루는 듯이 보이던 "진실한 교회"는 지상의 독기 머금은 안개 속에 남아 있게 된다. 이와 같은 결론은 지상에서 "하마"의 세계와 동떨어져 있던 교회가 정반대로 하마의 세계, 즉 인간세계 속의 교회임을 암시한다. "하마"는 하나님의 양인 그리스도를 뜻하는 양의 피에 의해 깨끗이 씻겨진다. 반면에 "진실

---

103) Piers Gray, *op. cit.*, p.195.
104) David Ward, *op. cit.*, p.30.
105) Roger Kojecky, *T. S. Eliot's Social Criticism*, (New York: Farrar, Straus and Giroux, 1971), p.135.

한 교회"는 하늘로 올라가지 못하고 지상의 독기 머금은 안개 속에 남아 있는데 이는 현실 속에 있는 부패하는 교회가 오류의 안개에 질식당하여 죽어가는 것을 의미한다.[106] 그러나 이 결론은 엘리엇의 교회 자체에 대한 불신 내지는 현실에 대한 절망감의 표현이라기보다는 교회의 현실적인 모습이 잘못되어 있음을 지적한 것이다. 이것은 객관적인 종교적 가치나 도덕을 무시하거나 무신론을 주장하는 것이 아니라 "삶에의 부정적인 태도에 대한 불만"[107]을 표현한 것이다.

엘리엇이 전기시에서 현실을 묘사하면서 비록 부정적인 방향으로 기울기는 해도 전적으로 부정적인 태도를 보이는 것은 아니다. 현실 속에 살고 있는 인간에게서 현실의 완전한 부정은 애당초 기대할 수 없다. 그는 현대사회를 중성사회로 보고 현실을 개선하는 방법은 기독교 사회의 건설이라고 주장하였는데 그는 아직 기독교 사회의 건설에 대한 확고한 신념은 없으나 현실을 중성사회로 파악하고 있음은 알 수 있다. 그의 말을 직접 들어보자.

······기독교 신앙을 이런 식으로 보는 것(그것을 이런 식으로 보는 것이 반드시 그것을 받아들이는 방법은 아니지만 진정한 문제점들을 이해하는 것이다)은 (우리가 현재 살고 있는 사회의 개념인) 중성사회의 개념과 (예를 들면 민주주의의 지지자들이 혐오하는 것

---

106) Michael Herbert, *op. cit.*, p.30.
107) D. E. S. Maxwell, *The Poetry of T. S. Eliot*, (London: Routledge and Kegan Paul, 1954), p.87.

과 같은) 이교사회의 개념 사이의 차이점이 결국은 그다지 중요하
지 않다는 것을 보는 것이다.

......To see the Christian faith in this way－and to see it in
this way is not necessarily to accept it, but only to understand
the real issues－is to see that the difference between the Idea of
a Neutral Society (which is that of the society in which we live
at present) and the Idea of a Pagan Society (such as the
upholders of democracy abominate) is, in the long run, of minor
importance.[108]

이 글은 엘리엇이 영국국교로 개종한 이후인 1939년에 처음 발표
된 글로서, 개종 이전의 현실관과는 많은 차이가 있을지 모르겠으나
전기시에서도 현실이 부정적으로 인식되고 있으므로 현실이 중성사
회라는 인식에는 다름이 없는 것으로 여겨진다.
　이와 같은 중성사회에서의 종교의 부패에 대한 풍자는 "엘리엇
씨의 주일 아침예배"에서도 계속된다.

　　다산성(多産性)의
　　주님의 영리한 주보상인들은
　　창유리를 가로질러 어릿거린다.
　　태초에 말씀이 있었느니라.

---

108) T. S. Eliot, *The Idea of a Christian Society and Other Writings*,
　　 (London: Faber and Faber, 1982), pp.43－4.

태초에 말씀이 있었느니라.
<하나>의 중복임신이
시간의 다달의 회전시에
거세한 오리겐을 낳았다.                                    (1－8행)

Polyphiloprogenitive
The sapient sutlers of the Lord
Drift across the window－panes.
In the beginning was the Word.

In the beginning was the Word.
Superfetation of το εν.
And at the mensual turn of time
Produced enervate Origen.


"현명한 주보상인"은 이 경우에는 주님의 병사들에게 성서에 관한 논쟁을 제공해주는 학식 있는 학자들을 가리킨다.[109] 현명한 주보상인인 "성직자"[110]들은 호전적인 교회의 군대에 신의 말씀을 공급하는 대신에 미묘하고 추상적이며 공허한 논쟁을 풍부하게 제공한다. 몇몇 초기 신학자들의 수다스러움은 신의 중복임신으로 묘사되고 있다.[111] 신의 말씀의 최초의 수태를 의미하는 "태초에 말씀

109) Michael Herbert, *op. cit.*, p.32.
110) Desiree Hirst, *Brodie's Notes on T. S. Eliot's Selected Poems*, (London and Sydney: Pan Books,1980), p.28.
111) Ernest Schanzer, "'Mr. Eliot's Sunday Morning Service'", in B. C. Southam, ed. *op. cit.*, p.187.

이 있었느니라"라는 구절이 두 번 반복되어 현대에 들어 신의 진실한 섬김이 없이 논쟁만 많아졌음이 암시된다. "시간의 다달의 회전"은 삶에 있어서 여성의 변화와 유사한 시간 세계에서의 불모의 시작을 암시한다. 신의 웅장한 창조성이 헌신의 단언으로 불모를 선택한 사제와 교회에 의하여 대표되게 되었다.112) 이 작품에는 성적인 이미지가 많이 등장하는데 이 성적인 은유들은 엘리엇의 다른 작품에서와 마찬가지로 영적, 정신적 함축을 지니고 있다.113) 성적인 암시를 포함하는 세월의 변화에 따라 다산적인 오리겐이 탄생했는데 그는 정신적 건강을 위하여 스스로 거세하였으므로 성적으로는 중성이 되었다.114) 그는 중성적인 일벌과 유사한 상태로 된 것이다.

이어서 제3연과 제4연에서는 교회 내부의 벽화가 설명되고 제6연과 제7연에서는 속죄실에서 사제가 평신도의 죄를 용서해주는 모습이 묘사된다. 사제가 청년의 죄를 용서해 줄 때 청년이 속죄금을 들고 있는 모습이 강조됨으로써 사제가 신도들의 죄를 용서해주는 행위보다 속죄금에 더 관심을 두고 있음이 암시된다. 또한 현대의 신도들은 진정으로 속죄하는 대신에 청년이 속죄금을 움켜쥐고 있는 모습에서 보이듯이 신을 매수한다.115) 그러나 속죄실은 이와 같이 조야하고 자기중심적인 현대인들뿐만 아니라 정말로 경건한 사

---

112) David Ward,"'Mr. Eliot's Sunday Morning Service'", in *Ibid.*, p.194.
113) David Ward, *op. cit.*, p.34.
114) B. C. Southam, *op. cit.*, p.73.
115) Nancy K. Gish, *op. cit.*, p.32.

람들이 신에게 접근하는 길도 보여주고 있다. 진실한 속죄는 현대의 평신도들이 속죄금을 통하여 손쉽게 속죄받는 것과는 대조적으로 연옥의 불에 불타는 것이다. 그림 속의 치품천사는 경건한 신앙심을 지니고 자신의 죄를 정화하는 사람들을 바라보고 있다. 이는 타락한 현대인들이 궁극적으로 지향해야 할 바를 암시함으로써 현실의 타락상을 부각시키는 역할을 한다.

마지막 두 연에서는 사제를 상징하는 중성의 일벌116)과 육체적인 삶만을 영위하는 인물인 스위니의 행동이 묘사된다. 자신들은 생식할 수 없는 중성의 벌들이 정원에서 암술과 수술 사이를 날아다니며 자신도 모르는 사이에 생식을 가져온다.117) 이 역할은 다소 부정적이기는 하지만 평신도와 신을 연결시켜주는 성직자의 역할과 유사하다. 엘리엇이 경멸하고 혐오하는 저속한 부류의 인간의 대명사처럼 사용하는 스위니는 목욕탕에서 깊은 생각에 잠겨 궁둥이를 이리저리 움직인다. 그는 일상적인 현대인을 대표하는 사람으로 이런 사람들 때문에 종교가 존재의의가 있다.118) 그는 오리겐과 정반대의 극에 위치하는 육체적인 삶만을 영위하는 인물이지만 성직자가 지니고 있는 것과 같은 위선은 전혀 안 지니고 있다. 그가 물속에 있다는 사실은 우리로 하여금 그리스도의 세례를 생각하게 한다.119) 이는 현실에서는 저속한 인물의 행동과 고상한 성직자들의 행동 사이에 큰 차

---

116) Desiree Hirst, *op. cit.*, p.29.
117) Michael Herbert, *op. cit.*, p.33.
118) David Ward, *op. cit.*, p.32.
119) Grover Smith, *op. cit.*, p.45.

이가 없음을 나타낸다. 이 작품에서는 서로 상반되는 것들이 긴밀하게 연관되는 방식으로 세부사항이 선택, 결합, 대조됨으로써 현대의 불모성, 추함, 퇴폐가 눈에 두드러지게 된다.[120]

"나이팅게일에 둘러싸인 스위니"에서는 스위니라는 인물의 묘사를 통하여 현대인의 타락한 모습과 현실이 제시된다. 제1연에서 그는 흡사 동물과 같은 모습으로 묘사된다.

> 원숭이 모가지 스위니는 무릎을 벌리고
> 두 팔을 내려뜨린 채 껄껄댄다,
> 턱 주변의 얼룩말 줄무늬가
> 부풀어서 기린의 반점이 된다.            (1-4행)

> Apeneck Sweeney spreads his knees
> Letting his arms hang down to laugh,
> The zebra stripes along his jaw
> Swelling to maculate giraffe.

스위니의 신체상의 특징을 나타내는 단어들이 동물을 연상시킨다. "원숭이 목", "얼룩말", "줄무늬", "기린" 등의 동물뿐만 아니라 동사들도 "펼치다", "늘어뜨리다", "부풀리다" 등 주로 동물에 사용되는 것들이 사용되었다. 이와 같이 사람과 동물이 동일시되는 것은 이 세계의 현실이 가장 낮은 난계의 현실임을 나타낸다.[121] 이와

---

120) Elizabeth Drew, *op. cit.*, p.39.
121) Piers Gray, *op. cit.*, p.205.

같은 현실 속의 인물인 스위니는 제2연과 제3연에서 죽음의 세계와 연관을 맺는다.

제2연에 나오는 플라타 강, 죽음, 까마귀 등의 별자리는 모두 죽음과 관련이 있는 성좌들이다. 제3연에 나오는 오리온성좌와 개자리 성좌도 죽음과 관련이 있는 성좌이다. 이 성좌들이 여기서는 구름에 가려 보이지 않는 것으로 보아 스위니는 현실의 삶에 만족하여 죽음을 의식하지 않고 있음을 알 수 있다. 스위니가 있는 방의 바깥에는 파국이 임박한 조짐이 보인다. 달의 모습은 폭풍우가 닥쳐올 것임을 예견케 하며 오리온성좌와 개자리 성좌는 수의에 둘러싸여 있다. 이러한 것들은 불길함과 더불어 재생의 가능성이 희박함을 암시한다. 이러한 환경에서 스위니는 하계(下界)와 인간세계 사이의 문인 "뿔 달린 문"을 지키고 있으므로 그는 이미 하계의 문턱에 들어선 것이다.[122] 스위니에게 죽음이 임박한 상태일 뿐만 아니라 그가 있는 현실도 역시 죽음이 임박한 상태에 처해 있다. 스위니가 있는 방의 광경은 현실 세계의 축소판인데 이 세계는 무질서하고 부조리하다. 질서가 어질러져 있으며 질서를 회복하려는 노력은 미미하다. 방안 전체가 혼란스러운 상태가 되었으나 이에 질서를 부여하려는 노력은 단지 여인이 자신의 스타킹을 끌어 올리는 정도에 불과하다. 이와 같은 현실 속에 있는 스위니에게 구원이나 재생은 전혀 가능하지 않다. 그는 이제 파멸의 직전에 있는 것이다.

스위니의 상태가 이러할 때 "성심 수도원" 근방에서 나이팅게일

---

122) Andrew Swarbrick, *op. cit.*, p.43.

이 우는 소리가 들려온다. 나이팅게일이 "성심 수도원" 가까이에서 노래하는 것으로 보아 혼탁한 현실을 구원하는 방법이 종교와 연관됨을 알 수 있다. 종교세계도 타락하기는 하였으나 그래도 현실의 구원은 그 세계에 의존할 수밖에 없음이 암시된다. 나이팅게일은 지금의 현실을 그리스 신화의 세계와 연결시킴으로써[123] 성적인 타락이 현재에만 국한된 것이 아님을 분명히 한다. 아가멤논은 부인이 성적으로 타락했기 때문에 죽임을 당한 인물이다. 나이팅게일은 아가멤논이 살해되었을 때 울었듯이 지금도 배반과 죽음, 풍요의 부패를 노래한다. 또한 수도원에서도 풍요와 생식이 부정되기 때문에 여기서 나이팅게일은 아가멤논과 스위니의 행동의 배반과 수도원의 외관상의 배반을 결합시킨다.[124] 혼란스러운 현실 주변의 자연은 인간의 궁극적 구원을 가능하게 할 것이지만 현실 속의 인간은 그것에 전혀 관심이 없고 오직 현재의 무의미한 불모의 삶만을 영위할 뿐이다.[125] 또한 자연 가운데 위치해 있는 종교조차도 비록 그 궁극적인 목적이 올바른 것이라 할지라도 현실적인 모습은 타락되어 있고 불모의 상태에 처해 있다.

지금까지 살펴보았듯이 엘리엇의 초기 작품에 표현된 현실은 암담하고 죽음이 임박한 것이다. "제이 알프레드 프루프록의 연가"에서는 현실의 문제점이 의사소통의 단절과 그로 인한 고독과 소외로 나타난다. 프루프록은 여인들과의 교제를 통하여 이 문제를 해결하고

---

123) Elizabeth Drew, *op. cit.*, p.42.
124) D. E. S. Maxwell, *op. cit.*, p.85.
125) Elizabeth Drew, *op. cit.*, p.42.

자 의도하기는 하지만 우유부단함과 소극적인 태도 때문에 백일몽 속에서만 수없이 시도하고 좌절할 뿐이고 실제로 행동을 취하지는 못한다. 결국 이상주의자인 프루프록의 독백을 통하여 엘리엇이 우리에게 보여주는 것은 현실의 암담함, 소외상태의 적나라한 모습이다. "부인의 초상"에서는 진정한 사랑이 아닌 성적인 타락이 암시되어 있고, 현실이 소외된 개인들의 사회임이 표현되어 있다. "서곡"에서도 외적 현실과 동일시되고 있는 사람들의 삶이 기계의 부속품과도 같이 한 가지 기능으로만 축소되고 소외된 삶으로 묘사되어 있다. 이러한 사람들의 현실은 발전가능성이 전혀 보이지 않고, 무의미한 생존만이 반복되는 현실이다. "게론촌"에서는 종교와 역사의 성찰을 통하여, 현대사회에서는 종교와 역사조차도 인간의 잘못을 비추어주는 거울의 역할을 못하고 있음이 밝혀진다. 이 작품에서 엘리엇은 황폐한 유럽문명을 조망하고, 현실이 이대로 지속된다면 조만간 해체되고 말 것임을 예언한다. 게론촌은 문명의 해체를 방지하고픈 욕망을 지니고 있으나 자신의 과거와 현재의 상태의 관찰을 통하여 자신이 무력한 인간임을 깨닫는다. 그는 현실이 이교도들이 각자의 우상을 숭배하는 공허한 현실임에 좌절하고, 이교도들의 삶과 같은 현실 속의 소외된 삶은 모두 "바람을 짜는 빈 북"처럼 공허하며 결국 그들 모두가 파멸하게 되리라는 비참한 인식에 도달한다. "요리용 계란"에서는 화자가 잃어버린 아름다운 과거를 현재화시키고 싶은 소망을 지니고 있으나 이는 개인적 소망에 그칠 뿐이고 객관적 현실은 그렇지 못함을 슬퍼하고 있다. 엘리엇은 "하마"와 "엘리엇 씨의 주일 아침예배"에서 기독교의 타락한 실상을 제시한다. 현실 속의 기독교가 물질주의화하여 세속적인 타락의 길을 걷는 가운데 현대인들은 교회의 타락과 세속화에 일조(一助)하고 있다. 이 두 작품에서 엘리엇은 기독교가 현대세계의 정신적 지주로서의 역할을 못하고 오히려 진실한 삶을 영위하는 사람들보다 더욱 타락한 모습을 제시함으로써 기독교에 토대를 두고 있는 서구문명이 현대에는 해체를 향하여 나아가는 상태임을 보여준다. "나이팅게일에 둘러싸인 스위니"에서도 엘리엇은 현실이 파멸을 향해 나아가고 있는 상태임을 보여주며, 현실에 안주(安住)하는 인간의 삶이 동물의 삶과 다르지 않음을 스위니의 동물적인 모습을 통하여 보여주고 있다.

엘리엇이 이처럼 현대인들의 무질서한 상황, 부정적인 현실을 제시한 것은 "사실을 직면하려는 진실한 노력"126)을 보여준다고 할 수 있다. 현실이 이와 같이 파멸로 치닫고 있는 상태임을 인식한 그가 취할 길은 당연히 현실의 구원방도를 모색하는 것이 된다. 엘리엇은 처음부터 현실의 구원을 목표하고 현실의 실상을 파악하려고 노력해 왔으므로 이후의 작품에서는 현실의 구원방법을 본격적으로 모색하게 된다. 그는 서양사람이므로 그 구원의 방도를 서양문명의 토대를 구성하고 있는 기독교에서 찾으려 하는 것이 바람직한 태도일 것이다. 그러나 그가 기독교를 전적으로 부정한 것은 아니지만 그것이 타락한 현실을 목격하고 표현한 것으로 미루어 보아 이 당시에는 그가 기독교를 현실의 구원방도로는 다소 부적합한 것으

---

126) *Ibid.*, p.55.

로 여기고 있었다고 생각된다. 따라서 엘리엇이 그 구원의 방도를
동양의 정신문명에서 모색하게 되는 것은 당연한 귀결이라 할 수
있다.

**Ⅱ**

동양적 구원의 촉구

초기시에서 현실에 주로 눈을 돌렸던 엘리엇은 「황무지*The Waste Land*」에서도 그 탐색을 그치지 않는다. 그는 이 작품에서 현실의 실상을 보다 깊이 있게 탐구하며 현실이 현재와 같은 상태로 전락하게 된 원인이 주로 성적인 타락 등의 정신적 가치관의 혼란에 있음을 인식한다. 그러나 이전의 작품들에서 현실의 파악에만 그치던 것과는 달리 이 작품에서는 현실의 구원방법을 적극적으로 모색한다. 그는 이 작품에서 주로 불교와 힌두교 등의 동양적인 정신문명과 신화의 세계를 탐구함으로써 그 방법을 모색해 본다. 물론 기독교에의 암시도 많이 있지만 여기에 사용되고 있는 기독교의 내용은 현재의 기독교의 그것이라기보다는 원형적인 기독교의 그것이고 신화와 결합되어 사용되고 있다.

엘리엇은 이 작품을 쓸 당시에 불교로 개종하려 했었다. 결국 그는 불교로 개종하지는 않았으나 「이교신을 찾아서*After Strange Gods*」의 다음 구절은 그에게 끼친 인도사상과 불교사상의 영향이 얼마나 지대했는가를 짐작할 수 있게 한다.

찰스 란만의 지도하에 산스크리트어를 연구하며 보낸 2년과 제임스 우드즈의 지도하에 파탄잘리의 형이상학의 미궁 속에서 보낸 1년은 깨달은 신비화의 상태에 나를 남겨놓았다. 인도철학자들(그들의 미묘함은 대부분의 유럽 철학자들을 학생처럼 보이게 한다)이 추구했던 것을 이해하려는 노력의 반 이상이 그리스 시대로부터의 유럽 철학에 공통된 구분의 모든 범주와 종류들을 내 마음으로부터 지워 없애려고 노력하는 데 놓였다. 유럽 철학에 관한 나의 이전의 부수적인 연구는 장애물과 거의 다를 바 없었다. 그래서 나는 그 신비의 중심으로 진정 뚫고 들어가려는 나의 유일한 희망은 미국인 이나 유럽인으로 생각하고 느끼는 방법을 잊는 데 있으리라는 결론 에 도달했는데(유럽에 끼친 바라문과 불교도의 영향은 쇼펜하우어, 하르트만, 뒤센에게서처럼 주로 낭만적 오해를 통해서였다) 감정적인 이유뿐만 아니라 실용적인 이유도 있어서 나는 그렇게 하기를 원하 지 않았다.

Two years spent in the study of Sanscrit under Charles Lanman, and a year in the maze of Patanjali's metaphysics under the guidance of James Woods, left me in a state of enlightened mystification. A good half of the effort of understanding what the Indian philosophers were after – and their subtleties make most of the great European philosophers look like schoolboys – lay in trying to erase from my mind all the categories and kinds of distinction common to European philosophy from the time of Greeks. My previous and concomitant study of European philosophy was hardly better than an obstacle. And I came to the conclusion – seeing also that the 'influence' of Brahmin and Buddhist thought upon Europe, as in Schopenhaur, Hartmann, and Deussen, had largely been through romantic misunderstanding – that my only hope of really penetrating to the heart of that mystery would lie in forgetting how to think and feel as an American or a European: which, for practical as well as sentimental reasons, I did not wish to do.[127]

　이 구절은 때로는 엘리엇이 인도 철학에 가졌던 관심을 비교적 아마추어적이고 일시적인 것으로 생각하게 하지만, 실제로는 그가 인도철학의 매혹을 지속적이고 강력하게 인식하고 있었다는 것을 드러낸다. 인도철학을 연구하면서 그가 신비화에 빠지게 되었으나 이 신비화가 "깨달은" 신비화이므로 그의 인도사상 연구가 헛된 것이 아니라 결실이 있는 것임을 자인하는 것으로 볼 수 있다. 그는 우드즈J. H. Woods에게 보낸 한 서한에서 자신이 대학원에서 보낸 시간을 후회하지 않으며 상키어와 파탄잘리 과목을 즐겼다고 말하고 있기도 하다.[128] 그가 인도철학을 더 이상 연구하지 않은 것은 자아의 상실에 대한 두려움에서뿐만 아니라 이 연구를 통하여 자신이 필요로 하는 내용은 어느 정도 취득했다고 여긴 때문으로 생각된다. 또한 "문화적 장벽을 뛰어넘는 데 대한 그의 감정적 망설임"[129]도 여기에 작용했다고 여겨진다. 「황무지」에는 인도철학의 연구에서 비롯된 사상적 견해가 표현되어 현실의 구원방법으로 모색되고 있음과 더불어 신화의 세계도 상당한 비중으로 다루어지고 있다.

---

127) T. S. Eliot, *After* Strange Gods, pp.40－1.
128) Valerie Eliot, ed. *The Letters of T. S. Eliot,* (London: Faber and Faber, 1988), p.109.
129) P. S. Sri, *T. S. Eliot*: Vedanta and Buddhism, (Vancouver: University of British Columbia Press, 1985), p.12.

엘리엇은 제임스 조이스James Joyce의「율리시즈 *Ulysses*」에 대한 논평에서 해체된 현실에 질서를 부여하기 위하여 신화를 원용한 방법을 극찬하고 있다.130) 무질서한 현실에 질서를 부여하는 방법으로 신화의 사용을 칭찬한 엘리엇 자신도 이 작품에서 해체된 현실에 질서를 부여하고 그 구원의 방법을 모색하면서 식물신화 등을 사용하고 있음을 "주석"에서 밝히고 있다.131) 식물신화와 그리스도의 죽음과 부활 당시의 모습, 붓다의 불의 설교,「우파니샤드*Upanishads*」 등의 힌두교 경전의 인용과 인유 등으로 볼 때 그가 종교의 현실적인 모습에서보다는 원형적인 모습에서 현실의 구원방법을 모색하고 있음을 알 수 있다.

「황무지」는 지금까지 행했던 "현대 세계에 관한 주관적인 관찰"132)을 포괄적으로 묘사하고 그런 현실의 구원방도를 모색해 본다. 일반적으로 엘리엇이 이 작품에서 현대생활의 지저분함, 공허함, 무의미함을 환기시킴으로써 우리의 물질문명과 정신적 가치의 상실을 비판했다고 여겨진다. 그러나 엘리엇 자신은 이 작품의 시대를 한정하고 그의 개념을 특정한 시대인 현대에 국한시키려는 비평가들의 의견에 한 세대의 환멸을 표현하려는 의도는 없었다고 말하여 반대하고 있다.133)  또한 서론에서 밝혔듯이 그는 이 작품이 삶에

---

130) T. S. Eliot, "Ulysses, Order, and Myth", in *Critical Essays on James Joyce*, (Boston and Massachussetts: GK. Hall and Co., 1985), ed. Bernard Benstock, p.27.

131) T. S. Eliot, *The Complete Poems and Plays of T. S. Eliot,* p.76.

132) Stephen Spender, "T. S. Eliot in His Poetry", in Leonard Unger, ed. *op. cit.,* p.264.

대한 개인적인 불만을 토로한 것이라고 했고, 메어리 허친슨Mary Hutchinson은 이 작품이 "엘리엇의 자서전"[134]이라고 말하기도 했다. 그러나 위대한 시인의 경우 삶에 대한 개인적인 불만이 깊어지면 그의 작품은 그의 시대의 느낌을 표현하게 마련이다.[135]

이렇게 볼 때, 「황무지」는 개인적인 불만의 표현이며 동시에 시대의 느낌을 표현한다고 할 수 있다. 그 시대의 느낌이 특정한 한 시대에 국한되는 것이 아니라 모든 시대에 통한다는 사실을 생각하면 엘리엇 자신의 발언도 타당하다고 여겨진다. 특히 이 작품은 여러 가지 언어와 문화 경험을 포함함으로써 그의 관심사의 보편성을 드러내지만 어느 한 시대에 국한되지 않는 인간, 인간의 운명 등을 다루고 있다고 하겠다. 이 작품에서는 개인적 무질서와 문화적 무질서라는 주제가 전개되고 있으며 재생에의 필요가 성적, 종교적 주제와 결합되고 있다.[136]

엘리엇의 다른 작품에서도 그렇지만 이 작품에서도 제사(題辭)는 작품 전체의 분위기를 요약한다. 원래 조셉 콘라드Joseph Conrad의 「어둠의 핵심*The Heart of Darkness*」중의 한 구절을 제사로 사용하

---

133) T. S. Eliot, *Selected Essays*, p.368.
134) Lyndall Gordon, op. cit., p.86.
135) Fei–Pei Lu, *T. S. Eliot: The Dialectical Structure of His Poetry,* (Chicago and London: The University of Chicago Press, 1966), p.121.
136) George Bornstein, *Transformations of Romanticism in Yeats, Eliot, and Stevens,* (Chicago and London: The University of Chicago Press, 1976), p.146.

려 하였으나 에즈라 파운드Ezra Pound의 권고로 사용하지 않았다.137) 그것 대신에 엘리엇이 골라내어 제사로 사용한 것은 쿠마에의 무녀 시빌에 관한 페트로니어스Petronius의 다음과 같은 구절이다.

정말 나는 쿠마에라는 곳에서, 내 눈으로 독 안에 달려있는 한 무녀를 보았는데, 그때 소년들이 "당신은 무엇이 하고 싶으냐"고 물으니 그녀는 "죽고 싶다"고 대답하더이다.

'Nam Sibyllam quidem Cumis ego ipse oculis meis vidi in ampulla pendere, et cum illi pueri dicerent: Σίβυλλα τί θέλεις; respondebat illa: ἀποθανεῖν θέλω.'

('For I saw with my own eyes the Sibyl of Cumae hanging in a cage and the boys were talking to her: "What do you want, Sibyl?" She Answered, "I want to die".')

---

137) Lyndall Gordon, *Eliot's New Life,* (Oxford: Oxford University Press, 1988), p.235. 원래 Eliot가 사용하려 했던 제사는 다음과 같다. "지식의 그 최고의 순간 동안에 그가 자신의 삶을 욕망과 유혹과 방기의 모든 세세한 점에 이르기까지 다시 살았는지? 그는 어떤 영상, 어떤 환상을 향하여 흐느끼는 소리로 외쳤다. 그는 "공포여! 공포여!" 하고 두 번 외쳤는데, 그 외침은 숨결에 지나지 않는 것이었다."Did he live his life again in every detail of desire, temptation, and surrender during that supreme moment of knowledge? He cried in a whimper at some image, at some vision, ─he cried out twice, a cry that was no more than a breath─ 'The horror! the horror!' Valerie Eliot, ed. T. S. Eliot: *The Waste Land: A Facsimile and Transcript of the Original Drafts including the Annotations of Ezra Pound*, p.3.

제사로 사용한 이 구절과 에즈라 파운드의 권고로 사용하지 않은 "공포여! 공포여!"는 모두 원래의 화자에게 도덕적 공허감이 있다는 의미를 함축하고 있다. 즉 그것들은 모두 삶은 그 매력을 잃었으며 죽음만이 고통에서 벗어날 수 있는 유일한 해결책이라는 의미를 내포하고 있다.138) 시빌은 이제 죽음을 원하나 마음대로 죽을 수도 없는 상태이고 활동적인 삶도 불가능한 상태이므로 삶 속의 죽음의 삶을 살고 있다. 따라서 이 제사는 시빌이 추구한 바, 무시간, 영원한 이상적인 아름다움에 대한 갈망뿐만 아니라 예언적인 지식의 피곤함, 짐스러움과 이 세상에 대한 불만과 혐오도 표현한다.139) 시빌이 살던 때나 지금이나 삶은 마찬가지로 불모하고 무용(無用)하다. 또한 인간은 예전에도 수없이 삶의 불모성과 무용성을 경험했다.140)

시빌은 이와 같은 황폐하고 공허한 세계에서 죽기를 원함으로써 "절망하는 개인의 죽음에의 소망"141)을 반영한다. 시빌의 말은 결국 황무지에 거주하는 주민들의 마음을 대변한 것이다.142) 이 작품이 유럽의 붕괴하는 문명을 묘사하는 것임을 생각할 때 이는 유럽 전체가 죽기를 원하는 것으로 볼 수 있다.143) 그러나 인간은 마음

---

138) Alasdair D. F. Macrea, *T. S. Eliot: The Waste Land*, (London and Beirut: Longman Group Limited and York Press, 1980), p.17.

139) David Ward, *op. cit.*, p.72.

140) Edmund Wilson, "The Poetry of Drouth", in Michael Grant, ed. *op. cit.*, p.141.

141) Elizabeth Drew, *op. cit.*, p.68.

142) Cleanth Brooks, *Modern Poetry and the Tradition*, (New York: Oxford University Press, 1965), p.138.

143) Gorham B. Munson, "The Esotericism of T. S. Eliot", in Michael

대로 죽음을 선택할 수 없는 존재이다. 죽기를 원하지만 죽을 수 없는 것은 현실이 계속 연장됨을 뜻한다. 현실을 고통스러운 것으로 파악한 황무지의 주민인 시빌은 현실을 벗어날 수 있는 방법을 알지 못한다. 이 작품에서 엘리엇이 현실을 벗어날 수 있는 방법을 모색하고 있으나 제사에서 보이는 바는 황무지적인 현실의 단절은 불가능한 것으로 나타난다.

제사에서 시빌이 죽기를 원하지만 죽을 수 없는 삶 속의 죽음의 삶을 살고 있듯이 황무지의 주민들은 죽음과도 같은 삶을 영위하고 있다. 삶은 육체의 죽음을 수반하고 육체의 죽음은 다시 재생에의 약속이 되기 때문에 이 작품은 재생을 두려워하는 상태로 시작된다.

> 4월은 가장 끔찍한 달,
> 죽은 땅에서도 라일락은 자라고,
> 추억과 욕정이 뒤섞이고,
> 잠든 뿌리가 봄비로 깨우쳐지고.
> 겨울이 차라리 따스했거니
> 대지를 망각의 눈으로 덮고
> 빼빼마른 구근으로 작은 목숨을 이어 줬거니.
> 여름은 난데없이 슈타른베르거호를 건너
> 묻어오는 소작비로 덮쳐왔기에, 우리는 회랑에서 머물렀다가
> 햇빛 속을 공원으로 가서
> 커피를 마시고 한 시간 동안 이야기를 했지.　(1 – 11행)

---

Grant, ed. *op. cit.*, p.211.

April is the cruellest month, breeding

Lilacs out of dead land, mixing

Memory and desire, stirring

Dull roots with spring rain.

Winter kept us warm, covering

Earth in forgetful snow, feeding

A little life with dried tubers.

Summer surprised us, coming over the Stanbergersee

With a shower of rain; we stopped in the colonnade,

And went on in sunlight, into the Hofgarten,

And drank coffee, and talked for an hour.

이 작품에서 삶과 죽음은 불교적인 윤회의 관점에서 파악되고 있다. 재생조차도 황무지를 벗어나는 진정한 의미의 재생이 아니라 황무지에서의 삶의 연장이기 때문에 재생을 가져오는 4월이 잔인한 달인 것이다. 스리P. S. Sri도 다음과 같이 엘리엇이 황무지에서의 삶을 불교적인 윤회의 관점에서 파악하고 있음을 긍정하고 있다.

4월은 인간과 세상이 인간신의 죽음과 매장뿐만 아니라 4월의 중대한 속성에 눈뜨도록 하고자 한다. 이것이 비에 의해 라일락이 피어나고 활기 띠게 되는 이유이다. 다시 말하여 라일락은 "죽은 땅에서의 탄생의 기적의 상징일 뿐만 아니라 기억의 상징"이기도 하여 우리로 하여금 "죽어서 다시 부활하는 신, 죽음으로부터의 그의 귀환이 봄의 시초에 라일락 색깔의 꽃들의 출현에서 예시되는 아티스"를 회상할 수 있도록 한다. 더욱이 라일락은 비와 더불어 나타나는데 이 둘은 함께 모여 "인간의 의식의 종교적 차원으로의 부활과 각성"을 상징한다. 그러므로 엘리엇이 윤회라는 철학적 개념과 식물의식과 관련된 인류학적 발견을 이용하는 데서 신화와 은유가 하나로 합쳐진다.

April, then, seeks to awaken man and the world to her critical nature as well as to the death and burial of the man‒god. This is why lilacs bloom and are vivified by rain; the lilacs are "a symbol not only of the miracle of birth in a dead land but of memory," enabling us to recall "the dying and reviving god, Attis, whose return from the dead was forshadowed in the appearance of lilac‒coloured blossoms at the very beginning of spring." The lilacs appear, moreover, along with rain; together they symbolize "the revival and awakening of the human consciousness to its religious dimensions." Myth and metaphor coalesce, therefore, in Eliot's exploitation of the philosophical notion of metempsychosis and of the anthropolo‒gical discoveries connected with the vegetation ceremonies.[144]

윤회는 무한한 재생을 포함하고 또 무한한 재생은 결과적으로 권태를 가져오기 때문에 황무지에서는 이 권태가 고통을 가져오는 역할을 한다. 권태는 새로운 것이 아무것도 없다는 느낌, 탄생, 성장, 부패, 죽음이 끊임없이 반복되며 역사는 무의미한 순환과정이라는 느낌에서 온다. 그러므로 생명의 재생을 가져오는 4월은 신화상의

---

144) P. S. Sri, *op. cit.*, p.29.

식물신의 매장과 재생, 불교적인 윤회와 관련되어 잔인한 달이 되는 것이다. 스리가 말하고 있듯이 여기서 식물신의 매장과 재생이 불교의 윤회와 결합되고 있다. 엘리엇도 어빙 배비트Irving Babbit의 불교를 논하면서 불교의 주된 주제 중의 하나가 재생의 교리라고 설명하고 있듯이[145] 불교에서 재생의 개념은 중요한 개념인데 그는 식물신의 신화를 여기에서 불교적인 윤회의 관점에서 도입하고 있는 것이다.

불교적인 관점에서 볼 때 현재의 삶은 이전의 일련의 무수한 삶들의 결과이다. 무수한 삶들을 거치면서 축적된 경험의 총체는 정신적인 형성 또는 경향성(Samskara)이라고 불리는 것으로 귀착된다. 경향성은 정적인 요소뿐만 아니라 동적인 요소도 포함하고 있다. 즉 축적된 경험의 총체는 경험의 양식을 제공해 줄 뿐만 아니라 인간으로 하여금 습관적 성향에 따라 행동하도록 한다.[146] 따라서 황무지의 주민들은 재생을 이룬다 할지라도 현재의 상태로 재생을 이룬다면 그들의 경향성으로 인하여 황무지의 삶을 연장하는 재생을 이룰 뿐이다.

4월의 비는 묻혀 있던 생명력의 각성을 가져온다. 황무지의 주민들이 생명력의 각성을 가져오는 비를 두려워하는 것은 황무지의 삶이 계속 연장되는 것을 두려워하기 때문이다. 황무지의 주민들은 진

---

145) T. S. Eliot, *The Idea of a Christian Society and Other Writings*, p.181.
146) 피터 델라 산티나, "중관학파와 서양 근대철학", 에드워드 콘즈 외 저, 김종욱 편역, 『불교사상과 서양철학』, (서울: 민족사, 1990), 150쪽.

정한 재생이 아닌 황무지의 순환적인 삶은 차라리 망각 속에 묻혀 지내는 것보다 못한 것으로 생각하고 있다. 인도의 전설에 따르면 씨앗의 은유는 모든 생명체가 전생의 경험의 깊은 자취, 즉 경향성을 지니고 있어서 만일 그들이 욕망을 지니고 집착하면 현세에서 또 다시 생명을 갖게 되는 것을 뜻한다.147) 여기에서 황무지의 주민들의 마음은 기억과 욕망을 지니고 있어서 전생의 자취와 이 세상의 덧없는 것들에 대한 욕망을 지니고 있음을 분명히 한다.148) 따라서 이 애매한 재생은 일종의 구속, 집착에로의 돌아옴이기 때문에 황무지의 주민들은 봄이 돌아옴을 환영하지 않을 뿐만 아니라 괴로워하고 있다. 그들은 황무지의 현실에서는 아무런 위안도 찾을 수 없는 것이다. 황무지의 주민들은 망각의 겨울의 눈에 덮여 따뜻하게 지냈다. 이들은 인간으로서의 삶만큼이나 식물적인 삶을 살아 왔다.149) 물론 이들도 생명력의 활동이 왕성했던 충만한 여름을 기억하기는 한다. 그러나 이들은 현재 황무지에서의 재생을 두려워하고 있다.150)

불교에서는 현세를 고해로 보고 있으며 해탈151)을 이루지 못하면

---

147) Cleo MacNelly Kearns, *T. S. Eliot and Indic Traditions,* (Cambridge: Cambridge University Press, 1987), p.201.
148) P. S. Sri, *op. cit.*, p.46.
149) Martin Scofield, *op. cit.*, p.109.
150) Cleanth Brooks, "The Waste Land: Critique of the Myth", in Leonard Unger, ed. *op. cit.*, p.321.
151) 해탈은 여러 가지 이름으로 표현된다. 이청담이 해탈의 다른 표현들을 열거한 것을 보면 다음과 같다. "열반은 범어 Nirvana, Nibbana, 니원, 열반나라 음역하며, 구역에서는 멸, 멸도, 적멸, 불생, 무위, 안

영원히 윤회를 계속하는 것으로 생각하고 있다.[152] 모든 생명체는 각자의 경향성에 따라 지옥, 아귀, 축생, 아수라, 인간, 천상의 여섯 단계로 윤회를 계속한다. 따라서 여기에서 황무지의 주민들이 재생을 두려워하는 것은 해탈에 이르지 못한 상태에서의 윤회를 두려워하는 것이다. 죽은 땅에서 재생의 상징인 라일락이 피어나는 것을 볼 때, 황무지에서의 삶이 윤회의 수레바퀴에 매여 있는 것을 알 수 있다. 황무지의 주민들은 윤회의 사슬에 매여 있는 삶보다 오히려 이와 같은 윤회에 대한 인식조차 없는 죽음과 같은 삶을 선호하는 것이다.

엘로이스 냅 헤이Eloise Knapp Hay도 이 작품이 재생을 지향하는 것이 아니라 재생의 순환을 그칠 희망을 지향하고 있다고 다음과 같이 말하고 있다.

렌느가 주장하듯이 「황무지」는 진실로 재현에 관한 시편이다. 그것은 동일한 장면을 반복해서 다시 체험하는 것에 관한 절망하는 신비가의 무서운 기억(25세기 이상에 걸쳐 계속되는)이다. 엘리엇의 회상이 취하는 방향은 (그것이 자발적인 한) 부활한 삶에 대한 어부왕의 욕망을 향해서가 아니라 재생의 이 순환을 그칠 희망을 향해서이다.

---

락, 해탈 등으로 번역했고 신역에서는 파리닐바남이라 하고 원적이라 하는데 멸은 직역이고 다른 것은 다 의역이다." 이청담, 『해설 반야심경』, (서울: 보성문화사, 1988), 394쪽.
152) Albert Schweitzer, Trans. by Charles E. B. Russel, *Indian Thought and Its Development*, (Boston: The Beacon Press, 1936), p.97.

> *The Waste Land* is indeed, as Raine argues, a poem about reenactment. It is a despairing visionary's appalled memory – extending over twenty – five centuries – of reliving the same scene over and over. And the direction Eliot's recollection takes – insofar as it is voluntary – is not toward the Fisher King's desire for renewed life but toward hope for cessation of this cycle of rebirths.[153]

"죽은 땅에서 피어나는" 것에 이 작품의 첫 부분의 초점이 맞추어지는 것은 황무지의 주민들은 원시적인 풍요의식의 매장과 재생이 없는 상태에서, 다시 말하여 재생과 윤회가 없는 상태에서 더 잘 지낼 수 있다는 것을 나타낸다. 헤이도 말하고 있듯이 이 작품은 재생의 순환을 그치기를 희망하고 있으므로 차라리 겨울의 찬가라고 할 수 있을 것이다. 제사의 시빌이 추구하는 바도 무의미한 현실 속의 삶의 지속이 아니라 그것을 그칠 희망이듯이 작품의 화자도 다시 새로워진 삶을 추구하는 것이 아니라 재생의 종말을 추구하고 있다.

윤회의 관점에서 파악하는 현실은 단지 쓰레기들만이 널려 있는 황무지에 불과하다. 현실은 쓰레기와 부서진 영상들, 그늘을 드리우지 못하는 죽은 나무, 메마른 돌만이 널려 있는 황폐한 장소이다. 모든 것이 단편적이며 파괴된 영상만이 남아 있기 때문에 이곳에는

---

153) Eloise Knapp Hay, *T. S. Eliot's Negative Way,* (Cambridge and London: Harvard University Press, 1982), p.54.

생명이 존재할 수 없다. 황무지의 주민인 "인간의 아들"(30행)은 단지 불모만을 알 뿐이다.154) 여기에서 강조되는 것은 이들이 고통받는 인간이고 이들이 있는 장소가 황무지라는 사실이다. 현재 황무지의 주민들은 황폐한 현실만 알고 있을 뿐으로 그 현실에서 벗어나는 방법을 알지 못한다. 그러므로 그들은 현실에서 아무 위안도 찾을 수 없는 것이다. 황무지의 주민들은 지금 황무지를 벗어나려는 의식조차 없이 무미한 삶을 영위하고 있다.

화자는 황무지의 주민들에게 과거와 미래의 영상으로 나타나는 등 뒤의 그림자나 앞의 그림자와는 다른 두려움을 보여주려 한다. 그는 황무지의 주민들에게 "한 줌의 티끌 가운데 있는 두려움"(30행), 다시 말하여 현실이 한 줌의 티끌에 불과하며 그 현실 가운데에는 영속적인 것이 아무것도 없고 단지 불모의 삶이 영위되고 있을 뿐이라는 사실을 알려주려 한다. 이는 현실에 안주하는 사람들에게 현실의 연장이 두려움이라는 사실과 함께 그 이상의 두려움, 즉 불교적인 해탈에 이르는 길을 보여주려는 것이다. 이 두려움은 부분적으로는 죽음에 대한 두려움이지만 그 이상의 무어라 이름 지을 수 없는 궁극적인 두려움, 즉 완전한 무(無)의 공포이다.155) 깨달음에 이르는 것은 인간이 현세에서 취할 수 있는 가장 큰 기쁨이다. 그러나 황무지의 삶에 젖은 사람들에게는 그 삶을 떠나야 한다는

154) D. W. Harding, "What the Thunder Said", in *The Waste Land in Different Voices*, (London: Edward Arnold, 1974), ed. A.D. Moody, p.21.
155) F. R. Leavis, *op. cit.*, p.92.

것이 공허한 삶의 연장보다 더 큰 두려움이 되는 것이다.

화자는 그 두려움이라는 것을 다음과 같이 직접 제시한다.


> "당신이 일 년 전에 처음으로 히야신스를 저에게 주셨지요,
> 그래서 다들 저를 히야신스 아가씨라 부릅니다."
> ─ 그러나 이슬에 젖은 머리칼에, 꽃을 한 아름 안은 너와 더불어
> 그 히야신스 정원에서 밤늦게 돌아왔을 때
> 나는 말도 못했고 눈마저 멀어
> 생사도 의식도 없었더니라,
> 그저 빛의 중심, 침묵을 들여다보았더니라.
> 바다는 거칠고 쓸쓸도 하오.                    (35 ─ 42행)


> 'You gave me Hyacinth first a year ago;
> 'They called me the hyacinth girl.'
> ─ Yet when we came back, late, from the hyacinth garden,
> Your arms full, and your hair wet, I could not
> Speak, and my eyes failed, I was neither
> Living nor dead, and I knew nothing,
> Looking into the heart of light, the silence.
> *Oed' und leer das Meer.*


화자는 예전의 이루지 못한 충만한 사랑을 회상하면서 자신이 삶과 죽음의 중간에 있었다고 생각한다. 히야신스 정원은 신화적으로 해석하여 "히야신스가 풍요의식의 부활한 신의 상징"[156]임을 암시

---

156) Tony Pinkney, *Women in the Poetry of T. S. Eliot*, (London and

한다고 할 수 있다. 풍요의식에서 강조되는 것은 현실의 탈피가 아니라 그 반복이다. 현실의 반복, 연장도 무의미한 것이기 때문에 두려운 것이지만 그보다는 그 현실 가운데서 해탈하여 현실을 완전히 탈피하는 것이 그것의 의미를 제대로 이해하지 못하는 사람들에게는 더욱 큰 두려움인 것이다. 여기에서의 "빛의 중심"은 "무"의 개념을 형상화한 것이다.

그리하여 "집중"은 여러 단계를 갖는데, 어떤 종류의 황홀한 경험은 단지 그것의 첫 단계일 뿐이다. 「황무지」는 "빛의 중심"인 히야신스 정원의 빛과 평화라는 "씨앗을 가지고" 그러한 경험을 탐구한다. 진정 여기에 불교의 공, 즉 "무"의 명백한 극단의 원리가 있는데, 공은 또한 물질이 충만된 공간이며, 지혜의 원초적 방식으로서의 침묵에 대한 엘리엇의 최초의 그리고 가장 힘찬 환기 중의 하나이다.

"Concentration" thus has many levels, of which certain kinds of ecstatic experience are only the first. *The Waste Land* explores one such experience "with seed," the light and peace of the hyacinth garden, "the heart of light." Here, indeed, is the positive pole of the Buddhist *shunyata*, the "nothing," that is also a plenum and one of Eliot's first and strongest evocations of silence as a primary mode of wisdom.[157]

---

Basingstoke: The MacMillan Press Ltd., 1984), pp.102 - 3.
157) Cleo McNelly Kearns, *op. cit.*, p.203.

여기서 분명히 지적되고 있듯이 "빛의 중심, 침묵"은 불교적인 무의 개념을 형상화한 것으로 인간이 달성할 수 있는 가장 큰 깨달음인 것이다. 빛의 중심은 공허와 충만 양면에 접하고 있는 무를 나타내는 것으로서 현실의 공허함을 나타내는 바다의 텅 빔과는 다르다.158) 무한한 생명과 창조의 바다가 텅 빈 것은 현실이 그처럼 공허한 상태임을 가리킨다. 제임스 밀러James E. Miller는 "빛의 중심"을 기독교적 신비주의의 관점에서 "회전하는 세상의 정점에 존재하는 완전한 침묵"159)으로 해석하고 있는데 이 말은 불교에도 그대로 적용될 수 있다. "빛의 중심"은 생명의 원천이고, 앞으로 나오게 될 "회전하는 세상의 중심"은 불교적으로 해석하는 것이 타당하기 때문이다. 회전하는 세상은 현실세계를 일컫는 말로서 해체되는 현실 즉 공허한 삶을 영위하는, 윤회의 수레바퀴에 매여 있는 인간들의 세계이다.

이 "무"는 부정적인 의미의 무가 아니라 긍정적인 의미의 무이다. 즉 그것은 존재와 비존재로 구별되는 사물을 모두 포괄하는 공(空)으로서의 무이다.160) 이러한 무는 아무것도 존재하지 않는 공허한 세계가 아니라 충만하게 차 있으면서도 비어 있는 역설적인 세계로서 모든 생명과 물질의 본질의 세계이다.161) 이러한 충만한 무의

---

158) Erik Svarny, *op. cit.*, p.75.
159) James E. Miller Jr., *T. S. Eliot's Personal Waste Land*, (University Park and London: The Pennsylvania State University Press, 1977), p.72.
160) Edward Conze, *Buddhism: Its Essence and Development*, (Oxford: Bruno Cassirer, 1957), p.132.

II 동양적 구원의 추구

세계는 우리의 현실로 나타나는 모든 색(色)의 세계가 바로 공한 것이라는 반야심경의 한 구절로 대변된다. 즉 현상계가 모두 공한 것이며 공한 것이 바로 현상계이니라 하는 "색즉시공 공즉시색(色卽是空 空卽是色)"이 그것이다. 이 말은 어리석은 사람들이 물질도 모양도 없는 것을 공이라고 집착하여 색에도 공에도 갖가지 집착을 일으키기 때문에 여기에서는 물질의 본성은 공한 것이고 다만 깨닫고 못 깨달은 차이만 있을 뿐이라는 사실을 이야기한 것이다.162) 다시 말하면 자아를 비운 상태나 자아몰각의 상태를 공이라고 표현하는 것이지 단순한 무나 공백을 공이라고 하는 것이 아니다.163)

이 공을 올바로 인식할 때 우리는 현실 속에 있으면서도 현실에서 벗어나 해탈에 이르게 된다. 쇼펜하우어Schopenhauer도 이를 긍정하여 다음과 같이 말하고 있다.

모든 미덕과 성스러움의 배후에 궁극적인 목표로 맴돌고 있고, 어린 아이가 어둠을 두려워하듯이 우리가 두려워하는 그 무의 어두운 인상을 없애야 한다. 인도인들이 그렇게 하듯이, 그것을 브라마에의 재통합이나 불교도의 열반과 같은 것으로 여기고, 신화와 의

---

161) 차아안도그야 우파니샤드 1편 9장 1절에서 설명하는 다음과 같은 무의 세계는 불교의 무의 세계와 다르지 않다. "어디로부터 이 세계의 모든 것이 나왔는가? 그것은 모두 허공(akasa)으로부터 나왔다. 그리고 이 일체의 생물은 다시 그 허공 (虛空)으로 돌아가는 것이다. 그러므로 허공(에테르)은 실로 만물의 시작이요, 끝이다." 석진오 편저, 『인도의 사상: 우파니샤드』, (서울: 홍법원, 1984), 23쪽.
162) 이청담, 앞의 책, 249쪽.
163) Edward Conze, op. cit., p.131.

미 없는 말로써 우리가 그것을 피해서는 안 된다. 그 반대로, 여전히 의지가 충만한 모든 사람들에게는 의지의 완전한 소멸 뒤에 남는 것이 무가 틀림없다는 것을 우리는 자유로이 인정한다. 그러나 또한 역으로, 의지가 끊어지고 의지 자체를 부정한 사람에게는 모든 태양과 은하계가 있는 우리의 바로 이 현실세계가 무라는 것을 우리는 자유로이 인정한다.

We have to banish the dark impression of that nothingness, which as the final goal hovers behind all virtue and holiness, and which we fear as children fear darkness. We must not evade it, as the Indians do, by myths and meaningless words, such as reabsorption in Brahma, or the Nirvana of the Buddhists. On the contrary, we freely acknowledge that what remains after the complete abolition of the will is, for all who are still full of the will, assuredly nothing. But also conversely, to those in whom the will has turned and denied itself this very real world of ours with all its suns and galaxies is − nothing.164)

여기서 알 수 있듯이 쇼펜하우어는 "무"의 철학을 거부하기보다는 오히려 환영한다. 쇼펜하우어의 불교관이 엘리엇에게는 "낭만적 오해"165)로 생각되었지만 쇼펜하우어가 무를 찬양한 것은 어느 정도는 엘리엇이 인도철학에 접근하도록 도움을 주었다고 할 수 있다. 엘리엇은 쇼펜하우어와 그의 영향을 받은 작가들에게서 매혹과 당

---

164) Quoted in Cleo McNelly Kearns, *op. cit.*, p.95.
165) T. S. Eliot, *After Strange Gods*, p.41.

황의 원천을 발견하지 않을 수 없었던 것이다. 긍정도 부정도 아닌 무를 올바로 인식하게 되면 해탈에 이를 것이지만 이 작품의 화자는 아직 그와 같은 깊은 뜻은 보지 못하고 단지 현상계 즉 "색"계 (色界)만 인식하고 있다. "색"은 외계의 사물 및 일체 현상을 존유하는 것으로 믿고 분별하는 객관, 관념이다.166) 화자는 지금 현상계만 인식하고 있기 때문에 "빛의 중심", 즉 해탈의 경지를 보면서도 그 의미를 제대로 파악하지 못하는 것이다.167)

---

166) 박희선, 『선의 탐구: 중도가의 세계』, (서울: 홍법원, 1982), 59쪽.

167) 윤회를 벗어나 해탈을 이루는 것을 카타 우파니샤드에서는 다음과 같이 비쉬누의 거처로 돌아가는 것으로 설명하고 있다. "분별력이 결여되고, 그의 마음이 불안정하고, 그의 감정이 순결하지 못한 사람은 목표에 결코 이르지 못하며, 또한 거듭 거듭 태어나느니. 분별력이 있으며, 마음이 안정되고, 감정이 순결한 사람은 목표에 이르며, 목표에 이른 뒤에는 더 이상 다시 태어나지는 않느니라. 마부에 대하여 잘 알고 있는 자는 고삐를 잘 조종하는 통어되는 마음과 같나니. 그러므로 그는 전지전능한 비쉬누의 지고의 거처인, 여행의 목적에 이르게 되는 것이니라." 박석일 역, 『우파니샤드』, (서울: 정음사, 1974), 26쪽. 해탈에 이르는 길은 힌두교에서나 불교에서나 모두 동일하다. 붓다도 역시 간단없이 계속되는 윤회를 벗어나 해탈에 이르는 길을 설파했기 때문이다. 붓다는 현상계가 무상함을 "고"라고 설파하고 깨달음에 이르는 길을 다음과 같이 제자들에게 설명하고 있다. "이 세상의 과거, 현재, 미래에 있어 색(色), 수(受),상(想),행(行), 식(識) 모두는 그것이 내계에 있건 외계에 있건 대소(大小), 우열(優劣), 원근(遠近)에도 불구하고 내 것이 아니다. 이것은 나의 아는 바는 아니다─라고 있는 그대로 올바른 예지를 가지고 보지 않으면 안되는 것이다. 한 번 이렇게 보면 (인식하면) 당신들은 색을 싫어하고 수를 싫어하고 상을 싫어하고 행을 싫어하고 식도 싫어하게 되는 것이다. 한 번 싫어하게 되면 당신들은 탐욕을 벗어나며, 탐욕을 벗어

"빛의 중심, 침묵"의 의미를 올바로 이해하는 것이 바로 해탈에 이르는 길이다. 다시 말하면 해탈은 현실을 벗어난 다른 세계에서의 일이 아니라 현실 가운데서 관점을 달리하는 것에 불과하다. 지금 화자는 다른 세계로 가라는 말을 하는 것이 아니라 현실을 새로운 각도에서 조명하도록 요구하고 있다. 에드워드 콘즈Edward Conze 도 해탈을 공의 개념과 관련시켜 공을 깨우치는 것이 해탈에 이르는 길임을 다음과 같이 설명하고 있다.

어느 의미에서는 "공"이 상실을 뜻하지만, 다른 의미에서는 공이 충만을 뜻한다. 첫째로 공은 이 세상의 부정적인 요소를 말하지만, 둘째로는 이 부정적인 요소를 다시 부정하는 결과를 말한다. "텅 빈" 것은 무가치한 것으로 버려져야 한다. 다시 말하여 그것을 있는 그대로 취급하면 그 결과로써 사람들은 그것으로부터 해방된다. 대체로 말하여 공이라는 말은 형용사 "텅 빈"으로는 "부족함을 안다"는 것을 의미하며 세속적인 사물들을 가리킨다. 그리고 명사 "공"은 내적 "자유"를 의미하며 이 세상의 부정을 가리킨다. 그러므로 "공"은 열반(니르바나)의 한 이름이다.

In one sense,······ 'emptiness' designates deprivation, in another fulfillment. In the first it refers to the negative qualities of the world, in the second to the result of negating these negative qualities. That which is 'empty' should be forsaken as worthless; as a result of treating it for what it is, one is then liberated

---

나면 해탈에 이른다." 이소노가미 겐이찌로, 박희준 역, 『윤회와 전생』, (서울: 고려원, 1989), 150쪽.

from it. Roughly speaking we may say that the word as an adjective (sunya) means 'found wanting' and refers to worldly things, and as noun (sunyata) means inward 'freedom' and refers to the negation of this world. It thus becomes a name for Nirvana.[168]

여기서도 지적되고 있듯이 공은 상실로부터 출발하지만 결국 충만에 이르고 현상계의 사물들을 부정하는 것에서 시작되지만 결국은 그 부정을 다시 부정함으로써 긍정에 이르게 된다. 결국 공이 현재의 실재이며 우리가 도달해야 할 목표이다. 공은 상실에서도 보리(菩提)가 있고 삶과 죽음에 조차도 해탈이 있다는 사실을 포함한다. 공을 깨닫는 것, 즉 해탈은 일견 현실의 부정인 듯이 보이지만 보다 깊이 들여다보면 이 부정을 다시 부정함으로써 긍정으로 이어진다. 다시 말하여 해탈은 현실 자체를 부정하는 것에서가 아니라 현실을 긍정하는 데서 이루어지는 것이다.

화자는 소소스트리스 부인을 찾아가 점을 치는데 그의 점괘는 앞으로 나올 여러 가지 이미지를 제공한다.

> 유명한 천리안 소소스트리스 부인은
> 독한 감기에 걸렸지만 그래도
> 유럽에서 가장 슬기로운 여자로 알려지고
> 영특한 카드를 한 벌 가졌다. 그녀의 말이다,
> 여기 당신의 패가 나왔는데 익사한 페니키아 수부입니다.

---

168) Quoted in Cleo McNelly Kearns, *op. cit.*, p.83.

(보세요! 그의 눈은 진주로 변했나니)
이것이 벨라도나, 바위의 여인인데
여러 장면에서 나오는 여인,
이것은 세 개의 통발을 가진 사나이, 이것은 바퀴,
그리고 여기 있는 것이 애꾸눈 상인인데, 이 공백의 카드는
그가 짊어지고 가는 것이지만
나도 보아서는 안 됩니다.
그 교수형당한 사나이는 보이지 않습니다. 물조심하세요.
수많은 사람들이 원을 그리며 돌고 있군요.        (43 – 56행)

Mamade Sosostris, famous clairvoyante,
Had a bad cold, nevertheless
Is known to be the wisest woman in Europe,
With a wicked pack of cards. Here, said she,
Is your card, the drowned Phoenician Sailor,
(Those are pearls that were his eyes. Look!)
Here is Belladonna, the Lady of the Rocks,
The lady of situations.
Here is the man with three staves, and here the Wheel,
And here is the one – eyed merchant, and this card,
Which is blank, is something he carries on his back,
Which I am forbiden to see. I do not find
The Hanged Man. Fear death by water.
I see crowds of people, walking round in a ring.

유명한 점성술사인 소소스트리스 부인은 유럽에서 가장 통찰력이

있는 사람이므로 아마 "빛의 중심, 침묵"을 들여다보고 그 의미를 해석할 수도 있을 것이다.169)  그러나 그녀는 지금 감기에 걸려 있는 사이비 천리안이기 때문에 그 깊은 의미를 알 수 없다. 그녀가 점을 치는 데 사용하는 타로카드는 원래 이집트에서 나일 강의 범람과 가뭄을 예보하기 위하여 사용하던 것이다. 그러나 현대의 집시들이 점을 치는 데 사용하는 카드는 인도와도 관계가 있음이 호스트 랭킹De la Hoste Ranking의 연구에 의하여 밝혀졌다고 제시 웨스톤Jessie L. Weston은 말하고 있다.170) 이처럼 타로카드 자체가 동양적인 기원을 가지고 있으므로 화자의 점괘에 나오는 기독교적인 암시조차도 동양적인 해석에 바탕을 두고 있다고 할 수 있다.

소소스트리스 부인이 예언하는 화자의 점괘에는 익사한 페니키아 수부, 벨라도나, 세 개의 통발을 지닌 사람 등이 나오지만 교수형 당한 사람은 나오지 않는다. 그녀는 지금 감기에 걸려 있는 사이비 천리안이기 때문에 진정한 삶으로의 길이 현상계에서의 자아의 죽음에 의해서임을 인식하지 못하고 익사를 단지 육체의 죽음으로만 인식하여 화자에게 물을 조심하라고 말한다. 익사한 페니키아 수부는 그의 모상(effigy)이 여름의 죽음의 상징으로 매년 바다에 던져졌던 풍요신의 한 유형이다.171) 풍요신의 부활은 재생이기는 하지만 정신적인 각성이 아니라 단지 육체의 재생일 뿐으로 황무지에서

---

169) George Williamson, *op. cit.,* p.132.
170) Jessie L. Weston, *From Ritual to Romance*, (New York: Doubleday and Company, Inc., 1957), pp.78 – 9.
171) Cleanth Brooks, *op. cit.,* p.142.

의 삶의 연장에 불과하다. 즉 윤회의 수레바퀴에서 벗어나지 못한 상태의 재생인 것이다. 그러므로 이것은 다른 점괘인 벨라도나와도 자연스럽게 연관된다. 벨라도나는 황무지의 특질을 지닌 여인으로 풍요의 개념의 반대의 극에 위치한다.[172] "교수형 당한 사람"은 원래는 타로카드에 있는데 소소스트리스 부인이 발견하지 못하는 카드로서 그 땅과 주민의 풍요를 새로이 하기 위하여 부활하도록 죽임을 당한 신을 나타낸다.[173] 엘리엇은 "주석"에서 "교수형 당한 사람"이 프레이저Frazer의 "교수형 당한 신"과 제5장에서 엠마로 가는 사도들에게 나타난 "두건을 쓴 인물"을 연상시킨다고 말하며, "세 개의 통발을 가진 사람"은 어부왕 자신을 연상시킨다고 밝히고 있다.[174] 따라서 "교수형 당한 사람"은 그리스도를 암시하기도 하지만 보다 직접적으로 신화상의 여러 풍요신들을 암시한다. 또한 "세 개의 통발을 가진 사람"도 엘리엇이 밝히고 있듯이 황무지의 재생을 위해 질병이 치유되기를 기다리고 있는 신화상의 어부왕을 암시한다. 기독교가 기존의 신화를 그대로 수용했으므로 신화와 기독교의 상징이 동일한 것들이 많이 있다.[175] 그러므로 여기에서 기독교적으로 해석할 수도 있는 상징물들을 그 원류인 신화에 입각하여 해석하는 것이 잘못은 아니라고 여겨진다.

"수레바퀴"는 "게론촌"에서도 암시된 것으로 "순환적, 반복적, 무

172) Elizabeth Drew, *op. cit.*, p.72.
173) B. C. Southam, *op. cit.*, p.90.
174) T. S. Eliot, *The Complete Poems and Plays of T. S. Eliot*, p.76.
175) Piers Gray, *op. cit.*, p.241.

방향적인"[176) 삶의 개념을 나타내는데 "원을 그리며 걷는 군중"에
도 이와 동일한 삶의 개념이 내포되어 있다. "수레바퀴"는 대문자로
시작됨으로써 인생유전, 윤회까지 포함하는 포괄적인 상징이 된다.
"달성할 수 없는, 허망한 욕망에의 집착에 의하여 인간의 삶이 매
여 있는 수레바퀴"[177)가 불교의 윤회의 수레바퀴와 동일함은 그로
버 스미스Grover Smith도 긍정하고 있다.[178) 현실 속에 있는 사람
들의 삶은 윤회의 수레바퀴에 매여 있는 삶이며 불모의 삶으로서
무목적적인 순환을 계속하는데 화자는 그러한 삶으로부터 벗어나고
자 한다.

이와 같이 신화상의 상징을 통하여 불교적인 관점에서 자신의 운
명의 예언을 들은 후 화자는 현대의 황무지인 런던 거리를 지나가
는 군중들을 바라본다.

> 허망한 도시,
> 겨울 새벽의 누런 안개 속을
> 수많은 군중들이 런던교 위로 흘러갔다,
> 나는 죽음이 그렇게 많은 사람들을 망쳤다고는 생각지 않았었다.
> 사람마다 발치만 보면서 갔다.
> ……
> 거기서 나는 친구를 보고 발을 멈추고 소리쳤다 "스텟슨!

---

176) Derek Traversi, *T. S. Eliot: The Longer Poems*, (New York and
    London: Harcourt Brace Jovanovich, 1976), p.29.
177) *Loc. cit.*
178) Grover Smith, *op. cit.*, p.78.

이 사람 밀라에 해전에서 나와 같이 있었던 친구!
작년 자네가 뜰에 심은 시체가
싹이 트기 시작했는가? 올해는 꽃이 필까?
또는 난데없는 서리가 묘판을 지질렀는가?
아 인간의 친구, 개란 놈은 멀찍이 하게,
그렇지 않으면 그 놈이 그것을 다시 발톱으로 파낼 걸세!"

(60 - 75행)

Unreal City,

Under the brown fog of a winter dawn,

A crowd flowed over London Bridge, so many,

I had not thought death had undone so many.

And each man fixed his eyes before his feet.

. . .

There I saw one I knew, and stopped him crying; 'Stetson!

'You who were with me in the ships at Mylae!

'That corpse you planted last year in your garden,

'Has it begun to sprout?  Will it bloom this year?

'Or has the sudden frost disturbed its bed?

'O keep the Dog far hence, that's friend to men,

'Or with his nails he'll dig it up again!'

"지옥의 한 유형인 런던"[179]은 이제 비실제적인 도시로 나타난다. 런던은 인구가 과밀한 세상 주변에 표류하는 획일적인 군중의 유형

---

179) Stephen Coote, *T. S. Eliot: The Waste Land*, (London: Penguin Books, 1985), p.31.

인 통근자들의 지옥이다.[180]  지옥의 거주자인 황무지의 주민들은 죽음에서 풀려난 사람들이기 때문에 재생한 사람들이다. 재생한 사람들인 이들은 앞이나 뒤는 보지 않고 단지 자기 발밑만을 보며 개인의 안일만을 생각한다. 다시 말하여 이들은 자신의 전생(前生)이나 내세(來世)의 삶을 전혀 인식하지 못하고 오직 현재의 불모한 삶을 영위할 뿐이다.

화자는 이러한 황무지의 주민들과 함께 길을 가다가 "자신의 초상"[181]인 친구 스텟슨을 만난다. 고대 카르타고의 전쟁에 참여했던 스텟슨이 현대의 런던에 있는 것은 그가 재생한 인물임을 분명히 한다. 그는 화자가 전생에 사귀었던 인물인 것이다. 화자가 그를 알아보는 것은 그가 무수한 삶을 통하여 자기 인식을 증가시켰다는 것을 드러낸다. 그리하여 스텟슨은 자신의 전생을 기억하지 못하나 화자는 자신의 전생을 즉시 받아들일 수 있다.[182] 이들이 만나서 하는 대화는 죽은 사람의 매장의식과 그 재생에 관한 것이다. 죽은 사람의 매장의식은 육체적인 죽음이 정신적인 재생이라는 희망을 완수하려는 시도라 할 수 있다.[183]

화자는 그 시체의 재생이 이루어졌는가를 묻고 개를 멀리하라고 충고한다. 개는 웹스터Webster의 「백색 악마White Devil」에서 인용

---

180) C. H. Sisson, *English Poetry* 1900 – 1950, London and New York: Methuen, 1981), p.135.
181) Lachlan Mackinnon, *op. cit.*, p.33.
182) P. S. Sri, *op. cit.*, p.42.
183) David Ward, *op. cit.*, p.89.

한 것이라고 엘리엇 자신이 "주석"에서 밝히고 있는데[184] 이는 또한 욕망의 별이며 페니키아 항해사들의 북극성인 큰개자리의 시리우스(Dog Star)에 대한 암시를 지니기도 하지만[185] 유태인과 헤브라이 전통의 계승자들에게는 정신적인 재생에의 적인 관능성의 상징으로 인식되고 있다.[186] 개는 관능성의 상징이기 때문에 황무지의 주민들의 친구인 것이다. 그런데 지금 화자가 그 개를 멀리 하라고 친구에게 충고하는 것으로 보아 그가 바라는 재생은 황무지에서의 무의미한 육체의 재생이 아니라 참다운 삶으로의 정신적인 재생임을 알 수 있다.

이 작품의 제2부에는 상류사회와 하류사회의 황폐한 현실이 묘사되어 있는데 황폐한 현실은 주로 성적인 타락과 삶의 공허함으로 표현된다. 현대의 성적인 타락상은 나이팅게일이 등장함으로써 신화의 세계와도 연결된다.

> 고풍의 맨틀 위에는
> 창밖으로 숲 경치를 내다보듯,
> 무지한 왕에게 그리도 무지하게 욕을 보고 나이팅게일이 된
> 필로멜라의 이야기가 그려져 있다.
> 그림 속 나이팅게일의 맑은 목청은
> 사막을 울리며 여전히 울건만, 세상은 여전히 음란하니
> 더러운 귀에는 그저, "쩍, 쩍" 하고 들릴 뿐이다.     (97 - 103행)

---

184) T. S. Eliot, *The Complete Poems and Plays of T. S. Eliot*, p.77.
185) Grover Smith, *op. cit.*, p.79.
186) David Ward, *op. cit.*, p.90.

II
동양적 구원의 추구

Above the antique mantel was displayed
As though a window gave upon the sylvan scene
The change of Philomel, by the barbarous king
So rudely forced; yet there the nightingale
Filled all the desert with inviolable voice
And still she cried, and still the world pursues,
'Jug Jug' to dirty ears.

필로멜이 나이팅게일로 변한 이야기는 성적인 타락을 암시한다. 나이팅게일은 예전이나 지금이나 결코 범할 수 없는 목소리로 남아 현대의 황무지를 경고의 목소리로 채운다. 테레우스와 프로크네, 필로멜라에 얽힌 비극적인 이야기가 엘리엇의 목적에 적합한 이유는 현대가 성적인 정열이 난무하는 세계이기 때문이다. 이는 또한 재생의 개념을 내포하기도 한다. 신화상의 인물이 순결을 상실함으로써 낮은 단계의 삶인 나이팅게일로 재생했기 때문에, 엘리엇이 여기서 그것을 등장시킨 것은 현대인들에게 성적인 타락을 경고함과 동시에 윤회의 두려움을 인식시키기 위한 것으로 볼 수 있다. 특히 102행에서는 동사의 시제가 과거와 현재를 연결시키는 역할을 하고 있다. 이는 성적인 타락과 윤회가 과거에만 국한된 것이 아니라 현재에도 계속되고 있음을 암시하기에 충분하다. 이러한 사회의 모습은 무기력하고 무의미하며 권태로운 세계의 그것이다.[187]

---

187) Cleanth Brooks, *The Hidden God: Studies* in *Hemingway, Faulkner, Yeats, Eliot and Warren,* (New Haven and London: Yale University Press, 1963), pp.82 – 3.

황무지의 주민들의 권태와 그들의 삶의 공허함은 상류계층의 여인의 말에서 생생하게 드러난다.

"오늘 밤엔 내 신경이 이상해요. 정말이에요. 가지 마세요.
나에게 이야기를 하세요. 왜 도무지 이야길 하지 않으세요? 이야기하시라니깐요.
당신은 무엇을 생각하고 계셔요? 무엇을 생각해요? 무엇을?
난 도무지 당신이 생각하는 것을 알 수 없군요. 생각해보세요."
......
"나는 이제 무엇을 할까요? 나는 무엇을 해요?
나는 이대로 뛰어나가 거리를 걸어 볼 테요,
머릴랑 이렇게 풀어헤친 채. 우리 내일은 무얼 할까요?
우리는 두고두고 무엇을 해요?"
열 시엔 더운 물을 쓰고.
비가 오면 네 시에는 닫혀진 자동차를 타고.
그리곤 한 판 장기를 두고 나면,
눈꺼풀 없는 눈을 누르면서 도어의 노크소리를 기다릴 테요.

(111-38행)

'My nerves are bad to-night. Yes, bad. Stay with me.
Speak to me. Why do you never speak? Speak.
What are you thinking of? What thinking? What?
I never know what you are thinking. Think.'
......
'What shall I do now? What shall I do?
I shall rush out as I am, and walk the street

With my hair down, so. What shall we do tomorrow?

What shall we ever do?'

The hot water at ten.

And if it rains, a closed car at four.

And we shall play a game of chess,

Pressing lidless eyes and waiting for a knock upon the door.


　여인의 말은 적당한 대답을 듣지 못하고 무의미하게 반복될 뿐이다. 하층계급의 여인들의 술집에서의 대화 장면도 서로 간에 의사소통이 원활하지 못함을 보여 준다. 즉 황무지의 주민들 사이의 대화는 일방적인 것으로 질문에 대한 대답이 없고 혹시 대답이 있더라도 그 대답은 말해지는 것이 아니라 단지 생각될 뿐이며 그 질문에 적절한 대답이 되지 못한다.188) 이러한 의사소통의 불가능과 "체스 게임"과 하층계급의 여인의 이야기에 암시된 성적인 타락상은 현실의 삶의 권태와 불모성을 드러낸다.

　이 작품의 제3부 "불의 설교"는 붓다의 불의 설교를 나타내는 것이니 만큼 특히 불교적인 색채가 강하다. 엘리엇은 불의 설교를 그리스도의 산상설교와 유사한 정도로 중요하게 보고 있다.189) 그런데도 그가 굳이 불의 설교로 제목을 정한 이유는 현실을 불교적으로 조명해 보고 불교적인 구원의 방도를 찾으려고 한 때문이라고 볼 수 있다. 불의 설교는 붓다가 승려들에게 설법한 것으로 이 세

---

188) Robert Langbaum, "New Mode of Characterization in The Waste Land", in Walton Litz, ed. *op. cit.*, p.125.

189) T. S. Eliot, *The Complete Poems and Plays of T. S. Eliot*, p.79.

상이 모두 자아의 욕심 때문에 불타고 있다는 내용이다.[190) 이 세상이 욕정의 불에 불타고 있으므로 현실이 고해(苦海)인 것이다.

현실 자체가 고해, 즉 고통의 바다이므로 우리는 여기에서 벗어나야 하는데 그 방법은 팔정도를 따르는 것이다.[191) 이 팔정도를 구성하는 것은 정견(right understanding), 정사유(right thinking), 정어(right speech), 정업(right deed), 정명(right livelihood), 정정진

---

190) 붓다의 불의 설교는 이 세상의 모든 것들이 자아의 욕심 때문에 불타고 있으므로 현실이 고해(苦海)라는 것으로 다음과 같은 내용이다. "오 비구[승려]들이여, 모든 것이 불타고 있느니라. 보이는 사물들이 불타고 있느니라. 눈에 토대를 둔 정신적 인상들이 불타고 있느니라. 보이는 사물들과 눈과의 만남, 그것이 즐겁던지, 괴롭던지, 즐겁지도 않고 괴롭지도 않던지 간에, 그것도 또한 불타고 있느니라. 그것이 어떤 불로 불타고 있느뇨? 나는 그것이 욕정의 불, 분노의 불, 무지의 불로 불타고 있음을 그대들에게 선언하노라. 그것은 탄생, 부패, 죽음, 슬픔, 탄식, 고통, 낙담, 절망 (등의 초조함)으로 불타고 있느니라." Everything, O Bhikkhus [friars], is burning. And how, O Bhikkhus, is everything burning? The eyes, O Bhikkhus, is burning; visible things are burning; the mental impressions based on the eye are burning; the contact of the eye [with visible things], be it pleasant, be it painful, be it neither pleasant nor painful, that also is burning. With what fire is it burning? I declare unto you that it is burning with the fire of lust, with the fire of anger, with the fire of ignorance; it is burning with [the anxieties of] birth, decay, death, grief, lamentation, suffering, dejection, and despair. Quoted in Fayek M. Ishak, *The Mystical Philosophy of T. S. Eliot,* (New Haven and Conn.:College and University Press and Publishers, 1970), p.70.

191) Albert Schweitzer, *op. cit.,* p.109.

(right effort), 정념(right mindfulness), 정정(right concentration)이다.192) 팔정도를 따르면 우리는 생사의 윤회를 그치게 되어 이 세상을 벗어나고 궁극적으로는 해탈에 이르게 된다. 불의 이중적인 의미가 여기에서 나오게 되는데 현실 자체가 욕정의 불에 불타고 있다는 것이 그 한 가지이고, 현실 속의 자아를 모두 불태워버리면 궁극적으로 해탈에 이르게 된다는 것이 다른 한 가지이다. 모든 욕망을 근절하고 집착으로부터 자유로워지는 것은 해탈이다.193) 자아에만 고립된 채 소외된 삶을 영위하는 사람들의 아집에서 현대세계가 현재와 같은 고통스러운 상태로 된 것이므로 우리가 집착을 끊고 자아의 고립된 세계로부터 벗어나면 현실도 구원받게 된다. 각 개인은 자신을 독립된 독특한 존재로 인식하는데 이 자아가 그의 관심의 중심이다. 우리는 우리가 집착하고 있는 자아가 확고한 실체를 갖지 않았다는 사실을 인식함으로써 고통을 초월하여 해탈에 이를 수 있다. 개인의 이기적인 욕망 때문에 현실의 삶이 고통스러운 것이고, 현실은 욕정의 불에 불타는 것이다. 붓다가 현실이 욕정의 불에 불타고 있다고 역설한 것은 우리로 하여금 현실의 고통으로부터 벗어나도록 하기 위함이다.194) 붓다의 불의 설교의 요점이 바로 이런 것이었으므로 그것은 엘리엇이 현실의 모습을 고찰하고 그 구

---

192) 석영학, 『싯달타의 고뇌: 불타의 이상』, (서울: 태종문화사, 1980),253쪽.
193) Peter Ackroyd, *op. cit.*, p.47.
194) Stephen Coote도 붓다의 불의 설교의 핵심이 우리로 하여금 현실의 고통에서 벗어나도록 하는 것임을 긍정하고 있다. Stephen Coote, *op. cit.*, pp.119-20.

원의 방도를 모색하는 데 이용하기에 적합했을 것이다. 이 작품에서
도 현실이 욕정의 불에 불타고 있음이 드러나고, 정화의 불에 의해
해탈을 이루는 방법이 암시되고 있다.

엘리엇은 우선 현실이 타락한 정열이 난무하는 장소임을 묘사한
다. 제3부의 서두에서 묘사되는 템즈 강의 광경은 현실이 황폐한
상태임을 말한다.

> 강을 덮었던 천막은 걷히고, 마지막 간당거리던 잎사귀가
> 습한 강둑으로 가라앉는다. 바람은
> 소리 없이 황토 벌판에 분다. 물의 요정들은 떠나가 버렸다.
> 고이 흐르라 정든 템즈여, 나의 노래가 끝날 때까지.
> 강물엔 빈 병도, 샌드위치 꺼풀도,
> 비단 손수건도, 마분지 상자도, 담배꽁초도,
> 또는 무슨 여름밤의 증거품도 떠 있지 않다.
> 물의 요정들은 떠나가 버렸다.
> 그들의 친구들인 도심지 중역들의 빈둥대는 자제들도
> 떠나가 버렸다. 주소도 남기지 않고.
> 레만 호숫가에 앉아 나는 울었더니라...
> 고이 흐르라, 정든 템즈여, 나의 노래가 끝날 때까지.
> 고이 흐르라, 정든 템즈여, 나는 크게도 길게도 말하지 않으리니.
> 그러나 내 뒤엔 일진광풍에
> 백골이 덜걱이고, 조소의 킥킥거림이 귀에서 귀로 번져갔다.
>
> (173 – 86행)

The river's tent is broken; the last fingers of leaf

Clutch and sink into the wet bank. The wind

Crosses the brown land, unheard. The nymphs are departed.

Sweet Thames, run softly, till I end my song.

The river bears no empty bottles, sandwich papers,

Silk handkerchiefs, cardboard boxes, cigarette ends

Or other testimony of summer nights. The nymphs are departed.

And their friends, the loitering heirs of City directors;

Departed, have left no addresses.

By the waters of Leman I sat down and wept……

Sweet Thames, run softly till I end my song,

Sweet Thames, run softly, for I speak not loud or long.

But at my back in a cold blast I hear

The rattle of the bones, and chuckle spread from ear to ear.


　강가에 우거졌던 나뭇잎들이 모두 떨어지고 한여름에 그곳에서 놀던 이름 없는 여인들과 그들의 애인들도 모두 떠나갔다. 이처럼 욕정에 불타던 계절이 황폐한 계절로 변하고 욕정의 주체와 그 상대편들도 사라지고 자취조차 없는 것은 삶 자체가 영속적인 것이 아니라 순간적인 것에 불과하다는 사실을 암시하기에 충분하다. 또한 그곳에 있던 사람들이 모두 떠나고 이 지역이 황폐하게 되었다는 것은 현실이 이제 종말적인 상황에 도달했음을 암시한다. 불교적인 관점에서 볼 때, 현실의 삶의 고통으로부터 벗어나는 방법은 자아에 대한 집착을 버리는 것이다. 그러나 황무지의 주민들에게는 고통이 여전히 계속된다. 화자가 레만 호숫가에서 울었다는 것이나 에

드먼드 스펜서Edmund Spenser의 구절을 인용한 "정든 템즈여, 고이 흐르라" 등의 구절은 과거와 현재, 미래를 서로 연결시킴으로써 현실의 고통이 영속적임을 강조한다. 또한 화자의 등 뒤에서 뼈들이 덜컥거리는 소리가 들리는 것은 현재가 과거의 집적을 배경으로 하고 있음을 뚜렷이 한다. 이는 현재의 삶이 과거에서부터 살아온 삶의 연속임을 말함으로써 경향성 및 윤회의 개념을 암시한다. 윤회를 계속한다는 것은 집착을 버리지 못했음을 반증하는 것이므로 현실의 삶이 고통이라는 것을 그대로 예증하는 것이다. 불교뿐만 아니라 베단타의 근본 인식도 모든 현상의 불연속성, 순간성과 고통의 보편성이다. 불교와 베단타에서는 불영속성과 고통이 본질적인 인식으로 모든 철학적 체계가 여기에 의존하고 있으며 이 인식은 윤회와도 밀접하게 연관되어 있다.195)

현실이 이렇게 지속되는 가운데 화자는 구원의 희망을 품고 낚시질을 하고 있다. 화자가 지금 낚시질을 하고 있는 장소는 앞에서 이야기한 황폐한 템즈 강이다. 이 템즈 강이 지금은 탁한 운하로 되어 물고기가 잡힐 가능성은 희박하지만 그래도 화자는 끈기 있게 낚시질을 하고 있다. 제시 웨스톤은 물고기가 태고적부터 삶의 상징으로 사용되고 있으며, 어부는 삶의 기원과 보존에 관계된 신을 연상시킨다고 하면서, 힌두교와 불교에서도 물고기와 어부가 사용되고 있다고 다음과 같이 말하고 있다.

---

195) P. S. Sri, *op. cit.*, p.17.

창조주 비쉬누의 최초의 화신이 물고기이다. 이 신을 찬양하는 큰 축제가 인도 달력의 정월 12일에 개최되는데, 이때 비쉬누는 황금 물고기의 형체로 표현되고, 다음과 같은 인사를 받는다. "오, 신이시여, 지하에 있는 베다들을 그대가 물고기 형체를 취하시어 구원하셨듯이 나도 또한 구원하사이다." 후에 물고기 화신은 붓다로 변형되었다. 불교에서는 물고기와 어부의 상징들이 풍부하게 사용되고 있다. 그래서 불교의 사원에서 우리는 물고기의 형체로 되어 있는 북과 종을 보게 된다. 대승불교 경전에서 붓다는 물고기를 삼사라라는 대양에서 구원의 빛으로 이끄는 어부로 표현되고 있다. 붓다가 낚시질하는 것으로 표현되는 비유들과 그림들이 있는데, 이는, 만일 상징적 의미로 해석되지 않는다면, 불교의 교리와 완전히 모순되는 태도인 것이다.

The first Avatar of Vishnu the Creator is a Fish. At the great feast in honour of this god, held on the twelfth day of the first month of the Indian year, Vishnu is represented under the form of a golden Fish, and addressed in the following terms: "As Thou, O God, hast in the form of a fish saved the Vedas who were in the underworld, save me also." The Fish Avatar was afterwards transfigured to Buddha. In Buddhist religion the symbols of the Fish and Fisher are freely employed. Thus in Buddhist monastries we find drums and gongs in the shape of a fish······ In the Mahayana scriptures Buddha is referred to as the Fisherman who draws fish from the ocean of Samsara to the light of salvation. There are figures and pictures which represent Buddha in the act of fishing, an attitude which, unless interpreted

in a symbolic sense, would be utterly at variance with the tenets
of the Buddhist religion.[196]

　여기서 명확히 지적되고 있듯이 물고기는 힌두교의 창조주인 비
쉬누의 화신으로 사용되기도 했고 붓다를 가리키기도 했다. 불교에
서 붓다는 인류를 현실세계에서 구원으로 이끄는 어부로 그려지기
도 한다. 화자는 지금 붓다와 같은 자세를 취하고 인류를 현실의
고통에서 벗어나도록 할 준비를 하고 있다. 물론 낚시질은 풍요의식
과도 관계가 있다.[197] 그러나 제3부의 제목이 붓다의 "불의 설교"
이므로 이것을 신화적인 풍요의식의 한 상징으로 해석하는 것보다
불교적으로 해석하는 것이 타당하다고 생각된다. 비록 현실이 탁한
운하와 마찬가지로 혼탁한 상태이지만 그래도 그는 현실의 구원을
위하여 끈기 있게 노력하고 있다. 낚시질을 하고 있는 화자에게 과
거의 회상이 떠오르는데 형과 아버지에 대한 회상은 인간의 삶이
고립된 상태로는 존재할 수 없음을 암시한다. 인간은 누구나 경향성
을 지니고 있으며 그것에 따라 현재의 상태가 결정됨이 암시된다.
그가 지금 붓다와 같은 자세를 취하는 것도 그의 경향성에 따라 결
정된 것이다.

　혼란스러운 현실의 한 단면인 현대의 성적인 타락상이 나이팅게
일의 울음소리로 암시된 후 티레시어스가 등장하고 욕정에 불타는
장면이 제시된다. 티레시어스는 가장 중요한 인물이고 그가 이 작품

---

196) Jessie L. Weston, *op. cit.*, pp.125－6.
197) D. E. S. Maxwell, *op. cit.*, p.108.

의 실질을 본다고 엘리엇이 "주석"에서 밝힌 인물이다.198) 여기서 엘리엇은 우리가 현상계에서는 고통이 보편적이며, 도처에 편재하고, 끊임없다는 것을 이해하기를 원한다. 우리는 계속 반복하여 탄생, 성장, 노화, 죽음의 과정을 겪어야 한다. 티레시어스는 자신의 전생(前生)을 기억하고 있으나 우리는 그것을 기억하지 못하고 있다. 따라서 티레시어스는 생존의 공포를 알고 있으나 대부분의 인간들은 많은 실재를 지닐 수 없기 때문에 이를 알지 못한다.199)

티레시어스가 예견하는 타이피스트와 서기의 행동은 현실이 성적 정열이 난무하는 장소임을 드러낸다. 이러한 현실 가운데서 타이피스트는 자신의 행동에 대한 자의식이 없이 모든 일을 일상적인 삶의 한 과정으로 여긴다. 그녀는 자신의 행위에 대한 뚜렷한 인식이나 도덕적 수치를 느끼지 않는다. 따라서 티레시어스가 목격하는 행위의 본질적인 두려움은 그녀의 성적인 타락이 죄로 여겨지지 않는다는 사실, 즉 그것이 지극히 우연한 일이며 동물의 교접과 다를 바 없이 인식된다는 점이다.200) 그녀의 애인이 떠난 후 타이피스트가 축음기를 켜는 동작은 머리를 쓰다듬는 동작과 함께 단조로운 삶이 매일 변함없이 계속될 것임을 직접적으로 암시한다. 즉 그녀의 딜레마는 해결의 방법이 없는 것이다.201) 그녀가 머리를 쓰다듬는

---

198) T. S. Eliot, *The Complete Poems and Plays of T. S. Eliot*, p.78.
199) P. S. Sri, *op. cit.*, p.23.
200) Cleanth Brooks, "The Waste Land: Critique of the Myth", in Leonard Unger, ed. *op. cit.*, p.334.
201) Gertrude Patterson, *op. cit.*, pp.69 – 70.

손이 "자동적인"(255행) 손이라는 것에서 그녀의 모든 행동이 자동적이라는 것이 암시되는데 그녀는 언제라도 동일한 행동을 반복할 것이며 이러한 삶이 계속 연장되는 것에 대한 일말의 두려움이나 양심의 가책조차 느끼지 않는다.

화자는 세 명의 템즈 강의 딸들의 노래 소리에서 그들의 타락한 모습을 제시하고 현실이 고통스러운 것임을 인식하지만 이 고통은 본래 실체가 없는 것이므로 붓다나 어거스틴St. Augustine의 금욕주의에 의하여 없앨 수 있는 것으로 본다.

> "마아게이트의 모래밭.
> 나는 무에 무를
> 연결할 따름.
> 더러운 손의 찢어진 손톱.
> 나의 겨레는 무를 기대하는
> 미천한 겨레."
> 라 라
>
> 카르타고에 나는 왔노라
>
> 탄다 탄다 탄다 탄다
> 오 주여 그대 나를 건지시다
> 오 주여 그대 건지시다
>
> 탄다                          (300 – 11행)

'On Margate Sands.

I can connect

Nothing with nothing.

The broken fingernails of dirty hands.

My people humble people who expect

Nothing.'

la la


To Carthage then I came


Burning burning burning burning

O Lord Thou pluckest me out

O Lord Thou pluckest


burning


여기 보이는 딸의 노래는 자신들의 잘못된 삶을 한탄하는 것에 그치지 않고 현상계의 공허함을 노래하기도 한다. 그녀는 현상계의 공허함을 인식함으로써 새로운 가능성의 세계, 즉 불교적인 해탈의 세계로 나아갈 준비가 되어 있음을 긍정하는 것으로 보인다.202) 그래서 그녀의 말은 자신과 같은 사람들이 아무것도 기대하지 않는다

---

202) Cleo McNelly Kearns는 이 노래에서 Eliot가 세속적 경험의 기만으로부터 느끼는 절망을 들을 수 있는데 이 절망은 허무주의적인 무뿐만 아니라 불교적인 공도 표현하는 것이라고 말하고 있다. Cleo McNelly Kearns, *op. cit.*, p.208.

는 것이 된다. 이 노래는 긍정과 부정을 동시에 내포하고 있다. 우선 "나는 연결할 수 있다"고 하여 긍정하는 태도를 보이면서 동시에 "무와 무를"이라고 하여 부정하는 태도를 보인다. 또한 "기대하는 나의 겨레, 미천한 겨레"라고 하며 "무를"이라고 하여 긍정과 부정을 병치시키고 있다. 여기서 중요한 것은 그녀가 무의식중에 불교적인 무의 개념을 도입하고 있다는 점이다. 그녀가 긍정과 부정을 병치시킨 것은 불교적인 무를 궁극적인 결론으로 강조하기 위한 것으로 여겨진다.

어거스틴의 말과 붓다의 "탄다 탄다"가 계속 교대로 나오면서 화자는 자신이 현실의 집착을 끊기에는 힘이 부족함을 인식하고 절대자의 은총을 기원한다. 이 절대자는 기독교의 하나님보다는 붓다에 더욱 가깝다.[203] 현실은 욕정의 불에 계속 불타고 있는 가운데 한 줌 남은 등걸이나마 절대자의 도움을 받아 현실에서 벗어나고자 하는 이때의 화자는 이미 현실이 고해임을 인식하고 있는 상태, 즉 현실을 벗어나 해탈에 이르기를 염원하고 있는 상태라고 할 수 있다. 이러한 상태에서 동양과 서양의 금욕주의를 동시에 제시한 것은 엘리엇의 "우유부단함"[204]을 암시한다기보다는 그가 붓다도 아니고 어거스틴도 아니지만 둘 다를 포함하는 새로운 문학적 실재를 만들기 위해서라고 할 수 있다.[205] 기독교의 사후의 영원한 지복이나

---

203) Eloise Knapp Hay, *op. cit.*, p.64.
204) Stoddard Martin, *Wagner to "The Waste Land"*, (London and Basingstoke: The Macmillan Press Ltd., 1982), p.211.
205) Michael H. Levenson, *A Genealogy of Modernism*, (Cambridge:

불교의 해탈은 영원을 추구한다는 점에 있어서는 공통된다. 이들 종교에서 비록 언어적 표현은 다를지언정 추구하는 세계가 동일하다는 것은 현실의 구원이 인간을 현실의 고통으로부터 벗어나게 하는 것이라는 점에서 공통된다는 사실을 암시한다. 붓다와 그리스도는 개인의 영혼의 구원에 목적을 두고 있으며 단지 그 방법에 있어서만 차이가 있다. 이들 둘 모두가 도덕적 미덕이 삶의 최고의 목표인 개인의 영혼의 영원한 구원을 달성하는 수단이라고 가르쳤는데, 그리스도는 영원한 지복에서 구원을 추구했고 붓다는 육체의 죽음과 동시에 이루어지는 적멸(寂滅)을 통하여 고통으로부터의 궁극적 해방에서 구원을 추구했다.206)

불교와 기독교가 모두 개인의 구원에 목표를 두고 있으므로 엘리엇은 불교와 기독교 모두가 현실 구원의 방법이 될 수 있다고 인식하고 있었는지도 모르겠다. 그러나 현실을 고해로 인식하고 이의 구원을 부처의 불의 설교를 인용하여 "탄다 탄다" 하고 말하는 것으로 보아 지금은 그가 불교적인 구원을 염두에 두고 있음이 분명하다. 어거스틴의 말을 인용한 것은 기독교의 대표적인 성자의 한 사람인 그도 욕정의 불에 불타고 있었음을 나타낸다. 여기서 기독교의 영원한 지복에 대한 암시는 전혀 보이지 않고 단지 그가 욕정의 불에 불타고 있던 상태에서 절대자의 도움으로 욕정의 불에서 벗어났음이 묘사되고 있을 뿐이다. 이 절대자가 기독교의 하나님보다는 붓

---

    Cambridge University Press, 1984), p.190.
206) Coles Editorial Board, *op. cit.*, p.46.

다에 더욱 가깝다는 것은 이미 설명한 바 있다. 마지막의 "탄다"는 정화의 불에 의해 욕정의 불로부터 정화됨을 암시한다. 따라서 이 구절은 비록 기독교의 성자 중의 한 사람인 어거스틴에 대한 직접적인 암시가 있지만 고통으로부터의 불교적인 해탈을 나타낸다.

제4부 "익사"에서는 앞의 "불의 설교"에서와는 달리 물에 의한 정화를 다루고 있어 현실이 궁극적으로 지향해야 할 바를 이야기하고 있다. 제시 웨스톤의 말에 따르면 알렉산드리아에서는 매년 자연력의 죽음의 상징으로 신의 두상(頭狀)이 바다에 던져지고 일주일 후에 비블로스에서 건져져서 부활한 신의 상징으로 숭배되었다고 한다.[207] 바다에 던져진 풍요의식의 신과 유사한 플레바스의 익사는 그의 재생을 가져오지 않는다. 여기서 플레바스의 익사는 위에서 말한 신화의 전통을 포함한다.[208] 플레바스는 일주일 만에 부활하지 않고 이주일이나 죽어 있으며, 익사에 의해 상업적 선입관인 "이익과 손실" 등의 생각을 잊어버렸다. 그는 현실의 이해관계를 떠났으며 재생하지 않았다.

그는 죽으면서 과거의 삶을 정화하고 물맴이 속으로 들어간다.

> 바닷속 흐름이
> 소곤대면서 그의 뼈를 추렸다. 백골이 물속을 오르내릴 때
> 그는 노년과 젊음의 고비고비를 다시 겪었다
> 물맴이로 들어가면서.                    (315 – 8행)

---

207) Jessie L. Weston, *op. cit.*, p.47.
208) B. C. Southam, op. cit., p.103.

A current under sea

Picked his bones in whispers. As he rose and fell

He passed the stages of his age and youth

Entering the whirlpool.


　그가 죽은 후 남아 있는 뼈는 물결에 휩쓸리며 변화를 겪는다. 익사는 물론 기독교적인 세례의 의미도 지니고 있지만 이 구절에서는 불교적인 해석이 보다 타당하다. 그것은 노령으로부터 젊음에 이르기까지의 단계를 거치는 것이 현세(現世)에서 전생(前生)에까지 거슬러 올라가는 불교적 윤회관을 연상시키기 때문이다. 플레바스가 이처럼 현세와 전생의 죄를 정화하고 소용돌이 속으로 들어가는 것은 원초적인 무의 세계로 들어가는 것이라 할 수 있다.209) 플레바스는 현실적인 모든 것을 벗어버리고 무로 들어가는 것이다. 이 무가 텅 빈 상태가 아니라 역설적으로 충만한 상태임은 앞에서 설명한 바 있다. 순환의 이미저리는 앞에서도 설명한 바 있듯이 엘리엇이 현실세계를 나타내기 위하여 여러 번 사용한 상징 중의 한 가지이다.210) 순환의 이미저리는 뿌리가 없는, 반복적인 무의미한 삶을 암시하기도 하지만 그 중심은 변함없고 움직이지 않는 실체를 암시하기도 한다. 여기서의 소용돌이는 플레바스가 재생하지 않고 들어

---

209) Calvin Bedient, *He Do the Police in Different Voices: The Waste Land and Its Protagonist,* (Chicago and London: The university of Chicago Press, 1986), p.160.

210) Cleanth Brooks, "The Waste Land: Critique of the Myth", in Leonard Unger, ed. *op. cit.*, p.337.

간 곳이므로 현실의 삶이 아니라 원초적인 무의 세계 내지는 자연의 대모(Great Mother)라 할 수 있다. 소용돌이 속으로 들어가는 것은 신비적인 방기의 순간이라고 할 수도 있고 소유에 대한 집착으로부터의 불교적인 해방을 상징한다고 할 수도 있다.211) 플레바스는 이 세계로 들어가면서 육체를 벗어버렸으므로 현실에의 집착을 끊어버린 것이다.

이러한 원초적인 무의 세계에 들어가는 것은 특정한 사람들에게 주어진 특권이 아니다. 누구라도 현실에 대한 집착을 끊고 보다 본질적인 삶에 대해 생각하면 그것은 가능하다. 화자는 "바람 부는 방향을 바라보며 키를 잡은 자"(320행)인 "이방인이나 유태인"(319행), 즉 "모든 인류"212)에게 "플레바스를 생각하라"(321행)고 한다. 이 말은 현실에 구속되어 황무지의 삶을 영위하는 인간들에게 현실의 집착을 끊음으로써 삶의 수레바퀴에서 벗어난 선각자를 생각하라는 말이다. 엘리엇이 인식하는 현실은 타락한 정열이 난무하고, 자아 속에 고립된 사람들이 물질적 안일만을 추구하는 현실이다. 이러한 현실을 벗어나기 위해서는 현실에 대한 집착을 끊고 원초적인 무의 세계로 들어가는 해탈을 이루어야 한다. 화자는 모든 인류에게

---

211) Fayek M. Ishak, *op. cit.*, p.69. Elizabeth Drew도 이것이 방기의 순간뿐만 아니라, 붓다의 표현을 빌면 감각 세계의 집착으로부터 해방되는 평화, 개인의 인생행로를 기록하는 선입관으로부터 해방되는 평화, '노령과 젊음'과 개인적인 매력에 의하여 삶의 중요성을 측정하는 것으로부터 해방되는 평화의 순간을 의미한다고 말하고 있다. Elizabeth Drew, *op. cit.*, p.83.

212) B. C. Southam, *op. cit.*, p.104.

비록 플레바스가 이 경지에 도달했지만 그도 예전에는 다른 사람들과 동일한 상태에 있었음을 인식하라고 권고하는 것이다. 이 인식은 우리에게 즉각적으로 위안을 주지는 않지만 죽은 사람의 뼈를 속삭이며 주워서 살을 모두 씻어내고 깨끗하게 남겨놓는 바다의 효과와 유사한 정화하는 효과를 갖게 된다. 다시 말하여 익사에 관한 명상은 우리를 평범으로부터의 해방, 욕망의 수레바퀴로부터의 해방으로 이끈다.213) 우리는 이러한 명상을 통하여 현실적인 모든 것, 즉 육체를 벗어버림으로써 욕정의 불로부터 벗어날 수 있고 윤회의 수레바퀴로부터 벗어날 수 있는 것이다.

배의 키와 소용돌이를 동일한 순환의 이미저리로 파악해서는 안 된다. 키는 물론 "운명의 수레바퀴", "불교적인 재생의 수레바퀴"를 암시하지만214) "소용돌이"의 중심은 앞에서 살펴보았듯이 원초적인 무의 세계를 나타낸다. 수레바퀴에 매여 있는 삶은 현실에 집착하여 생활하는 삶으로 결국은 파멸에 이르고 만다. 그러나 소용돌이의 중심으로 들어가는 것은 파멸이 아니라 새로운 창조의 세계로 들어가는 것이다. 왜냐하면 원초적인 무의 세계는 과거의 파멸이면서 동시에 새로운 시작의 세계이기 때문이다. 이 세계는 현실의 고통을 벗어난 중심점 즉 현실의 고통을 인식하고 윤회의 수레바퀴에서 벗어난 지점이다.

제5부의 제목 "우레가 한 말"은 우리로 하여금 "브리하다라냐카

---

213) Derek Traversi, *op. cit.*, p.47.
214) Coles Editorial Board, *op. cit.*, p.47.

우파니샤드Brihadaranyaka Upanishad"에 나오는 도덕적 지침으로 시선을 모으도록 하는데 엘리엇은 힌두교의 도덕적 지침에서 현실의 구원방도를 모색하고 있다. 그는 동양에서는 정신적 재생이 가능하리라고 생각하고 있는 것이다.215) 우파니샤드는 "올바른 행동"을 통하여 우리가 현대의 황무지를 벗어날 수 있는 방도를 제시한다.216) 힌두교에서 말하는 "올바른 행동"은 불교의 팔정도와 크게 다르지 않다. "올바른 행동"을 좀 더 자세하게 설명한 것이 팔정도라 할 수 있는데 "올바른 행동"은 우리로 하여금 불모의 현실로부터 벗어나 해탈을 이루도록 하는 도덕적 지침이다.

제5부의 첫머리는 그리스도의 수난에 대한 암시로 시작된다.

> 땀 절은 얼굴들을 붉은 횃불들이 지나간 다음
> 정원에 서리 같은 고요가 깃들인 다음
> 돌밭의 괴로움을 겪고 난 다음
> 외치는 소리 아우성 소리
> 감옥과 궁궐과 먼 산을 넘어서
> 울려오는 봄의 우렛소리
> 살았던 그는 이제 죽어 있고
> 살았던 우리는 이제 죽어간다
> 가까스로 참아가면서 (322-30행)

After the torchlight red on sweaty faces

---

215) Calvin Bedient, *op. cit.*, p.203.
216) Stephen Coote, *op. cit.*, p.44.

After the frosty silence in the gardens
After the agony in stony places
The shouting and the crying
Prison and palace and reverberation
Of thunder of spring over distant mountains
He who was living is now dead
We who were living are now dying
With a little patience

　이 부분에는 그리스도의 겟세마네동산에서의 고통, 투옥, 재판,
십자가에서의 죽음 등이 암시적으로 묘사되어 있다.217) "땀 밴 얼
굴에 붉은 횃불"과 "정원에서의 서리 낀 침묵"은 겟세마네동산에서
의 그리스도의 수난과 신화에 나타난 다른 교수형 당한 신들을 연
상시킨다.218) "고함소리와 울부짖음"은 그리스도가 고난받고, 십자
가에서 처형될 때 예루살렘에 모였던 군중들의 소란을 반향한다.219)
또한 "우렛소리"는 그리스도가 십자가에서 숨이 끊어질 때 지진이
일어나고 우렛소리가 들렸던 사실을 상기시킨다.220) 따라서 "살았었
으나 지금은 죽은 그"는 그리스도를 암시하지만, 식물 신화에서의

---

217) Richard Ellmann and Robert O'Clair, eds. *The Norton Anthology of
　　 Modern Poetry*, (New York: W. W. Norton and Company, Inc.,
　　 1973), p.468.
218) Cleanth Brooks, "The Waste Land: Critique of the Myth", in
　　 Leonard Unger, ed. *op. cit.*, p.338.
219) F. O. Matthiessen, *op. cit.*, p.38.
220) St. Matthew, 27: 51.

여러 신들도 암시한다고 할 수 있다.221) "먼 산 너머에서 봄의 우
렛소리"가 들려오는 것은 식물 신화에 대한 암시와 생명을 주는 비
를 통한 메마른 죽은 땅의 재생이 임박했다는 암시를 지닌다. 그러
므로 "지금은 죽은 그"는 그리스도를 가리키기도 하지만 황무지의
재생을 위하여 죽임을 당한 아도니스Adonis, 오시리스Osiris, 오르
페우스Orpheus 등의 식물신들을 가리키기도 한다.222) 엘리엇은 여
기서 그리스도의 수난과 죽음이라는 기독교의 사실을 다양한 신화
와 결합시킴으로써 동등한 가치가 있는 다른 경험들을 함께 모으고
있다. 따라서 여기서 그리스도의 수난은 기독교적인 의미에서 도입
된 것이라기보다는 신화상의 한 "인물"로서의 그리스도로 도입된
것이라 할 수 있다. 즉 그는 풍요신의 한 유형으로 도입되어 그리
스도도 윤회의 수레바퀴를 벗어나지 못했음이 암시된다. 그리스도의
수난에 이어 "먼 산 너머에서 봄의 우렛소리"가 들려오는 것은 묻
혀진 식물신의 부활과 식물들을 자라게 할 비의 약속이기 때문에
여기서의 그리스도의 죽음이 기독교적인 수난의 의미로 도입된 것
이 아니라 풍요신의 한 유형으로 도입된 것임을 명확히 한다.

　이제 화자는 성배탐색에 나선 기사의 모습을 취한다. 우선 그가
성배 탐색을 하게 되는 동기라 할 수 있는 황무지가 묘사된다. 마
침표도 없이 계속 이어지는 메마른 환경의 묘사는 현실의 메마르고
황폐한 상태가 간단없이 계속됨을 이야기한다. 주위 환경은 메마른

---

221) Fayek M. Ishak, *op. cit.*, p.73.
222) F. O. Matthiessen, *op. cit.*, p.38.

바위와 모래뿐이며 "믿음과 치료의 물"223)이 없다. 화자는 현실의 메마름을 구원할 수 있는 한 방울의 물이나 또는 물소리만이라도 듣기를 원하지만 그 희망은 좌절된다. 그는 이런 장소에서는 머무를 수도 없고 서 있을 수도 없다고 말하여 구원의 필요가 절박한 상태임을 표현한다. 물에 대한 갈망, 즉 구원의 필요가 극에 달했을 때 그는 일종의 환영(幻影)을 본다.

> 항상 그대 곁을 걸어가는 제3의 인물은 누구냐?
> 헤어보면 오직 그대와 나뿐인데
> 흰 길을 내다볼라치면
> 언제나 그대 곁을 걸어가는 또 한 사람이 있다
> 갈색 망토를 두르고, 두건을 쓰고 미끄러지듯 걸어가는
> 사낸지 여자인지도 알 수 없는
> ─그대 저 편을 가는 자는 누구냐?                    (359─65행)

> Who is the third who walks always beside you?
> When I count, there are only you and I together
> But when I look ahead up the white road
> There is always another one walking beside you
> Gliding wrapt in a brown mantle, hooded
> I do not know whether a man or a woman
> ─ But who is that on the other side of you?

---

223) F. R. Leavis, "The Waste Land", in *T. S. Eliot: A Collection of Critical Essay*s,(Englewood Cliffs, N. J.: Prentice─Hall, Inc., 1962), ed. by Hugh kenner, p.94.

제5부의 서두에서는 살아 있을 때의 그리스도가 암시되었으나 여기에는 교수형당한 사람 또는 부활한 그리스도에 대한 암시가 있다.[224] "두건을 쓰고 갈색 망토를 두른" 제3자는 그리스도가 십자가에서 처형되었기 때문에 슬퍼하며 엠마로 가는 사도들 앞에 나타난 그리스도의 혼령이라고 볼 수 있다.[225] 그러나 엘리엇은 이 부분이 남극탐험대의 이야기에서 암시 받은 것이라고 말하고 있어 제3자는 부활한 그리스도를 명확히 가리키기보다는 화자가 일종의 정신 착란상태에서 보는 환영을 나타낸다고 보는 것이 더 바람직하다.[226] 죽었던 자가 다시 부활하는 것은 죽음으로써 영생에 들어간다는 기독교적인 관점에서가 아니라, 윤회의 수레바퀴에 얽매여 다시 새로운 생명체로 태어난다는 불교적인 관점에서 도입한 것임이 분명하다. 이렇게 보면 그리스도의 수난과 부활이 정통 기독교의 입장에서 도입된 것이 아니라, 성배전설과 연결되어 불교 내지는 힌두교에 입각한 윤회를 나타내기 위하여 도입된 것이라는 사실이 확실해진다. 스리P. S. Sri도 다음과 같이 말하고 있다.

엘리엇이 그리스도의 부활을 다루는 태도는 상당히 비정통적이고 심지어는 염세적이기까지 하다. 복음서는 사도들이 엠마로 가는 길에 그들을 동반한 인물을 분명히 확인하고 있다. 즉 그 인물은 죽음

---

224) George Williamson, *op. cit.*, p.148.
225) Robert Langbaum, "New Mode in Characterization in The Waste Land", in Walton Litz, ed. *op. cit.*, p.128.
226) T. S. Eliot, *The Complete Poems and Plays of T. S. Eliot*, p.79.

에 대한 승리이며 영생의 약속인 부활한 그리스도이다. 엘리엇의 시에서 그 인물은 보다 애매하며 미심쩍은 의문을 유발하고 있다. 심지어는 그 인물이 남자인지 또는 여자인지 조차 불확실하다. 더욱이 엘리엇 자신은 그가 쓴 주석에서 유령이 단순한 환각이라고 암시하고 있다. 엘리엇이 부활한 그리스도를 윤회라는 힌두교 - 불교적 개념과 존재의 환상적 속성에 종속시키고 있다는 것은 분명하다.

Eliot's treatment of Christian resurrection is rather unorthodox and even pessimistic. The Gospels clearly identify the figure that accompanies the apostles on the road to Emmaus – it is the risen Christ, triumphant over death and promising eternal life. The figure in Eliot's poem is more ambiguous and provokes doubtful inquiries······ It is not even uncertain whether the figure is a man or a woman. Moreover Eliot himself suggests in his notes that the apparition is a simple hallucination······ Apparently, Eliot subjects the risen Christ to the Hindu – Buddhist ideas of reincarnation and the illusory nature [maya] of existence. 227)

여기서 명확히 지적되고 있듯이 부활한 그리스도는 불교와 힌두교의 윤회의 관점에서 도입되고 있다. 또한 지금 화자가 성배탐색 여행을 하는 중이므로 제3자를 성배탐색 과정에서 보게 되는 환영(幻影)으로 생각할 수도 있다. 성배탐색을 하는 기사로서의 화자는 "무의 환영"228)에 의해 시련을 겪는 것이다. 이는 화자가 앞을 보

---

227) P. S. Sri, *op. cit*., pp.45 – 6.
228) B. C. Southam, *op. cit*., p.105.

며 길을 갈 때는 옆에서 제3자가 함께 길을 가는 것처럼 느끼지만 확인할 수는 없다는 점에서 보다 분명해진다.

이어서 성배탐색에 나선 기사로서의 화자는 현대문명이 모두 파괴되는 환영을 본다.

> 하늘 높이 울리는 저 소리는 무엇이냐
> 어머니의 탄식 같은 중얼거리는 소리
> 오직 나직한 지평선에 둘리어
> 갈라진 땅바닥에 쓰러지면서 끝없는 벌판을
> 몰려오는 저 두건을 쓴 무리는 누구들이냐
> 산 너머엔 무슨 도시가 있어
> 보랏빛 저녁 하늘에 발포하고 개혁하고 폭발하는 게냐
> 무너지는 탑들
> 예루살렘 아테네 알렉산드리아
> 비엔나 런던
> 허망하구나                              (366 - 76행)

What is that sound high in the air
Murmur of maternal lamentation
Who are those hooded hordes swarming
Over endless plains, stumbling in cracked earth
Ringed by the flat horizon only
What is the city over the mountains
Cracks and reforms and burst in the violet air
Falling towers
Jerusalem Athens Alexandria

Vienna London

Unreal

여기에는 러시아 혁명 군중의 소란한 움직임과 더불어 현대문명의 파멸이 묘사되어 있다. 파멸되는 것은 현대의 문명에 국한되는 것이 아니라 고대에 번창했던 도시에까지 미친다. 과거의 문명과 현대의 문명이 모두 파괴되는 것은 현실의 삶이 과거와 현재에 아무런 차이가 없음을 나타냄과 동시에 이들이 모두 윤회의 수레바퀴에 매여 있음을 나타낸다. 무디A.D. Moody도 "두건을 쓴 무리"를 소소스트리스 부인의 점괘에 나왔던 군중과 런던교 위로 흘러가던 군중과 거의 동일하게 보고 여기에 묘사된 광경이 해체되는 문명의 모습임을 다음과 같이 지적하고 있다.

이러한 인식은 동유럽의 현재의 부패(이것은 역사 전반에 걸친 문명의 건설과 파괴의 반복이다)에서 시인의 고통의 보편적 형태를 발견한다. 죽음의 고통이 개인의 삶의 최종적인 사실이듯이, 침입해 오는 무리들과 난민들, 거대한 도시의 계속하여 무너지는 탑들, 이것들이 인류 역사의 영원한 사실들이다.

These recognitions discover in 'the present decay of Eastern Europe', which is repetition of the building and breaking civilizations throughout history, the universal form of the poet's suffering. The invading hordes and displaced peoples, the forever falling towers of great cities, these are the permanent facts of human history, as the anguish of dying is the ultimate fact of the individual's life. [229]

　무디의 말은 인간뿐만 아니라 문명도 역시 흥망성쇠의 윤회에 매여 있다는 것이다. 비록 그가 불교적인 용어를 사용하여 설명하는 것은 아니지만 문명의 흥망성쇠가 반복된다고 하는 것은 개인의 삶뿐만 아니라 인류의 삶 자체가 윤회에 얽매여 있음을 의미하는 것이다.

　여기에 사용된 색채도 문명의 붕괴를 나타내기에 적합한 색채인 보랏빛이다. 보랏빛은 교회의 의례적인 색채의 한 가지로 참회를 상징하며 또한 세례의 색깔이기도 하다. [230] 그러나 여기서는 그것이 어스름의 시간을 나타내는 상징으로 쓰여 문명의 이울음을 나타낸다. 제3부의 타이피스트의 퇴근 시간도 보랏빛 시간이었듯이 보랏빛은 이 작품에서 성적 쾌락 또는 육체적 방종의 시간을 가리키는 것으로서 문명의 쇠퇴와 관련된 시간을 나타낸다.[231] 시간도 이처럼 해체되는 문명을 묘사하기에 적합한 시간이 되었고 작품의 서두에서부터 나온 "허망한 도시"는 이제 런던에 국한되지 않고 해체되고 붕괴되는 모든 도시에로 확장된 것이다.

　현실세계의 모든 도시가 파괴되는 것을 환영으로 보고 화자는 위

---

229) A. D. Moody, *Thomas Stearns Eliot: Poet*, (Cambridge: Cambridge University Press, 1980), p.100.
230) Cleanth Brooks, "The Waste Land: Critique of the Myth", in Leonard Unger, ed. *op. cit.*, p.340.
231) James E. Miller, Jr. *op. cit.*, p.122.

험당에 도착하지만 이곳도 역시 황폐한 장소이다.

> 산중의 이 허물어진 골짜기에
> 아련한 달빛 속에
> 예배당 둘레의 헐린 무덤에서 풀잎이 노래하고 있다
> 거기엔 빈 예배당, 한갓 바람의 집이 있다.
> 창은 없고 문짝이 찌걱인다,
> 백골이 사람을 해칠 리 없다.
> 지붕에서 오직 수탉이 한 마리
> 꼬꼬 리꼬 꼬꼬 리꼬
> 번득이는 번갯불 속에서 울 뿐. 습한 바람이
> 비를 묻혀온다                    (385 - 94행)

> In this decayed hole among the mountains
> In the faint moonlight, the grass is singing
> Over the tumbled graves, about the chapel
> There is the empty chapel, only the wind's home.
> It has no windows, and the door swings,
> Dry bones can harm no one.
> Only a cock stood on the rooftree.
> Co co rico co co rico
> In a flash of lightning. Then a damp gust
> Bringing rain

성배전설에 따르면 어부왕의 병을 낫게 하여 황무지를 황폐로부
터 구하는 방법은 기사가 순례하여 위험당에서 몇 가지 의식적(儀

式的)인 질문에 답을 하는 것이다.232) 그런데 여기의 위험당에는 창과 성배가 없고 단지 바람만이 불고 있을 뿐이다.233) 성배와 창은 기독교의 상징물로 사용되기도 하지만 그것들은 기독교 이전부터 존재했던 상징물들이다. 태고적부터 창은 남성을 상징하고 컵은 여성을 상징하는 성의 상징물로 사용되었다.234) 따라서 성배와 창은 기독교의 상징물로 생각하는 것보다는 풍요의식에서 사용하는 의식의 일부로 생각하는 것이 타당하다. 이런 상징물들이 없이 위험당이 텅 빈 것은 불교의 공, 스스로를 파괴하는 욕망으로부터의 해방을 가져오는 텅 빔을 나타낸다.235) 화자가 위험당에 있을 때, 밤을 몰아내고 새벽이 오는 것을 알리는 닭의 울음소리가 들린다. 희생과 좋은 징조의 새의 일종인 닭은 여기에서는 위험당 너머의 살아 있는 영혼을 상징하며 만일 기사가 성공한다면 비를 오게 할 수 있는 동물이다.236) 특히 닭이 울은 직후에 비가 올 조짐이 보이기 때문에 이와 같은 상징성은 보다 확실한 의미를 지니게 된다. 원래 성배탐색에서 기사가 추구하는 바는 인드라에게 호소하여 황무지에 비가 내리도록 하는 일이다.237) 인드라는 서구의 기독교의 하나님

---

232) B. C. Southam, *op. cit.*, p.82.
233) Elizabeth Drew, *op. cit.*, p.61.
234) Jessie L. Weston, *op. cit.*, p.75.
235) Eloise Knapp Hay, *op. cit.*, p.66.
236) Grover Smith, *op. cit.*, p.95.
237) 인드라는 지상에 물을 보내어 만물에 생명을 주는 힌두교의 신이다. Jessie L. Weston은 성배 전설을 힌두교의 신 인드라와 관련하여 다음과 같이 설명하고 있다. "……우리의 목적에 중요한 것은 리그베다의 찬가 중에서 이례적으로 많은 것들이 인드라에게 바쳐졌다는 사

이 아니라 힌두교의 신이기 때문에 성배 전설과 풍요 의식은 동양의 신에 그 기원을 두고 있는 것이다. 따라서 지금까지 사용된 그리스도 및 기독교적으로 해석될 수도 있는 상징물이나 암시가 동양의 불교나 힌두교의 견지에서 사용된 것임이 분명하다고 생각된다.

엘리엇은 이제 배경을 인도의 지명(地名)을 사용하여 묘사함으로써 성배탐색 여행이 힌두교의 관점에서 도입된 것임을 명확히 한다.

> 갠지스 강은 바닥이 드러나고, 맥없는 나뭇잎이
> 비를 기다리는데 이제 먼 히말라야 산 너머로
> 먹장구름이 모여들고.
> 밀림은 소리 없이 쭈그린 채 도사리고 있었다.

---

실, 비와 풍부한 물이라는 매우 소망하는 축복이 그에게 간청되었다는 사실, 그리고 다른 무엇보다도 그의 찬양에 널리 알려지고, 그 신 자신과 감사하는 그의 숭배자들에 의해 끊임없이 숭상되었던 묘기가 바로 가웨인과 퍼시발 같은 성배탐색의 영웅들이 고통받는 대중의 심금을 울렸던 묘기라는 사실, 예를 들어 강들을 그들의 옛수로로 복구하는 것, 즉 '물을 해방시키는 것'이었다는 사실이다."⋯⋯What is important for our purpose is the fact it is Indra to whom a disproportionate number of the hymns of the Rig-Veda are addressed, that it is from him the much desired boon of rain and abundant water is besought, and that the feat which above all others resounded to his praise, and is ceaselessly glorified both by the god himself, and his grateful worshippers, is precisely the feat by which the Grail heores, Gawain and Perceval, rejoiced the hearts of the suffering folk, i.e., the restoration of the rivers to their channels, the 'Freeing of the Waters.' Jessie L. Weston, *op. cit.*, p.26.

그때 우레는 말했다
다                                    (395－400행)

Ganga was sunken, and the limp leaves
Waited for rain, while the black clouds
Gathered far distant, over Himavant.
The jungle crouched, humped in silence.
Then spoke the thunder
DA


풍성하게 물이 넘쳐흘러야 할 갠지스 강이 메말랐기 때문에 나뭇 잎들도 축 늘어져 있으며 비를 기다리고 있다. 검은 구름이 멀리 히말라야 산 너머에 있으므로 이제 황무지의 구원은 임박했다. 숲도 숨을 죽이고 비를 기다리고 있을 때 "최고의 창조주"238)인 우레의 명령이 들린다.

우레의 명령은 원래 신과 인간과 악마에게 주어진 것으로 "다 DA"로 울리지만 받아들이는 대상에 따라 다른 의미로 해석된다. 그 명령을 신들은 "자제하라"로 이해하고, 인간은 "주라"로 이해하며, 마지막으로 악마는 "동정하라"로 이해한다.239) 엘리엇은 여기서

---

238) Elizabeth Drew, *op. cit.*, p.86.
239) Brihadaranyaka Upanishad의 결미에 있는 우레의 명령이 주어지는 모습은 다음과 같다.
   1. 프라자파티의 세 후손인 신들, 인간들 그리고 악마들(아수라)이 신성한 지식의 제자로서 그들의 부친 프라자파티와 함께 살았다. 신성한 지식의 제자로서의 삶을 살은 후에, 신들은 말하였다, "스

승이여, 우리에게 말씀해 주십시오." 그들에게 그는 단 한마디 "다"라고 말씀하시고 "너희들은 깨달았느냐?" 하고 물으셨다. 그들은 대답하기를 "예, 우리는 깨달았습니다. 당신께서는 우리들에게 '자제하라(다먀타)'고 말씀하셨습니다." "옳다. 너희들은 깨달았구나"라고 프라자파티는 대답하였다.

2. 그때 사람이 그에게 말하였다, "스승이여, 우리에게 말씀해 주십시오." 그러자 프라자파티는 그들에게 단 한마디 "다"라고 말씀하시고 "너희들은 깨달았느냐?"하고 물으셨다. 그들은 대답하기를 "예, 우리는 깨달았습니다. 당신께서는 우리들에게 '주라(다타)'고 말씀하셨습니다." "옳다. 너희들은 깨달았구나"라고 프라자파티는 대답하였다.

3. 그때 악마들이 그에게 말하였다, "스승이여, 우리에게 말씀해 주십시오." 그러자 프라자파티는 그들에게 단 한마디 "다"라고 말씀하시고 "너희들은 깨달았느냐?"하고 물으셨다. 그들은 대답하기를 "예, 우리는 깨달았습니다. 당신께서는 우리들에게 '동정하라(다야드밤)'고 말씀하셨습니다." "옳다. 너희들은 깨달았구나"라고 프라자파티는 대답하였다. 신성한 목소리, 우레는 여기서 이 동일한 말씀 "다, 다, 다, 즉 자제하라, 주라, 동정하라"고 반복하셨다. 누구든 이 세 가지 원칙인 자제와 증여와 동정을 실행하여야 한다.

1. The threefold offspring of Prajapati – gods, men and devils (asura) – dwelt with their father Prajapati as students of sacred knowledge (brahmacarya).Having lived the life of a student of sacred knowledge, the gods said: 'Speak to us, Sir.' To them he spoke this syllable, 'Da.' 'Did you understand?' 'We did understand,' said they. 'You said to us, "Restrain yourselves (damyata)."' 'Yes (Om)!' said he. 'You did understand.'

2. So then the men said to him: 'Speak to us, Sir.' To them then he spoke this syllable, 'Da.' 'Did you understand?' 'We did understand,' said they. 'You said to us, "Give (datta)."' 'Yes (Om).' said he. 'You did understand.'

신과 악마를 배제하고 인간만 제시함으로써 우레의 세 가지 명령이 모두 인간에게 적용될 수 있음을 의미하고 있다.240) 엘리엇은 우레의 세 가지 명령의 순서를 바꾸어 인간에게 주어진 명령인 "주라"를 제일 앞에 놓고 그 다음에 악마에게 주어진 명령인 "동정하라"를 놓고 신에게 주어진 명령인 "자제하라"를 마지막에 위치시켰다. 명령의 순서를 이와 같이 바꾼 것은 이 작품이 인간의 현실에 관한 것이기 때문이겠으나 동서양의 금욕주의의 차이 때문이기도 하다. 동양의 금욕주의에서는 동기를 정화하는 첫 단계로 자아를 억누르는 것을 강조하고, 서양의 금욕주의는 자신의 영혼을 신에게 바치는 것으로 시작된다.241) 따라서 여기서 명령의 순서가 바뀐 것은 엘리엇이 동양의 종교를 탐구함으로써 현실의 구원을 모색하고 있으나 그가 서구인이라는 한계를 넘어서지 못했음을 암시한다.

우레의 명령에 대한 올바른 대답은 "예"이지만 화자의 대답은 그렇지 못하다. "주라"에 대한 화자의 대답은 한 순간도 그가 "자기방기(自己放棄)"242)를 하지 못했다는 것이다. 그는 준 것이 없음을

---

3. So then the devils said to him: 'Speak to us, Sir.' To them then he spoke this syllable, 'Da.' 'Did you understand?' 'We did under－stand,' said they. 'You said to us, "Be compassionate (dayadhvam)."' 'Yes (Om)!' said he. 'You did understand.' This same thing does the divine voice here, the thunder, repeat: Da! Da! Da! that is, restrain yourselves, give, be compassionate. One should practise this same triad: self－restraint, giving, compassion.
   Quoted in Philip R. Headings, *op. cit.*, p.65

240) Calvin Bedient, *op. cit.*, p.196.
241) David Ward, *op. cit.*, p.136.

자인한다. 또한 "동정하라"에 대한 대답도 인간 각자가 "자신의 육체라는 감옥"243)에 갇혀 지냄으로써 고립되어 있음을 생각하는 것이다. 그도 자신의 자아 속에 고립되어 지내고 있음을 긍정한다. 이는 자신에 대한 집착, 사랑만 있고 남을 생각하지 않는 현대인의 소외상태의 원인을 말하는 것이다. 우레의 마지막 명령인 "자제하라"에 대한 대답도 자제하지 않고 쾌락에 열중하고 있는 모습을 제시함으로써 올바른 대답이 되지 못한다. 화자는 자신을 살펴볼 때 우레의 세 가지 명령 중의 어느 한 가지도 지키지 못하는 상태임을 인식한다. 따라서 그는 현실을 황무지의 상태에서 벗어나도록 하는 비가 내리지 않을 것임을 깨닫는다. 그러나 역설적으로 말하여 우레의 명령이 주어졌고 인간이 이 명령을 지키기만 한다면 황무지를 벗어날 수 있으므로 그는 구원에로 상당히 접근한 상태인 것이다.

이처럼 우레의 명령에 대한 대답을 통하여 화자가 자신의 현재의 처지를 다시 한 번 고찰한 후 많은 인용으로 구성된 마지막 부분으로 이 작품은 끝난다.

> 나는 기슭에 앉아
> 그 메마른 벌판을 등지고 낚시를 드리웠다
> 하다못해 내 땅이라도 정리해 볼거나?
> 런던교는 무너진다 무너진다 무너진다
> 그리고 그는 정화하는 불 속으로 몸을 감추었다

---

242) F. B. Pinion, *op. cit.*, p.135.
243) Calvin Bedient, *op. cit.*, p.199.

언제 나는 네비처럼 되랴-오 제비여 제비여
폐탑에 갇힌 아끼뗀느의 왕자
이 단편들로 나는 나의 폐허를 버티었노라
아 그렇다면 분부대로 합지요. 히어로니모는 또 다시 발광했다.
다타. 다야드밤. 다먀타.
샨티 샨티 샨티                    (423－33행)


I sat upon the shore
Fishing, with the arid plain behind me
Shall I at least set my land in order?
London Bridge is falling down falling down falling down
*Poi s'ascose nel foco che gli affina*
*Quando fiam uti chelidon*－ O swallow swallow
*Le Prince d'Aquitaine a la tour abolie*
These fragments I have shored against my ruins
Why then Ill fit you. Hieronymo's mad againe.
Datta. Dayadhvam. Damyata.
Shantih shantih shantih


  많은 인용과 인유의 단편들로 이 작품이 끝나는 것은 단편적이고
분리되어 있는 현대문명의 상태를 반영한다.244) 아직도 구원의 비
가 내리지 않았기 때문에 화자의 등 뒤에는 황무지가 펼쳐져 있고,
그는 낚시질을 하고 있다. 그가 기다리고 있는 비는 황무지의 재생
을 가져올 수 있는 비로서 이 작품의 서두에 나온 4월의 잔인한 비

---

244) F. R. Leavis, "T. S. Eliot", in Leonard Unger, ed. *op. cit.*, p.204.

와는 종류가 다르다. 그가 기다리는 비는 단지 육체의 재생을 가져오는 비가 아니라 황무지의 주민들이 계속 윤회하는 현실을 벗어나 궁극적으로 해탈에 이르도록 하는 진정한 정신적인 재생의 비이다. 황무지의 주민들도 우레의 명령대로 주고 동정하고 자제하는 경건한 자세로 생활하면 정신적인 재생을 이루어 해탈에 이를 수 있다. 이제 우레가 화자에게 세 가지 명령을 내렸으므로 그는 "재생을 가능하게 하는"[245] 세 개의 장대를 가진 사람, 즉 어부왕 자신 또는 붓다와 같은 사람이다. 그가 「이사야Isaiah」의 구절을 인용하여 "하다못해 내 땅이라도 정리해 볼거나" 하고 죽음의 세계로 들어가려 하는 것은 어부왕으로서의 그가 진정한 삶을 위한 낚시질을 하려는 것을 나타낸다.[246] 이와 같은 태도는 자신의 순수성을 견지하기 위하여 고통받는 사람들로부터 떨어져 생활하는 소승불교적인 태도로서 많은 사람들을 위해 정토(pure land)를 구현하려는 대승불교적인 태도에 반대되는 것으로 볼 수 있다.[247] 그러나 이를 어부왕의 신화와 연결시켜 어부왕의 질병이 치유되고 재생을 이루는 것이 황무지의 재생을 가져온다는 사실을 염두에 두고 보면 이때의 화자의 태도는 대승불교적인 태도인 것이다.

런던교가 무너지는 것은 개인적으로는 절망의 경험이며 세상의 이와 같은 해체는 화자로 하여금 정신적 재생을 위한 준비를 하도록 한다. 또한 단테로부터 인용한 구절은 기독교뿐만 아니라 불교와

---

245) George Williamson, *op. cit.*, p.129.
246) *Ibid.* p.152.
247) Calvin Bedient, *op. cit.*, p.218.

힌두교의 금욕주의의 주제에 초점을 맞춘다.248) 화자가 겸손하게 죽음을 준비하려 할 때 우레의 명령이 다시 들린다. "주라. 동정하라. 자제하라." 이 명령은 동정과 이기적인 욕망의 방기, 자제를 통하여 깨달음에 이르는 붓다의 비전과 동일하다. 현대인들이 우레의 명령대로 행하면 "우리가 이해할 수도 없는 평화"249)가 이루어질 것이라고 시인은 결론짓는다.

이 작품을 우파니샤드를 끝맺는 말인 "샨티"라는 말로 끝맺는 것은 이 작품 전체가 아니면 적어도 제5부는 우파니샤드의 형태로 되어 있으며 궁극적인 축복의 상태를 지향하고 있다는 것을 암시한다.250) 다시 말하여 엘리엇은 이 말로써 현대의 황무지의 구원에의 방향을 제시한다고 할 수 있다. "샨티"라는 결미는 도덕적, 영적인 면에서 우파니샤드와 별로 유사점이 없는 이 시편에 사용하기에는 이상한 결미이지만 아마도 엘리엇은 이 말로써 이상적인 해결을 지향하는 것이 아닌가 싶다.251)

엘리엇은 이 작품을 "샨티"라는 말로 끝맺음으로써 불교적인 평화를 추구했다고 할 수 있다.252) 그가 힌두교의 경전의 결구를 사용한 것을 두고 불교적이라고 말하는 것이 다소 무리가 있을지도

---

248) David Spurr, *Conflict in Consciousness: T. S. Eliot's Poetry and Criticism*, (Urbana, Chicago and London: University of Illinois Press, 1984), p.43.
249) T. S. Eliot, *The Complete Poems and Plays of T. S. Eliot*, p.80.
250) A. D. Moody, *op. cit.*, p.106.
251) David Ward, *op. cit.*, p.141.
252) Eloise Knapp Hay, *op. cit.*, p.67.

II 동양적 구원의 추구

모르겠다. 그러나 스티븐 쿠티Stephen Coote도 말하고 있듯이 불교의 교리는 힌두교의 그것의 정수를 모은 것이다.253) 또한 인도라는 지역적 특수성 때문인지 모르겠으나 힌두교의 전통은 그대로 불교의 전통으로 남게 되었다.254) 따라서 엘리엇이 이 작품을 쓸 당시에 불교도가 되려고 했다는 사실을 염두에 두고 생각하면 이 결구를 불교적이라고 말해도 큰 무리는 없으리라고 생각된다. 그가 불교로 개종하려고 했던 이유는 불분명한데 불교의 체계화된 철학적 내용에 마음이 이끌린 것이라고 추측된다. 그가 대학원 재학 시에 동양의 종교 중에서 주로 힌두교를 연구하였는데 철학적인 경향이 강한 그는 아마도 힌두교보다는 불교가 좀 더 합리적이고 철학적이라고 여겼던 것 같다.

제5부가 제목을 동양의 종교 경전 중의 하나인 "브리하다라냐카 우파니샤드"에서 인용했으나 내용이 반드시 이것에 국한되지 않고 기독교적인 상징이나 인용, 인유가 많이 사용되고 있는 것을 볼 때 엘리엇이 동서양의 종교의 타협의 가능성을 추구하고 있었다고 할 수도 있다. 그러나 지금까지 살펴본 바와 같이 기독교적인 상징, 인용, 인유도 모두 불교나 힌두교 등의 동양종교의 관점 내지는 신화의 관점에서 도입된 것이 분명하므로, 엘리엇이 쉽게 사용할 수 있는 소재를 사용하여 불교적인 구원의 방도를 모색했다고 보는 것이 타당할 것이다. 이 당시에는 공과 무의 불교적인 평화가 기독교적인

---

253) Stephen Coote, *op. cit.*, p.57.
254) Arthur Osborne, *Buddhism and Christianity in the Light of Hinduism*, (London: Rider and Company, 1959), p.21.

평화보다 그에게 더 진실하게 여겨졌던 것으로 생각된다.[255] 이 작품에 기독교적인 상징이나 인용, 인유가 많이 사용되고 있기는 하지만 엘리엇은 이 당시에 불교에 상당히 기울어져 있었다. 현대의 황폐상을 구원할 수 있는 가능성을 그가 이 당시에는 서구문명이 토대로 삼고 있는 기독교에서 찾았다기보다는 힌두교, 불교 등의 동양 종교에서 추구했다는 것은 분명하다. [256]

엘리엇이 초기시에서부터 추구해온 궁극적인 현실의 구원문제는 아직도 해결되지 않았다. 화자가 기사로써 성배탐색 여행까지 했으나 황무지에 비가 내리도록 하지는 못했으므로 그 여행도 실패였다. 그러나 황무지의 구원을 위해 인간이 노력해야 할 바를 우레의 명령으로 듣기는 했으므로 이제 그 가능성이 어느 정도는 보인다고 할 수 있다. 그러나 이 작품에서 황무지를 불모의 상태로부터 벗어나게 할 수 있는 구원의 비가 내리지 않은 것은 그가 불교를 통해서 이룰 수 있는 것의 한계를 보여준다. 지금까지 동양적인 견지에서 현실의 구원을 위하여 노력해 온 그는 자신의 한계를 인식하고, 이후에는 상당한 기간 동안 기독교적인 견지에서 이 문제의 해결을 위하여 노력한다.

그가 다시 기독교로 눈을 돌린 이유는 여러 가지로 추측될 수 있겠으나 가장 큰 이유는 서구의 전통을 벗어나지 않으려한 때문인 것 같다. 그가 전통을 찾아 미국을 버리고 영국으로 귀화한 것으로

---

255) Eloise Knapp Hay, *op. cit.*, p.72.
256) Michael H. Levenson, *op. cit.*, pp.205 – 6.

보아 그는 전통을 매우 중요시하는 사람임을 알 수 있다. 그러므로 그가 서양의 전통을 버리고 동양의 전통을 취하기는 힘들었을 것이다. 그는 「이교신을 찾아서*After Strange Gods*」에서 동양종교의 핵심으로 들어가기 위해서는 미국인 또는 유럽인으로 생각하고 느끼는 방법을 잊어야 하는데 감정적 이유뿐만 아니라 실용적인 이유에서 그렇게 하기를 원하지 않았다고 실토하고 있다. [257] 그는 심정적으로는 동양종교인 힌두교와 불교에 호감을 갖고 있었겠지만 서구의 전통, 좁게는 영국의 전통을 벗어날 수 없었던 것이다. 그가 동양의 종교에 경도되었던 것에 대한 일종의 반작용과 전통의 추구는 그로 하여금 기독교에 안주하도록 이끌었고 이후에는 그는 한동안 현실의 구원방도도 역시 기독교 내에서 모색하게 된다.

---

257) T. S. Eliot, *After Strange Gods*, p.41.

# Ⅲ

## 기독교적 구원의 축구

「황무지」를 쓸 당시에 불교 신자가 되려고까지 했던 엘리엇이 1927년에 영국국교로 개종한 일은 많은 독자와 비평가들에게 놀라운 일로 받아들여졌다.258) 그가 영국국교로 개종한 이유는 그의 개인적인 필요와 정통의 추구라는 두 가지 관점에서 추측될 수 있다. 그는 하버드 대학에 입학할 때에는 교회에 대하여 완전히 무관심했었는데259) 이 사실은 그의 영국국교로의 개종에 어떤 강렬한 개인적인 체험이 작용했으리라는 짐작을 가능케 한다. 그가 교회에 다시 나가기 시작한 1925년경에 그는 아내 비비안의 질병의 재발, 「크라이테리언The Criterion」지의 위기, 새 시집 발간 등의 여러 가지 걱정에 시달리고 있었기260) 때문에 그에게는 새로운 돌파구가 필요했던 것으로 생각된다. 그는 비록 지적이고 합리적인 면모를 지니고 있었지만 이와 같은 절망적인 상황에 처하여 감정적으로 어떤 외부의 도움의 필요를 느끼고 교회에 다시 나가게 되었을 것이다. 그러나 그의 개종이 자신의 개인적인 고난을 덜고자 하는 감정적인 필요 때문에 이루어졌다고만은 생각하기 어렵다. 그는 "기독교에의 접근에 있어서 이성적 수긍이 종교적 감정에 선행되어야 할 것"261)이

---

258) Bernard Bergonzi, *T. S. Eliot*, (New York: The Macmillan Company, 1972), p.111.
259) Lyndall Gordon, *Eliot's Early Years*, p.11.
260) *Ibid.*, pp.127 - 8.

라고 말할 정도로 종교에의 이성적 접근을 중요시하고 있었던 것이다. 또한 스티븐 스펜더Stephen Spender가 "엘리엇의 신앙이 대부분 불가해한 경우에 있어서까지도 항상 이성에 기초를 두고 있다"[262]고 말한 바 있듯이 그의 개종은 감정적인 필요에 의해서라기보다는 이성적 판단에 의한 것으로 생각하는 것이 바람직하다.

이렇게 볼 때 그의 영국국교로의 개종은 서론에서 개략적으로 설명한 바 있듯이 전통적인 종교에로의 귀의였다고 할 수 있다. 그가 「랜슬롯 앤드루즈를 위하여」의 서문에서 자신의 관점을 설명한 것을 볼 때 그는 "정통성"[263]을 선호하고 있었음이 드러난다. 그가 특히 종족의 물려받은 지혜를 중시하는 것[264]은 그의 개종이 조상들의 종교로의 회귀였음을 뜻한다.[265] 물론 로마교회가 유럽에서는 영국국교보다는 더 전통적인 교회라고 할 수 있으나 영국의 주된 전통은 영국국교의 그것이다.[266] 따라서 그의 영국국교로의 개종은 전통과 정통의 추구였다고 말할 수 있다. 그는 황폐한 유럽의 현실을 보고 이의 구원을 위한 도덕적 체계의 필요를 느꼈는데 그는 이 체계를 영국국교에서 발견했다고 생각된다. 그는 1932년에 자신의 개종을 설명하면서 "기독교는 내가 유지하거나 파괴해야 할 가치를

---

261) Quoted in Grover Smith, *op. cit.*, p.122.
262) Stephen Spender, *T. S. Eliot.*, p.10.
263) A. Alvarez, *The Shaping Spirit,* (London: Chatto and Windus, 1958), p.20.
264) F. O. Matthiessen, *op. cit.*, p.147.
265) Peter Ackroyd, *op. cit.*, p.160.
266) T. S. Eliot, *Notes Towards the Definition of Culture*, p.74.

위한 자리를 발견한 유일한 체계"[267]라고 말한 바 있다. 따라서 그의 개종은 개인적인 필요와 정통의 추구에 덧붙여 현실의 구원을 위한 방도의 모색에서 이루어진 것으로 짐작된다.

그는 1928년에 어빙 배비트Irving Babbit를 논하는 자리에서 "문명이 종교 없이 존재할 수 있을지 또 종교가 교회 없이 존재할 수 있을지 의심스럽다"[268]고 말하여 기독교 없이 유럽문명의 발전은 불가능하다는 견해를 보이고 있다. 그는 서구인이기 때문에 위와 같은 이유로 인하여 동양종교인 불교나 힌두교로 귀의하지 않고 영국국교로 개종한 것으로 짐작된다. 그러나 현실을 구원하기 위하여 인간이 노력해야 할 바를 그는 영국국교로 개종할 때에도 잊지 않고 있었다. 그 증좌는 그가 개종하기 2년 전에 발표한 「텅 빈 사람들」에서부터 보이기 시작하는 겸손이라는 미덕에서 찾을 수 있다. 그가 자신의 의지를 굽히고 신의 뜻 속에서 평화를 획득하려는 데는 어려움이 많았겠지만 앞에서 살펴본 바와 같이 그의 종교적 성향은 영국국교에서 그의 기질과 맞는 요소를 발견하였을 것이다.

엘리엇이 개종하고 자신이 영국국교 신자라고 선언했다고 해서 그가 일시에 신과의 합일을 이루어 현실의 구원문제를 해결할 수 있었던 것은 아니다. 그는 인간의 노력만으로는 신과의 합일을 이룰 수 없고 신의 도움이 있어야 그것이 가능하다는 사실을 알고 있었

---

267) Quoted in John D. Margolis, T. S. Eliot's Intellectual Develop-ment, 1922-1930, (Chicago and London: The University of Chicago Press, 1972), p.106.

268) T. S. Eliot, *Selected Essays*, p.479.

다.269) 그래서 그는 겸손한 자세로 신의 은총을 간구한다. 여기서는 그가 현실에 등을 돌리고 신과의 합일을 이루기 위하여 노력하는 과정이 「텅 빈 사람들」, 「에어리얼 시편들」과 「성회 수요일」을 중심으로 고찰될 것이다.

「황무지」가 황무지 자체에 초점을 두었다면 「텅 빈 사람들」은 황무지의 주민에 초점을 맞춘 작품이다. 엘리엇은 이 작품에서 황무지적인 삶의 공허를 극단적으로 인식함으로써 「황무지」에서 보인 종교에 의한 현실 구원의 모색이 더욱 치열해지며 그 모색은 점차 기독교로 기울게 된다.270)

이 작품에서 황무지의 주민들은 자신들이 텅 빈 인간이며 쓸데없는 욕망으로 충만한 존재임을 자인한다. 작품의 서두에서 예배당에서 기도하는 모습이 제시되는데 그 기도는 "진실한 의식의 패러디"271)라고 할 수 있으나 교회의 의식을 가리키는 역할을 한다. "함께 기대어"(3행), "함께 속삭이며"(6행), "조용하고 의미 없는"(7행) 목소리 등은 교회에서 예배드리며 낮은 소리로 기도하는 모습이다.272) 그러나 여기서 이 기도는 진실한 믿음이 없기 때문에 희망조차 없는 세대의 죽음에의 기원을 나타낸다. 화자는 현실적인 잡다한 생각으로 머리가 채워진 사람으로 자신을 "형태 없는 모습,

---

269) Roger Kojecky, *op. cit.*, p.141.
270) David Perkins, *A History of Modern Poetry: From the 1890s to the High Modernist Mode*, (Cambridge and London: The Belknap Press of Harvard University Press, 1976), p.524.
271) Stephen Spender, op. cit., p.123.
272) George Williamson, op. cit., p.156.

색채 없는 그림자, 마비된 힘, 움직임 없는 제스처"(11-12행)로 인식하여 텅 빈 상태임을 자인한다. 그들은 스스로를 황무지의 주민들로서 아무 힘도 없고 특색도 없는 무정형의 인물들로 인식하는 것이다.

스스로를 이렇게 인식한 텅 빈 사람들은 선지자들에게 구원을 간청한다.

> 직시하는 눈으로 죽음의 다른 왕국으로
> 건너간 자들이
> 우리를 기억하고 있다 한들
> 지옥에 떨어진 격렬한 혼으로서가 아니라, 다만
> 텅 빈 사람들로서
> 짚으로 채워진 사람들로서이다.　　　　　　　(13-8행)

> Those who have crossed
> With direct eyes, to death's other Kingdom
> Remember us-if at all-not as lost
> Violent souls, but only
> As the hollow men
> The stuffed men.

여기서 "죽음의 다른 왕국"은 잃어버린 순수함의 비전이면서 동시에 종교적인 천국을 의미한다.[273] 똑바로 눈을 뜨고 죽음의 다른

---

273) Northrop Frye, *T. S. Eliot: An Introduction*, (Chicago and London:

왕국으로 건너간 사람들은 현실에 안주하지 않고 정신적 구원을 위해 천국으로 들어간 확실한 믿음을 지닌 사람들을 가리킨다.274) 텅 빈 사람들은 종교적인 천국에 들어간 사람들에게 자신들을 기억해 달라고 함으로써 구원을 간청하는 것이다.

이 작품에는 죽음의 왕국이 세 가지로 제시된다. 여기에 보이는 "죽음의 다른 왕국"과 뒤에 나오는 "죽음의 꿈의 왕국", "죽음의 어스름 왕국"이 그것이다. "죽음의 다른 왕국"이 기독교적인 천국이라면 "죽음의 꿈의 왕국"은 황무지적인 현실이다. 즉 "죽음의 꿈의 왕국"은 프루프록과 게론촌의 세계, 다시 말하여 개인들이 소외된 상태로 존재하는 황무지로서 텅 빈 사람들이 현재 거주하고 있는 세계인 것이다.275)

새로운 삶이 나타나기에 앞서 무의식으로부터 어떤 구원의 상징이 나타나는데 화자가 "죽음의 꿈의 왕국에서 / 꿈속에서도 감히 만나지 못하는 눈"(19-20행)이 그러한 구원의 상징이다.276) 이 눈의 출현만이 이 작품의 제5부에 나오는 "그림자"를 극복할 수 있는 유일한 희망이다.277) 이 눈은 단테의 「신곡」에 나오는 베아트리스의 눈을 연상시키기도 하고 맥스웰D. E. S. Maxwell이 지적하듯이278) 성모 마리아의 눈일 수도 있는 영적(靈的)인 지혜나 계시를

The University of Chicago Press, 1981), p.57.
274) Elizabeth Drew, *op. cit.*, p.95.
275) Northrop Frye, *op. cit.*, p.56.
276) Elizabeth Drew, *op. cit.*, p.93.
277) *Ibid.*, p.95.
278) D. E. S. Maxwell, *op. cit.*, p.139.

상징하는 것으로 여겨진다. 화자가 감히 눈을 만나지 못하는 것은 그가 구원을 두려워하며 정신적 도전을 회피하고 있음을 암시한다. 텅 빈 사람들은 "돌로 된 우상"(41행)인 이교신을 숭배하기 때문에 진실한 신앙을 통하여 이루어지는 재생이나 구원을 두려워하는 것이다. 이들이 살고 있는 현실이 생명이 없고 재생이 이루어지지 않는 "죽은 땅"(39행)이듯이 이들은 삶 속의 죽음의 삶을 영위하기 때문에 죽은 사람과 동일시된다. 따라서 이들의 세계에는 눈으로 상징되는 영적인 지혜나 계시가 있을 수 없고 이들은 또한 진실한 종교를 감히 만나지 못하는 것이다.[279] 이들은 자신의 과거, 자신의 업보로부터 벗어날 수 없다. 이들은 자신들의 현재의 삶을 반복해서 살며 현상계의 불영속성과 고통을 끊임없이 감내할 뿐으로[280] 윤회의 수레바퀴에 매여 있는 것이다.

이제 이들은 진실한 신앙의 세계로 나아가려고 준비한다.

눈은 여기에 있지 않다
눈 같은 것은 여기에 없다
꺼져가는 별들의 이 골짜기에
이 텅 빈 골짜기엔
우리의 저주받은 왕국의 이 깨어진 턱뼈에는

이 마지막 만남의 장소에서
우리는 함께 암중모색하고

---

279) Stephen Spender, *op. cit.*, p.124.
280) P. S. Sri, *op. cit.*, p.30.

말을 피한다
이 부풀은 강기슭에 모여들어서
만일 눈이 다시
영원한 별처럼
죽음의 황혼의 왕국의
꽃잎 무성한 장미처럼 나타나지 않는 한
눈은 보이지 않고
희망은 오직
텅 빈 사람들의 희망일 뿐.                    (52-67행)


The eyes are not here
There are no eyes here
In this valley of dying stars
In this hollow valley
This broken jaw of our lost kingdoms

In this last meeting places
We grope together
And avoid speech
Gathered on this beach of the tumid river
Sightless, unless
The eyes reappear
As the perpetual star
Multifoliate rose
Of death's twilight kingdom
The hope only
Of empty men.

이제 이들에게 눈은 "별"로 나타나는데 이 별이 앞에서는 "빛바래는 별"(28행)이었으나 이제 "죽어가는 별"로 변하여 상황이 더욱 긴박해졌음이 암시된다. 이들은 지금 우상을 숭배하는 현실을 떠나 "죽음의 다른 왕국"으로 건너가기 위하여 강변에 말없이 모여 있다.281) 이들이 자만심을 버리고 겸손하게 신의 은총으로 출현하기를 기다리고 있는 눈은 이들이 진실한 신앙의 세계로 나아갈 때 그 세계를 밝혀줄 정신적 지표이다. 그런데 이제 눈이 "죽어가는 별"로 변하여 이들을 영적으로 인도하거나 계시를 줄 가능성이 점차 줄어드는 상태에 있는 것이다. 이들에게 구원은 "눈들이 다시 나타나지 않는다면"에서 알 수 있듯이 단지 가능성일 뿐이지만 그 가능성은 이제 실현이 임박했다. 이들이 구원받을 가능성이 "잎 많은 장미"라는 단테에게서 차용한 기독교적 상징을 통하여 표현되고 있듯이282) 이들이 기다리고 있는 구원은 기독교적인 구원이다. 이들이 구원받을 가능성, 즉 이쪽 강변에 남아 있도록 강제되지 않을 가능성은 역설적으로 희망을 나타낸다.283) 만약 눈이 이 왕국의 "영원한 별 / 잎 많은 장미"로 나타나지 않는다면 이들에게는 희망이 없다. 따라서 이들의 유일한 희망은 자기들의 기도가 신에게 들려서 눈이 "영원한 별 / 잎 많은 장미"로 다시 나타나는 일이다. 눈이 별이 되고

---

281) George Williamson, *op. cit.,* p.158.
282) David Perkins, *A History of Modern Poetry: Modernism and After*, (Cambridge and London: The Belknap Press of Harvard University Press, 1987), p.19.
283) Grover Smith, *op. cit.*, p.106.

별이 장미가 되듯이 장미는 교회의 장미무늬 유리를 암시하게 되므로 이는 교회의 이미지가 된다.284) 이로써 엘리엇이 이제는 기독교를 통한 구원을 모색하고 있음이 분명해진다.

아침 다섯 시가 되어서도 텅 빈 사람들은 자신들을 구원의 길로 인도해 줄 별의 출현을 기다리며 선인장 주위를 빙빙 돌고 있다. 선인장은 이들이 기대하는 풍요의 상징이 아니라 메마른 땅에서 자라는 황폐의 상징이라고 할 수 있는 식물이다. 텅 빈 사람들이 이 선인장 주위에 있다는 것은 이들이 아직도 현실을 떠나지 못하고 있음을 나타낸다. 그러나 다섯 시가 그리스도의 부활의 시간이기 때문에 여기서 이들의 구원이 임박했음이 암시되고 있다.285) 선인장은 진실한 중심이 아니라 거짓된 중심이기 때문에 텅 빈 사람들은 이 중심을 버림으로써 구원의 상징인 눈을 볼 수 있게 될 것이지만286) 이들은 그 사실을 인식하지 못하고 거짓된 중심인 선인장 주변을 맴돌고 있는 것이다.

제5부에서는 다시 이들의 현실이 묘사된다. 이들은 선인장의 가시에 찔리는 고통을 이겨내고 재생의 가능성으로 신을 수용하고 신에게 접근하려고 한다. 그러나 삶의 다양한 충동과 그것의 실현 사이에는 이 땅의 본질적인 그림자인 두려움이 있다.287) 시인은 이 그림자의 존재를 삶의 다양한 측면에서 관찰한다. "개념과 / 실재

---

284) George Williamson, *op. cit.*, p.159.
285) Michael Herbert, *op. cit.*, p.39.
286) Grover Smith, *op. cit.*, p.106.
287) George Williamson, *op. cit.*, p.159.

사이", "동작과 / 행동 사이", "착상과/ 창조 사이", "정서와 / 반응 사이", "욕망과 / 발작 사이", "잠재력과 / 존재 사이", "정수와 / 하강 사이"에 드리우는 그림자는 "죽음의 어스름 왕국"에 속하는 것으로서 우리가 살고 있는 물질세계가 그림자에 불과함을 암시한다.[288] 이 그림자는 텅 빈 사람들이 신의 왕국으로 가는 구원의 길을 막고 있다.[289] 그림자의 묘사 중에 주기도문의 구절이 삽입됨으로써 그림자는 종교와도 연관되며 궁극적인 구원의 방법이 기독교에 있음이 암시되고 화자가 추구한 세계가 바로 신의 왕국임이 드러난다.[290]

텅 빈 사람들은 자신의 힘만으로는 새로운 삶의 세계인 진실한 신앙의 세계에 들어갈 수 없고 오직 신의 도움에 의해서만 그것이 가능함을 알고 있다. 그러나 이들이 지금은 진실한 신앙을 갖고 있지 않기 때문에 "이것이 세상이 끝나는 방법이다 / 쾅하고가 아니라 훌찌럭거리면서"(97-8행)라는 말에서 암시되고 있듯이 이들은 단지 육체의 죽음으로 현실을 벗어날 뿐이다. 이들의 흐느낌은 새로운 삶을 시작하려는 사람의 흐느낌이지만 그들에게 위안을 가져오는 흐느낌이 아니라 그들이 미천하고 고통스러우며 무력하다는 것을 표현하는 흐느낌이다.[291] 화자가 "그대의 것이 왕국이니라"(77

288) A. D. Moody, *op. cit.*, p.125.
289) A. C. Partridge, *op. cit.*, p.176.
290) David Ned Tobin, *The Presence of the Past: T. S. Eliot's Victorian Inheritance*, (Ann Arbor and Michigan: UMI Research Press, 1983), p.51.
291) A. D. Moody, *op. cit.*, pp.126-7.

행, 91행)는 주기도문의 구절로 신의 권위를 인정하며, "삶은 매우 길다"(83행)라고 세속적인 향락을 버리지 못하고 현실에 얽매여 있는 자신을 통찰함으로써 정화의 가능성을 암시하면서, 흐느낌으로 "세상이 끝난다"고 결론짓는 것은 그가 영적 구원을 희구하면서도 그것을 이루지 못하는 현실에 대한 슬픔을 표현한 것이다.

엘리엇이 개종하기 2년 전에 쓴 이 작품에서는 비록 텅 빈 사람들의 현실이 구원에 이르지는 못하였으나 기독교를 통하여 현실의 구원이 이루어질 것임이 암시되고 있다. 화자가 자신의 현재의 처지를 슬퍼하고 신의 왕국으로 가기를 바라며 자신을 인도해줄 계시의 출현을 기다리는 것은 그의 겸손을 나타낸다. 그가 겸손으로써 신의 은총이 주어지기를 기다리는 자세는 「황무지」에서 우레의 명령으로 주어진 주고, 동정하고, 자제하는 삶과 크게 다르지 않지만 그가 아직은 신 앞에 전적으로 겸손할 수 없기 때문에 구원은 가능성에 그칠 뿐이다. 그렇지만 이와 같은 발전은 시인이 점차 기독교로 경도되고 있음을 보여주는 충분한 증거이다.

엘리엇이 영국국교로 개종한 해인 1927년에 쓰여진 "동방박사의 여행Journey of the Magi"은 동방박사가 그리스도의 탄생을 보러 가는 여행을 소재로 하여 늙은 동방박사가 옛날의 여행을 회상하는 형식으로 되어 있는 엘리엇의 작품 중에서 명백히 기독교적인 영감을 지닌 최초의 것이다.[292] 데이비드 워드David Ward는 엘리엇이 영혼의 여행을 극화하는 신화적인 수단으로 동방박사의 여행을 이

---

292) Derek Traversi, *op. cit.*, pp.57-8.

용한다고 말하며, 이 작품을 단지 역사적인 사건의 기록이 아니라 영혼의 삶, 다시 말하여 영적인 의미에서의 죽음과 재생의 기록으로 보고 엘리엇이 자신의 개종을 신화적으로 기록 내지 재상연한 것이라고 한다.293) 따라서 이 작품의 화자를 엘리엇 자신으로 볼 수도 있을 것이지만, 화자인 동방박사가 그리스도의 탄생을 축하하려고 가는 여행은 그 자신의 영적 구원을 위한 여행이기도 하다.

이 작품은 동방박사가 여행을 떠난 계절의 묘사로 시작된다. 계절의 묘사는 시인 자신이 인용부호를 사용하여 밝히고 있듯이 1622년 성탄절에 랜슬롯 앤드루즈Lancelot Andrewes가 제임스 1세 앞에서 행한 연설을 시화(詩化)한 것이다.294) 화자는 여행하는 때를 계절적으로 "일년 중 가장 나쁜 시기"(2행)라고 말하는데 그것은 그가 처해 있는 현실이 과거 어느 때보다도 영적 여행을 하기가 어려운 것임을 말하는 것으로 볼 수 있다. 이는 시인이 영국국교로 개종했지만 현실이 종교생활을 영위하기에는 좋지 않은 것임을 말하는 것이다. 화자가 여행하는 시기도 나쁘지만 이 여행에는 다른 고난도 많은데 이 고난은 현실의 구속에서 오는 고난이다.

동방박사가 뒤에 두고 떠나온 현실은 다사로운 것으로 보인다.

우리는 가끔 비탈 위의 여름 궁전 같은 별장들, 테라스들,
비단옷 입은 아가씨들이 과즙을 나르는 것 등을

---

293) David Ward, "The Ariel Poems", in B. C. Southam, ed. *op. cit.*, p.240.
294) B. C. Southam, *op. cit.*, p.139.

못내 아쉬워할 때가 여러 번 있었다.
......
이것은 정말 어리석은 일이라고
귓전에서 울리는 소리 들으며.                    (8 - 20행)

There were time we regretted
The summer palaces on slopes, the terraces,
And the silken girls bringing sherbet.
. . .
With the voices singing in our ears, saying
That this was all folly.

   화자가 아쉬워하는 현실은 따스한 여름이고, 아가씨들과 사랑을
나누는 곳이다. 이 광경이 상세히 묘사된 것은 "세속적 쾌락의 상
실"295) 즉 그가 떠나온 현실을 아쉬워하고 있음을 뜻한다. 화자가
이 현실을 뒤로 하고 떠나는 여행에는 고난이 많다. 낙타는 눈이
녹는 땅에 드러눕고, 낙타몰이꾼은 도망가고, 화자는 잠도 제대로
자지 못하는 등 현실의 안락함을 포기하는 대가로 그는 시련에 봉
착한다. 그가 여행하는 주변의 환경도 여행에 적대적인 환경이다.
유혹의 목소리는 화자가 이렇게 현실을 등지고 고난이 따르는 여행
을 계속하는 것은 어리석은 일이라고 말한다. 화자가 현실을 등지고
종교세계로 빠져드는 것이 어리석은 일이라고 깨우쳐주는 목소리는
현실의 것이라고 할 수 있고 이 목소리가 동방박사의 귀에 들리는

---

295) F. B. Pinion, *op. cit.*, p.173.

것은 그가 현실을 떠나는 것을 두려워하고 있음을 뜻한다. 현실의 유혹은 여행을 하는 동방박사의 마음속에도 회의를 불러일으킨다.296) 그는 자신이 여행하는 목적이 탄생한 그리스도를 보기 위한 것이지만 그 여행이 헛된 것일지도 모른다고 회의하게 된다. 그의 귓전에 이처럼 고난을 겪으며 여행하는 것은 어리석은 일이고, 현실에 안주하지 못하고 정신적 실체를 추구하는 것은 무의미한 일이라고 유혹하는 소리가 들리지만 그는 이와 같은 유혹과 자신의 마음속에 일어나는 회의를 믿음으로 극복하며 여행을 계속한다.

화자는 여행하면서 그리스도의 죽음을 상징하는 것들을 본다.297)

> 나직한 하늘을 배경으로 세 그루의 나무가 서 있고.
> 한 늙은 백마가 초원에서 뛰어 달아났었다.
> 다음에 우리는 상인방이 덩굴잎으로 덮인 여인숙에 이르렀다,
> 열린 문간에서 여섯 사람이 은돈을 걸고 주사위 노름을 하고 있었다,
> 텅 빈 술부대를 발로 차면서.                    (24 – 8행)

> And three trees on the low sky.
> And an old white horse galloped away in the meadow.
> Then we came to a tavern with vine – leaves over the lintel,
> Six hands at an open door dicing for pieces of silver,
> And feet kicking the empty wine – skins.

---

296) Nancy K. Gish, *op. cit.*, p.60.
297) B. C. Southam, *op. cit.*, p.140.

여기서 "세 그루의 나무"는 갈보리동산에 있는 세 개의 십자가를 암시하며,[298] "초원을 뛰어가는 늙은 백마"는 그리스도가 타는 말을 암시한다.[299] 사람들이 은돈을 걸고 주사위 놀이를 하는 것은 유다가 은돈 삼십을 받고 대제사장들에게 그리스도를 넘겨준 것과[300] 병사들이 제비를 뽑아 그리스도의 옷을 나누어 갖는 것을 암시한다.[301] 화자는 이처럼 그리스도의 죽음의 예시(豫示)까지 보고 그의 탄생지에 도착한다. 그는 많은 고난을 겪은 후에 그리스도의 탄생지에 도착하여 그의 탄생을 보았으나 그 의미를 완전히 이해하지는 못하고 있다. 즉 그는 그리스도의 탄생을 받아들였으나 그것이 죽음과 흡사하기 때문에 당황하고 있다.[302] 그래서 그는 자신이 여행한 목적을 달성한 것에 대하여 뚜렷한 주관적인 판단을 내리지 못하고 "그것은 만족스러웠다고 말할 수도 있으리라(it was (you may say) satisfactory)"(31행)라고 말한다. ("당신은 아마 말하겠지")라고 괄호로 묶어 놓음으로써 동방박사는 주관적으로 만족스러웠다는 것도 아니고 객관적으로 만족스러웠다고 확인되는 것도 아닌 애매한 자세를 취한다. 그는 여행하는 도중에도 여행하는 것이 어리석은 짓이 아닌가하고 회의하기도 했지만 믿음으로 이를 극복하고 여행을 계속했었다. 그는 이제 목적지에 도착해서도 자신의 여

---

298) St. John, 19: 18, St. Luke, 23: 32-3.
299) Revelation, 6: 2, 19: 11-4.
300) St. Matthew, 26: 14-5.
301) St. Matthew, 27: 35, St. John 19:24.
302) Grover Smith, *op. cit.*, p.124.

행의 결과에 대하여 회의하는 것이다. 여기서 그가 회의하는 것은 엘리엇 자신이 "시와 믿음에 관한 소고"에서 "회의와 불확실은 단지 믿음의 한 변형"[303]이라고 말한 믿음의 과정으로 생각된다.

그는 이제 이교도들의 사회로 돌아와 이런 것들은 모두 옛날의 일이었다고 회상한다.

> 내 기억컨대 이것은 모두 오래전 일이다,
> 그래서 그런 일을 다시 한 번 하고 싶다,
> 그러나 이것은 해결하고 싶다,
> 확실히 이것은 해결하고 싶다,
> 이것은 - 즉 우리가 거기까지 이끌려 간 것은 목표가 결국
> 탄생이었더냐 죽음이었더냐? 확실히 탄생이 있었다,
> 우리는 증거가 있었고 의심치 않았다.
> 탄생과 죽음을 본 일이 있었지만,
> 그 두 가지는 다르다고 생각했었다. 이 그리스도의 탄생은
> 우리에겐 괴롭고 가혹한 고뇌였다, 그의 죽음처럼, 우리의 죽음처럼.
> 우리는 우리의 고장, 이 왕국으로 돌아왔다,
> 그러나 여기에선 더 이상 편안치 못하다, 저희들의 신에 매달리는
> 이교도 천지인 이 낡은 율법하에선.
> 나는 또 한 번의 죽음을 달갑게 죽어야 할까 보다.
>
> (32 - 43행)

All this was a long time ago, I remember,
And I would do it again, but set down

---

303) Quoted in Kristian Smidt, *op. cit.*, p.147.

This set down

This: were we led all that way for

Birth or Death? There was a Birth, certainly,

We had evidence and no doubt. I had seen birth and death,

But had thought they were different; this Birth was

Hard and bitter agony for us, like Death, our death.

We returned to our places, these Kingdoms,

But no longer at ease here, in the old dispensation,

With an alien people clutching their gods.

I should be glad of another death.

　동방박사는 분명히 탄생한 그리스도를 보았다. 그리스도의 탄생은 "계론촌"에서 이교도들이 "우리는 증거를 보고자 하나이다"라고 말하는 증거이다. 화자는 이런 증거를 보면서도 회의한다. 왜냐하면 그리스도의 탄생은 화자 자신의 오관(五官)의 죽음을 의미할 뿐만 아니라 육체를 지니고 태어난 그리스도도 육체의 죽음을 겪어야 함을 암시하기 때문이다. 그리스도의 탄생은 분명히 위대한 탄생으로 새로운 질서의 도래였지만 그 탄생은 화자의 오관의 죽음을 가져오는, 즉 옛 질서의 종말을 수반하는 것이었다. 죽음은 새로운 영적인 삶으로 이어지므로[304] 재생은 죽음의 한 형태이다.[305] 그가 오관의 죽음을 겪음으로써 새로운 영적인 삶을 영위할 수 있게 되었지만, 그는 그리스도의 탄생에 내포된 이와 같은 깊은 의미는 인식하지

---

304) D. E. S. Maxwell, *op. cit.*, p.113.
305) Peter Ackroyd, *op. cit.*, p.164.

못하고 피상적으로만 관찰했기 때문에 자신이 탄생을 보기 위하여 간 것인지 아니면 죽음을 보기 위하여 간 것인지 모르겠다고 말하고 있는 것이다. 그는 아무것도 요구하지 않았으나 충분한 증거를 얻었다. 그런데 그는 그 증거를 이해할 수 없어 단지 새로운 종류의 죽음, 새로운 종류의 탄생을 인식했을 뿐이다.[306]

그가 여행을 마치고 돌아온 현실은 여전히 이교도들이 각자의 우상을 숭배하는, 진실한 믿음이 없는 사회이다. 그래서 그는 "달갑게 또 한 번 죽어야 할까 보다" 하고 현실에 대하여 체념한다. 그는 이미 그리스도의 죽음을 보고 오관의 죽음을 겪었으므로 여기서의 "또 한 번의 죽음"은 "영원한 삶"[307]으로의 육신의 죽음을 뜻한다. 파트리지A.C. Partridge도 "그리스도를 통한 재생은 옛 이교주의의 죽음을 의미하는 것이며, 또한 개종자는 자기 나라에서는 낯선 사람이 되어 육체적인 죽음을 끈기 있게 기다려야 한다"[308]고 말하여 "또 한 번의 죽음"이 육신의 죽음이라고 설명하고 있다. 그로버 스미스Grover Smith도 화자가 또 한 번 죽기를 원하는 것은 현실에 체념하고 아무것도 원하지 않는 상태에 도달한 것이라고 말하여 이와 비슷한 견해를 보인다.[309] 죽음이기도 한 탄생은 화자에게 새로운 삶의 희망을 가져오지 않고 오히려 예전의 삶의 절망감을 드러냈다. 그는 자신의 예전의 삶으로부터 육체적으로 완전히 해방되지

---

306) David Ned Tobin, *op. cit.*, p.30.
307) Michael Herbert, *op. cit.*, p.48.
308) A. C. Partridge, op. cit., p.183.
309) Grover Smith, *op. cit.*, pp.122 – 3.

못한 상태에서 예전의 삶의 부정에 이르렀으므로 현실에 즐거움을 느끼기보다는 체념하는 것이다.

엘리엇은 영적 생활을 영위하는 데 현실이 장애가 되는 것으로 인식하고 있음이 이 작품에서 드러난다. 동방박사가 굳은 믿음으로 현실을 등지고 영적 각성을 위해 어려운 여행을 했으나 현실은 여전히 구원의 가능성이 보이지 않는 암담한 상태에 있다. 오히려 현실은 동방박사의 마음속에 영적 생활의 추구가 무의미하다는 회의를 불러일으킨다. 동방박사는 결국 영적 생활을 영위하기 위해서는 자신의 육체까지 포함한 현실의 모든 것을 포기해야 한다는 사실을 인식하고 육신의 죽음을 체념적으로 수용하려고 한다.

"동방박사의 여행"에서는 화자가 육신의 죽음을 "죽어야 할까 보다" 하고 체념적으로 말하는 데 반하여 그 다음 작품인 "시메온을 위한 노래A Song for Simeon"에서는 화자가 고요하게 육신의 죽음을 기다리는 적극적인 자세를 취하고 있다. 따라서 이 작품이 "동방박사의 여행"보다 일보 진전된 작품이라고 할 수 있다.[310]

---

310) Moody는 이 작품이 "동방박사의 여행"의 영적 발전의 다음 단계를 다루고 있다고 다음과 같이 말한다. "'시메온을 위한 노래'는 영적 발전의 다음 단계를 다루고 있다. 즉 의미에 의해 요구되는 다른 형태 가운데서 개인의 삶을 살려는 노력을 다루고 있다. 시메온은 동방박사가 알 수 없었던 것, 즉 그리스도가 오랫동안 기다려진 메시아라는 것을 알고 있다. 더욱이 그는 옛 율법의 완수는 그 종말이라는 것도 알고 있고, 이스라엘의 역사의 완수 뒤에는 예루살렘의 파멸과 유태인의 이산이 뒤따르리라는 것도 알고 있다. 선택받은 민족에게는 그것이 파멸을 가져오는 구원인 것이다. 시메온은 주님의 도래를 기뻐하지만, 정반대의 새질서 속으로 들어갈 수는 없다. 그의 "그대의

시메온은 그리스도의 탄생을 본 후에 죽으리라는 예언을 받은 사
람으로 이 작품에서 그는 자신의 죽음이 멀지 않았음을

> 내 생명은 마치 손등에 올라앉은 깃털처럼 가볍게,
> 죽음의 바람을 기다리고 있습니다.
> 햇빛 속의 먼지와 구석구석에 쌓인 기억이
> 죽음의 나라로 부는 찬바람을 기다리고 있습니다.    (4-7행)

> My life is light, waiting for the dead wind,
> Like the feather on the back of my hand.
> Dust in sunlight and memory in corners
> Wait for the wind that chills towards the dead land.

---

하인을 떠나게 하소서"는 "나는 또 한 번의 죽음을 달갑게 죽어야
할까 보다"와 단지 그것이 육화를 이해하고 있다는 점에서만 다르
다." 'A Song for Simeon' treats the next stage of spiritual
advance: the effort to live one's life in the different form required
by 'the meaning' Simeon knows what the Magi could not know,
that Christ is the long-awaited Messiah. Moreover, he knows that
the fulfilment of the Old Law is to be its end; and that the
fulfilment of Israel's history is to be followed by the destruction
of Jerusalem and the Diaspora. For the Chosen People it is to be
a ruinous salvation. Simeon rejoices in the coming of the Lord,
yet he cannot make the move into the contradictory new order.
His 'Let thy servant depart' differs from 'I should be glad of
another death' only in its having an understanding of the
Incarnation. A. D. Moody, *op. cit.*, p.134.

라고 말하여 그가 이제 현실의 삶을 떠날 준비가 되었음을 말하고 평화롭게 죽기를 원하며, 자신의 삶이 의로운 삶이었음을 증언한다. 그가 기다리는 죽음은 영적인 재생을 가져올 육신의 죽음이며, 떠나고 싶어 하는 현실은 "죽은 땅"에서 보이듯이 생명력이 없는 장소이다. 그는 예루살렘에서 "믿음을 지니고 단식하며, 가난한 사람들에게 베푸는"(10행) 삶을 살았다고 말한다. 그는 또 자신이 이와 같은 경건한 삶을 살았기 때문에 자기 집 문간에서 "거절당한 사람은 아무도 없었다"(12행)고 말한다. 그가 살아온 삶은 「황무지」에서 우레의 명령으로 주어진 남에게 베풀고 봉사하는 삶이었다. 그러나 그가 이와 같은 삶을 살았다고 말하는 것은 그에게 겸손의 미덕이 부족하기 때문이다. 다시 말하여 이것은 그의 마음속에 겸손보다는 자만심이 크게 자리잡고 있음을 보여준다.

시메온은 그리스도의 탄생을 보면서 그의 죽음을 예견한다.

> 오라줄과 채찍과 비탄의 시간이 이르기 전에
> 당신의 평안을 베풀어 주소서.
> 슬픔의 동산의 십자행로가 있기 전에,
> 어머니의 슬픔의 필연적인 시간이 있기 전에,
> 지금 이 죽음의 탄생의 계절에,
> 아기예수, 그 영원히 말이 없고, 말해지지 않은 말씀으로 하여금,
> 이스라엘의 위안을 베풀어 주소서
> 80년의 세월을 살고도 내일이 없는 이 사람에게.    (17-24행)
> Before the time of cords and scourges and lamentation
> Grant us thy peace.

Before the stations of the mountain of desolation,
Before the certain hour of maternal sorrow,
Now at this birth season of decease,
Let the Infant, the still unspeaking and unspoken Word,
Grant Israel's consolation
To one who has eighty years and no to-morrow.


여기서 "속박과 고난"은 그리스도가 대제사장들에게 붙잡혀 고난을 겪은 것을 뜻하고[311] "슬픔의 동산"은 그리스도가 처형당한 갈보리동산을 말하며[312] "어머니의 슬픔"은 그리스도가 처형될 때의 그리스도의 육신의 어머니인 마리아의 슬픔을 의미한다.[313] 따라서 이 장면은 그리스도의 죽음을 상징한다.[314] 시메온은 그 시간이 오기 전에, 즉 그리스도가 수난당하고 죽기 전에 "말하지 않고 말해지지 않은 말씀인 어린 그리스도"를 통하여 자신에게 "이스라엘의 위안"을 주시기를 신에게 기도한다. 이제 시메온은 성령에게서 예언받은 대로 그리스도의 탄생을 보았으므로 그는 현세에서의 자신의 임무를 완수한 것이다. 그래서 그는 이제 이스라엘의 위안, 즉 평화스런 육신의 죽음을 신에게 기원하며 구원을 얻기 위하여 정죄의 죽음으로 들어가기를 갈망하는 것이다.[315]

311) St. Matthew, 26: 65-8.
312) St. Luke, 23: 33.
313) David Ward, "The Ariel Poems", in B. C. Southam, ed. *op. cit.*, p.243.
314) Grover Smith, ], p.126.
315) Fayek M. Ishak, *op. cit.*, p.97.

이 작품은 "그대의 구원을 보았으니 / 그대의 하인을 떠나게 하소서"(36-7행)라는 성경에서 인용한316) 시메온의 기도로 끝날 뿐 그의 구원, 즉 이 삶을 떠나 재생을 이룰 수 있는 평화스런 육신의 죽음에 대한 희망은 보여주지 않는다.317) 그가 평화스런 죽음을 간절히 원하지만 그 희망이 안 보이는 것은 그가 비록 경건한 종교적 삶을 살았으나 아직은 신 앞에 전적으로 겸손할 수 없기 때문이다. 이 작품에서 화자는 자신의 삶뿐만 아니라 후손들의 삶의 중압에도 짓눌리고 있어서 ("나는 나 자신의 삶과 내 뒤에 오는 사람들의 삶에 지쳤다"(35행)) 현실을 고통의 연속으로 인식하고 있으며 육신의 죽음을 통한 영적 구원을 갈망하고 있다. 그러나 구원의 가능성이 보이지 않는 상태로 작품이 끝나는 것으로 보아 이 작품은 그의 구원자인 그리스도의 탄생을 자신의 쓰라린 고통의 고백으로 환영하는 것에 불과한 것318)으로 생각된다.

인간의 자유의지와 주위 환경과의 관계를 탐구하는 작품인 "어린 영혼Animula"에서 시인은 인간이 어릴 때에는 신에게 가까이 있으나 성장하면서 점차 신에게서 멀어진다는 것을 말하고 있다. 이 세상은 끊임없이 변화하는 곳이지만 외관상 화려하고 복잡하게 변화할 뿐, 그 본질은 변하지 않기 때문에 단조로운 곳이기도 하다. 신에 의하여 "시간과 경험의 세상"319) 에 태어난 어린 영혼은 신의

316) St. Luke, 2: 29-30.
317) Nancy K. Gish, *op. cit.*, p.67.
318) George Cattaui, *op. cit.*, p.57.
319) George Williamson, *op. cit.*, p.167.

은총을 충만하게 받으며 지낸다. 어린 시절은 순진한 시기로서 신의 은총에 의하여 이 세상에 태어난 영혼이 이때에는 순수함과 단순함을 지니고 있으나, 성장하면서 겪게 되는 인생의 경험이 그것을 부패시켜 신의 손으로부터 멀어지게 한다.[320]

자라나는 영혼은 시간이 흐를수록 점점 무거운 짐을 지고, 신을 배반하고, 외관과 실재 사이에서 당황하게 된다.[321] 인간은 성장함에 따라서 자신의 욕망대로 행동하지 못하고 점점 더 현실의 구속을 받게 되는 것이다. 물질적인 삶 속에서 영혼은 끊임없는 변화와 선택에 직면하여 그 실체가 점점 더 불확실해지고 혼란해진다. 현실 속의 삶은 영혼에게는 고통스럽고 파괴적일 수밖에 없다.[322] 그리하여 정신적인 삶을 추구하지 않고 물질적인 욕망만을 추구하는 사람은 결국 신에게서 멀어져 "성체성사(聖體聖事) 뒤의 침묵 속에서 처음으로"(31행) 살게 된다. 성체성사는 임종 때에도 행하는 기독교의 의식이므로 이 말은 화자가 임종 때가 되어서야 참다운 삶을 살 뿐으로 그동안 살아온 물질적인 삶은 참다운 삶이 아니었음을 뜻한다. 신의 은총을 충만하게 받으며 이 세상에 태어난 영혼은 현실의 구속으로 인하여 괴로움을 당하고 신으로부터 멀어졌다가 죽을 때 다시 신의 은총을 경험하게 되는 것이다.

이 작품은 "아베마리아"에서 "죽음"을 "탄생"으로 고친 "지금 그리고 우리가 탄생할 때 우리를 위해 기도해주소서"라는 구절로 끝

320) Kristian Smidt, *op. cit.*, p.194.
321) B. C. Southam, op. cit., p.144.
322) Nancy K. Gish, *op. cit.*, p.68.

맺는다. 여기서 "우리의 탄생"은 육체적인 탄생이 아니라 성체성사 뒤에 이루어지는 참다운 삶으로의 탄생 즉 신의 품안으로의 탄생인 육체의 죽음을 뜻한다. 그러므로 이 기도는 화자가 죽음을 기다리며 자신의 영혼을 다시 신의 품에 방기하려는 의지의 표현인 것이다. "동방박사의 여행"과 "시메온을 위한 노래"에서는 화자가 현실에 체념하고 죽음을 기다리는 상태로 작품이 끝났지만 이 작품에서는 화자가 현실을 전혀 무가치한 것으로 인식하고 자신의 죽음을 확신 하며 신에게 기도하고 있다. 따라서 이 작품은 현실의 포기와 영적 구원의 확신에 있어서 앞의 두 작품보다 일보 진전된 작품으로 생 각된다. 이들 세 작품 모두에서 현실은 영적 생활을 하는 데 불필 요하거나 방해되는 것으로 인식되고 있으며 화자는 이 현실을 떠나 려 한다. 현실에 대한 화자의 이와 같은 태도는 「성회 수요일」에서 도 계속 유지되고 있다.

「성회 수요일」은 제목뿐만 아니라 작품 자체가 여러 가지 면에서 속죄의식인 성찬식을 암시한다.[323] 성회수요일은 황야에서 단식을 하고 여러 가지 시련을 겪은 그리스도의 고난에 동참하려는 기독교 인들이 지키는 사순절의 첫날이다. 기독교인들은 이 날 자신의 신앙 심을 점검하고 참회함으로써 신에게로 더욱 가까이 나아가고자 한 다. 이러한 의미를 지닌 제목이 사용된 이 작품은 엘리엇의 정신적 인 재생의 갈망과 현실에 대한 환멸과 체념이 밑바탕이 된 작품이 다. 여기서 시인은 현세적인 삶을 기꺼이 포기하고 현실의 갈등과

---

323) George Williamson, *op. cit.*, p.168.

고뇌를 초월하며 신에게 나아가려는 의지를 묘사하고 있다.

이 작품의 화자는 제1부의 첫머리에서부터 현실에 등을 돌리고 종교세계로 나아가며 현실로 다시는 돌아오지 않으려 한다.

> 왜냐하면 나는 다시 돌이키기를 바라지 않기 때문에
> 왜냐하면 나는 바라지 않기 때문에
> 왜냐하면 나는 돌이키기를 바라지 않기 때문에
> 나는 이 사람의 재능 저 사람의 능력을 탐내며
> 나는 더 이상 이런 일에 대하여 노력하고자 애쓰지 않는다
> (늙은 독수리가 날개를 펼쳐 무엇 하겠는가?)
> 그 일상의 지배의 힘이 사라진 것을
> 서러워할 필요가 무엇 있겠는가?                    (1-8행)

> Because I do not hope to turn again
> Because I do not hope
> Because I do not hope to turn
> Desiring this man's gift and that man's scope
> I no longer strive to strive towards such things
> (Why should the aged eagle stretch its wings?)
> Why should I mourn
> The vanished power of the usual reign?

"돌이키다"라는 말에는 현실에의 집착을 버리고 신의 세계를 추구하려 하는 화자의 결의가 담겨져 있는데 그는 그가 지금까지 추구했던 것으로 여겨지는 현실적인 욕망, 즉 다른 사람의 재능이나

능력, 왕조의 사라진 권력 등을 더 이상 추구하지 않으려 한다. 부정문과 의문문과 "왜냐하면"을 되풀이하며 화자가 현실 속의 삶을 이렇게 제시하는 것은 그에게 아직은 현실에 대한 미련이 남아 있음을 반증하는 것이다. 화자는 자신의 의지로 이를 극복하고자 하는데 여기서 그가 자신의 의지적 행동으로 현실에 등을 돌리고 신에게로 나아가려는 결의를 통하여 우리가 느끼는 것은 그가 새로운 삶을 발견한 기쁨보다는 현실을 떠나야 한다는 괴로움을 더 강하게 느끼고 있다는 사실이다.[324] 화자는 자신의 과거의 삶, 다시 말하여 황무지적인 이교도들의 세상으로 되돌아가지 않으려고 결심한다. 그가 그 세상으로 되돌아가는 것은 정화와 겸손의 상태를 떠나 텅 빈 사람들의 상태로 돌아가는 것을 의미한다.[325] 따라서 그가 그 세계로 되돌아가기를 원하지 않는 것은 현실에 등을 돌리고 신에게로 계속 나아가기를 원하기 때문이다. 이와 같은 그의 의지적 행동은 그가 자신을 신에게 전적으로 내맡기기를 원하지만 아직은 그렇게 하지 못했음을 암시한다.

그는 자신을 늙은 독수리로 표현하는데 "독수리는 은총을 상징"[326]하기 때문에 화자는 이미 신의 은총을 받은 상태라 할 수 있다. 지금 화자는 세속적인 욕망을 추구하기보다는 "진정한 일시적인

---

324) David Perkins, *A History of Modern Poetry: Modernism and After*, pp.20 - 21.
325) Leonard Unger, "Ash Wednesday", in Leonard Unger, ed. *op. cit.*, p.352.
326) A. C. Partirdge, *op. cit.*, p.193.

힘"인 신의 구원을 바라고 있으나 그가 구원을 확신하고 있는 것은 아니다. 그는 현실적인 영광을 다시 알려고 하지도 않으며, 신의 은총을 받을 수 없으리라는 사실도 알고 있다. 신은 현실 속에서 인간이 받는 고통은 무시한 채 영원의 세계만을 강조한다. 신은 현실의 악을 제거할 수 있을 터인데도 제거하지 않고 방치해두며 내세만을 강조하는 것이다. 현실 속에 살고 있는 인간에게는 미래보다 현재가 더 중요하므로 화자는 종교 세계로 나아간 것에 대하여 회의한다. 그러나 그가 회의하면서도 계속 신앙의 세계로 나아가는 것에서 우리는 그의 겸손함을 엿볼 수 있다. 겸손은 "기도교인의 미덕 중 가장 크고 어려운 미덕"327)이다. 그가 종교세계에서 신과의 궁극적인 합일을 이룰 수 없으리라는 사실을 알고 있음에도 불구하고 현실로 돌아가지 않으려 하는 것은 그의 믿음이 굳다는 사실뿐만 아니라 전적으로 수동적인 태도로 신의 은총이 주어지기를 기다리는 겸손도 보여준다.

그는 현실로 돌아가는 대신에 자신의 신앙의 힘이 약함을 인정하며 다시 신의 도움을 청한다.

> 이 날개는 이미 날 수 있는 날개가 아니고
> 다만 공중을 부채질하는 풀무이기 때문에
> 그 공기는 지금 한껏 희박하고 건조하며
> 의지보다 더 희박하고 건조하기 때문에
> 관심을 갖는 방법과 무관심하는 방법을 가르치소서

327) T. S. Eliot, *For Lancelot Andrewes*, p.78.

조용히 앉아 있는 방법을 가르치소서
우리 죄인들을 위하여 지금과 죽음의 시간에 기도하소서
우리를 위하여 지금과 죽음의 시간에 기도하소서　　(34－41행)

Because these wings are no longer wings to fly
But merely vans to beat the air
The air which is now thoroughly small and dry
Smaller and dryer than the will
Teach us to care and not to care
Teach us to sit still

Pray for us sinners now and at the hour of our death
Pray for us now and at the hour of our death


　화자는 자신이 현실에서 받는 고난이 신의 섭리에 따른 것이라고
믿기 때문에 신의 품에 자신을 방기(放棄)할 수 있다. 이제 그는 신
에게 자신을 전적으로 방기하고 우리들이 현실에서 괴로움을 잊고
신에게 접근할 수 있도록 우리들을 인도하여 주기를 신에게 기도한
다. 그는 관심을 두어야 할 것에 관심을 두고, 관심을 둘 수도 없고
관심을 두어서는 안 되는 것에 관심을 두지 않고 가만히 앉아 있는
방법을 알려 달라고 기도하는데328) 이것은 기독교인의 겸손을 나타
낸다.329) 그는 지금까지 현세적인 욕망과 신에 대한 믿음 사이에서

328) Grover Smith, *op. cit*., p.143.
329) R. P. Blackmur, "T. S. Eliot: From Ash Wednesday to Murder in
　　the Cathedral", in Leonard Unger, ed. *op. cit*., p.243.

방황하고 있었지만 이제 자신이 현실에서 활동수단으로 사용했던 날개가 단지 허공을 치는 날개에 불과한 것이라는 사실을 인식하고, 자신이 미약한 존재임을 깨달았으니 모든 것을 신이 주재(主宰)해 주십사 하고 기도하는 겸손을 보이고 있는 것이다. 영혼이 정화되기 위해서는 자아의 죽음이 선행되어야 한다. 자아의 죽음을 기다리는 데는 고요히 기다릴 수 있는 인내가 필요하다. 화자는 자기에게 인내심이 부족하다는 사실을 알고 있기 때문에 인내하는 힘을 부여해 주기를 신에게 기도한다. 그의 겸손함은 "지금과 우리가 죽을 시간에 우리 죄인들을 위하여 기도해 주소서" 하고 "아베마리아"의 마지막 구절을 인용하여 자신을 죄인이라고 말하기에 이른다. 그가 자신을 죄인이라고 하는 것은 아담의 타락 이후 원죄를 짊어진 인간이라는 것[330]과 자신이 지금까지 신을 믿지 못하고 타락한 상태로 지내온 것을 뜻한다. 또한 시인은 신에 대하여 회의하는 것도 잘못으로 보고 있으므로 자신을 죄인이라고 하는 것은 그가 현실의 괴로움 때문에 신에 대하여 회의하는 죄도 포함한다. 이제 그는 회의를 겸손으로 억누르며 자신을 죄인이라고 말하고, 신의 품에 자신을 내맡기며, 자기에게 은총을 베풀어 품안에 받아들여 주기를 신에게 기도하는 것이다.

시인은 화자의 이와 같은 겸손한 태도가 더욱 발전하여 그의 마음 속에 있는 모든 고뇌와 회의를 극복하여 신을 긍정적으로 인식하고 일시적이지만 신과의 합일을 이루는 순간을 제2부에서 보여준다. 우

---

330) B. C. Southam, *op. cit.*, p.130.

선 현실에서 만족을 취하는 것들이 표범에게 먹히고 화자는 정화된다.

> 성녀시여, 세 마리의 흰 표범이 낮의 서늘한
> 로템 나무 아래 앉아
> 내 다리를, 내 심장을, 내 간을, 그리고 내 두개골의
> 둥글게 텅 빈 그 속에 들어 있던 것을 양껏 먹었던 것입니다.
>
> (42 - 5행)

> Lady, three white leopards sat under a juniper - tree
> In the cool of the day, having fed to satiety
> On my legs my heart my liver and that which had been contained
> In the hollow round of my skull.

화자는 이제 세 마리의 표범에게 잡아먹히고 뼈만 남는다. 세 마리의 표범에 관하여는 시인 자신이 1932년 겨울에 바싸의 여대생들에게 이 작품에서 그것들은 세상과 육체와 악마라고 말한 바 있다.[331] 그러므로 세 마리의 표범은 우리에게 「지옥편」의 서두에서 단테가 만난 세 마리의 짐승과 십자가의 성 요한의 세 마리의 동물로 상징된 세상, 육체, 악마를 상기시킨다.[332] 또한 표범은 그 흰색으로 순수함을 나타내며 평화와 약속을 가져오는 정화의 행위자로 여겨진다.[333] 세 마리의 표범에게 잡아먹힌 부분은 육체의 힘을 암

---

331) T. S. Matthews, *op. cit.*, p.114.
332) Northrop Frye, "Ash Wednesday", in B. C. Southam, ed. *op. cit.*, p.232.
333) Nancy K. Gish, *op. cit.*, p.87.

시하는 다리, 정서의 기관인 심장, 관능의 기관인 간장, 지각의 기관인 두뇌 등으로 현실에서 만족을 취하는 오관에 직결된 것들이다.334) 화자는 이것들을 모두 표범에게 먹힌 상태이므로 그는 이제 현실의 구속을 벗어버리고 신앙의 세계에 들어와 있는 셈이다. 그는 자신의 구원을 위하여 기도하는데 그 대상은 "성녀"이다. 이 여인은 지금은 실체가 뚜렷하지 않으나 점차 신성을 회복하여 성모 마리아가 된다.335) 성모 마리아는 신의 은총을 받아 그리스도를 잉태한 인간이므로 그녀는 신의 사랑을 인간에게 전달해주는 교량역할을 하는 존재이다. 현세적인 자아의 소멸을 비전으로 체험한 화자는 성모 마리아가 그에게 재생을 가져다줄 것으로 확신하고 있다.

표범이 먹지 못하고 남겨놓은 부분인 뼈는 밝게 빛난다. 밝게 빛나는 흰색은 레너드 엉거Leonard Unger가 "이 장에서 믿음은 흰색이라는 색채의 상징을 통하여 나타내어진다. 이 믿음에 의하여 '성녀'는 표범들이 남겨놓은 부분이 회복되도록 영혼을 불어넣는다"336)라고 말하고 있듯이 믿음의 색깔이다. 화자는 현세적인 자아를 모두 벗어버리고 이제 믿음만 지니고 있으므로 그의 과거의 죄는 모두 정화되고 황무지의 주민들에 대하여는 사랑만이 남아 있는 상태라고 할 수 있다. 이때의 화자는 일단 현실을 떠난 상태에 있는 것으

---

334) Grover Smith, *op. cit.*, p.144.

335) Hugh Kenner, *The Invisible Poet: T. S. Eliot*, (London: Methuen and Co., 1959), p.231.

336) Leonard Unger, "Ash Wednesday", in Leonard Unger, ed. *op. cit.*, p.361.

로 현실을 "사막"으로 본다. 이제 화자는 세속적인 삶에 등을 돌리고 오직 믿음만 남아 자신의 육체까지 벗어버렸으므로 참다운 정신적 재생에 가까이 접근한 상태이다. 화자는 이제 "목적에 헌신하고 집중하여" 자기 자신을 신의 품에 전적으로 방기할 수 있는 상태에 도달한 것이다. 화자가 자기 자신을 신의 품에 방기할 때 그는 신과의 일시적인 합일을 이룰 수 있다.

시인은 화자가 신과의 합일을 이룬 상태를 장미원으로 표현한다. 슬픔에 잠겨 고요하게 있는 "성녀"는 그 자신이 모든 모순, 상반되는 것들을 화해시키는 장미원이 된다.[337] 화자는 지금 이 여인을 통하여 이상향의 세계에 들어와 있다. 「황무지」에 나오는 히야신스 정원이 잃어버린 낙원이라면 여기서의 장미원은 다시 찾은 낙원이라 할 수 있다.[338] "성녀"는 기억의 장미이며 망각의 장미이고, 완전히 고갈되어 있으나 생명을 주는 역할을 한다. 그리하여 한 송이 장미에 불과한 "성녀"가 장미원이 되는 것이다. 이 장미원은 모든 사랑과 사랑으로 인하여 생기는 모든 고통이 끝나는 장소이다. 따라서 장미원은 현실적인 모든 애착이 끊어지고 신의 사랑만이 남아 있는 곳이다. 엘리엇은 여기서 사막으로부터 장미원으로 이끄는 사랑의 단계를 다소 인식하고, 종교세계를 추구하면서 삶과 현실을 포기하는 것이다.[339]

---

337) George Williamson, *op. cit.*, p.174.
338) Grover Smith, *op. cit.*, p.146.
339) George Williamson, *op. cit.*, p.260.

이 작품에서 엘리엇은 현실에 적극적으로 개입하여 현실의 구원이라는 문제를 해결하려는 의욕을 보이지 않고 황무지적인 현실을 뒤로하고 떠남으로써 그 문제를 회피하려는 자세를 보인다. 그는 「황무지」에서는 동양의 종교에 경도됨으로써 현실의 개조 내지는 구원의 방도를 모색하였으나, 여기서는 기독교에 침잠하여 현실을 떠남으로써 현실의 구원 문제를 회피하려 한다. 이 작품의 화자가 "성녀"의 도움으로 장미원의 경험을 갖기는 하지만 여기서의 장미원은 현실과 절연된 비전(vision)의 세계에 속하는 것으로 현실은 여전히 "사막"인 상태로 존재한다.

장미원에서는 화자가 인간의 언어로 말해지지 않은 신의 말씀을 애써서 들으려하지 않아도 들을 수 있다. 그는 겸손하게 믿음을 실천하여 자기 자신을 신의 품에 방기했기 때문에 장미원에 들어오게 되었다. 따라서 장미원은 화자 자신도 그 목적을 확실하게 알 수 없었던 "목적 없는, 끝없는 여행"(80 - 1행)이 끝나는 곳이다. 시인은 그가 개종 전부터 추구해온 신과의 합일을 여기서 이룩한 셈이다.[340] 그러나 그가 지금 이룩한 신과의 합일은 일시적인 비전에 불과할 뿐으로 궁극적 합일이 아니기 때문에 그는 신과의 궁극적 합일을 위하여 계속 노력해야 한다.

제2부는 다음과 같이 평화스럽게 끝난다.

---

340) Grover Smith, *op. cit.*, p.135.

로뎀나무 아래서 흩어져 빛나는 뼈들이 노래한다
우리는 흩어져 있어 기쁘다, 우리는 서로 잘 한 것도 별로 없다,
낮의 서늘한 나무 아래서 모래의 축복을 받으며
자신을 잊고, 서로를 잊고, 황야의 적막 속에서
결합되어 있는 우리 뼈들. 이곳은 그대들이 제비뽑아
분할한 땅이다. 나누는 것도 합치는 것도
문제가 안 된다. 이것은 그 땅, 우리의 세습의 땅이다.

(89−95행)

Under a juniper−tree the bones sang, scattered and shining
We are glad to be scattered, we did little good to each other,
Under a tree in the cool of the day, with the blessing of sand,
Forgetting themselves and each other, united
In the quiet of the desert. This is the land which ye
Shall divide by lot. And neither division nor unity
Matters. This is the land. We have our inheritance.


　　뼈들이 흩어지는 것은 존재의 중심으로서의 옛 자아의 해체를 상
징하고 장미와 정원이 새로운 존재의 중심이 되는 것이다.[341] 옛
자아가 완전히 해체되기 때문에 뼈들은 흩어지는 것을 즐거워하며
노래한다. 비록 현재 뼈들이 흩어져 있는 장소가 사막으로서 황무지
임은 분명하지만 장미원의 경험이 있음으로 해서 뼈들은 해체를 즐
거워하는 것이다. 이제 사막이 장미원으로 변했으므로 이 땅은 영원
한 축복의 땅이 된다. 사막에 있는 메마른 뼈들이 이 세상에서의

---

341) Elizabeth Drew, *op. cit.*, p.106.

개인의 죽음의 상징으로 사용되고 있으므로 이 땅의 세습과 뼈들의 부활은 영혼의 재생과 이 땅의 영원한 구원을 상징한다.[342] 화자는 현실을 떠나 육신이 완전히 해체되었지만 그 해체는 재생을 전제로 한 것이기 때문에 그는 슬픔보다는 즐거움과 평화로움을 느낀다.

시인은 제3부에서 단테에게서 빌려온 계단의 이미저리를 이용하여 화자가 신과의 궁극적인 합일을 이루기 위하여 나아가는 과정을 묘사하고 있다. 화자는 "영적 상승을 나타내는"[343] 두 번째 계단을 지나 "희망과 절망의 기만적인 얼굴"을 지닌 층계의 악마와 싸워 이기고 계속하여 층계를 오른다. 희망이나 절망은 감성적으로 그리고 이성적으로 판단하여 개개인이 느끼는 감각, 생각을 뜻한다. 따라서 그는 지금 감성적 및 이성적 사고에 의한 판단을 초월한 상태에 있는 것이다. 그가 악마와 싸워 이기고 계속 층계를 오르는 것은 그의 믿음이 굳음을 말해준다.

그는 세 번째 계단의 첫째 굽이에서 현실 속의 삶의 환영들을 본다.

> 세 번째 계단의 첫째 굽이에는
> 무화과 열매처럼 배가 부른 구멍 난 창문이 있었다
> 그리고 아가위나무 꽃과 목장 풍경 너머엔
> 청록색 옷을 입은, 어깨가 딱 벌어진 사나이가
> 고풍의 피리를 불어 오월을 유혹하였다.　　　　(107 - 111행)

---

342) Nancy K. Gish, *op. cit.*, pp.76 - 7.
343) Bernard Bergonzi, *op. cit.*, p.140.

At the first turning of the third stair
Was a slotted window bellied like the fig's fruit
And beyond the hawthorn blossom and a pasture scene
The broadbacked figure drest in blue and green
Enchanted the maytime with an antique flute.


여기서 "무화과 열매처럼 배가 부른 구멍 난 창문"은 성적인 암
시를 지니고 있다.[344] "청록색 옷을 입은 어깨가 딱 벌어진 인물",
즉 악마의 화신인 목양신 판도 역시 성적인 암시를 지닌다. 그는
정욕을 상징하는 이교신(異敎神)인데 여기서 그는 고풍의 피리를
불어 갈색 머리를 한 여인의 이미지로 등장하는 오월을 유혹하고
있다. 이와 같은 성적인 암시와 음악 소리는 활기차게 보이기는 하
지만 무의미한 현실의 삶을 나타낸다. 이런 현실의 이미지들은 비록

---

344) Grover Smith, op. cit., p.148. 많은 비평가들이 그것을 그렇게 지적
하고 있는데 레너드 엉거의 말을 예로 든다. "'구멍 난 창문'은 외관
상 일치하는 이외에도, 성적인 이미지이기도 하다. 무화과는 욕정과
연관되어 있다. 창문을 비유적인 의미로 받아들임으로써 우리는 여성
의 성기의 이미지라는 그러한 이미지까지는 아니더라도 지극히 축어
적인 해석에 도달할 수 있을 것이다. 창문의 형태는 아름다운 감각적
이미지들의 상징적 장면을 위한 상징적 틀이 된다. The "slotted
window" is, besides being superficially consistent, a sexual image.
The fig is associated with lust. By taking window in a figurative
sense one may arrive at quite a literal interpretation, if not an
image: that of the female genital organ. The form of the window
is a symbolic frame for the symbolic scene of beautiful sensuous
images on which it opens. Leonard Unger, "Ash Wednesday", in
Leonard Unger, ed. op. cit., p.363.

감미롭기는 하지만 순간적인 것들이다.345) 화자는 이와 같은 현실의 환영에 마음을 두지 않고 계속 신에게로 나아간다. 그가 자기 자신을 신의 품에 방기하고 천국을 향하여 오르는 힘은 "희망과 절망 이상의 힘"인 믿음이다.346)

인간은 자신의 노력만으로는 신과의 합일을 이룰 수 없으므로 스스로를 구원할 수 없는 영혼은 믿음만 지니고 있으면 신이 그를 구원해줄 것이다. 화자는 자신의 미약함을 인정하여 "주여, 저는 가치가 없나이다 / 주여, 저는 가치가 없나이다 / 그러니 말씀만 하옵소서"(117-9행)라고 기도한다. 이 구절은 가톨릭 미사와 관계가 있다. 미사에서 성체성사 전에 사제가 가슴을 세 번 치면서 "주여, 저는 주님이 내 집에 들어올 가치가 없나이다. 그러니 말씀만 하옵소서. 그러면 내 영혼은 치료되리니"라고 말한다.347) 또한 마태복음 8장 8절에는 백부장의 겸손을 보여주는 "주여, 저는 주님이 내 집에 들어올 가치가 없나이다. 그러니 말씀만 하옵소서. 그러면 내 하인이 치료되리니"라는 구절이 있다. 이것을 볼 때 화자의 기도는 종교적인 의미를 함축하며 겸손과 믿음, 신에의 전적인 의존을 나타낸다.348) 그는 "주여 저는 가치가 없나이다"라고 두 번 반복하여 자신이 미약한 존재임을 강조하고 "그저 말씀만 하옵소서"라고 한마

---

345) Nancy K. Gish, *op. cit.*, p.79.
346) F. O. Matthiessen, *op. cit.*, p.66.
347) Leonard Unger, "Ash Wednesday", in Leonard Unger, ed. *op. cit.*, p.364.
348) Leonard Unger, *op. cit.*, p.58.

디 신의 언질만이라도 간구(懇求)한다. 말씀을 들려주고 안 들려주고 하는 것은 전적으로 신의 뜻이고 그는 단지 겸손하게 기도할 뿐이다. 따라서 이 말은 그가 자신의 미약함을 인정하며 신의 은총을 열망하는 겸손한 신앙의 자세를 표현한 것이라고 할 수 있다.

제4부에서는 "오랑캐꽃 사이로"(120행) 또 "여러 가지 초록의 다양한 줄지은 나무사이로"(122행) 걸었던 사람, 즉 "성녀"를 중심으로 "지상낙원"349)의 이미저리가 묘사된다. 이 "성녀"는 제2부에 나온 "성녀"와 동일한 인물로 단순한 성 이상의 사랑, 신성(神性)의 반영으로서의 순수한 사랑을 상징한다.350) 또한 그녀의 순결을 나타내는 흰색과 천상의 복장인 푸른색에서 그녀는 성모 마리아와 연결된다.351)

성모 마리아는 자신의 아들 그리스도가 죽음을 당하는 고통까지도 몸소 겪은 인간으로 현실 속의 인간들이 겪는 슬픔을 알고 있다. 그녀는 현실의 삶의 고난과 허무를 모두 알고 있으며 그녀에게 의존하는 자들을 구원의 길로 이끄는 안내자의 역할을 한다. 여기서 화자의 "성녀"와의 사랑은 성적인 욕망을 넘어 종교적인 헌신으로 승화된다. 인간은 신의 사랑을 직접 체험할 수 없고 현실 속의 여성의 사랑에 의해서 간접적으로 그것을 체험할 뿐이다. 인간의 구원이나 재생도 "성녀"가 상징하는 여성적인 사랑에 의하여 이루어진

349) F. O. Matthiessen, op. cit., p.118.
350) Grover Smith, op. cit., p.7.
351) Fayek M. Ishak, op. cit., pp.90－1. Helen Gardner도 그녀를 성모 마리아로 보고 있다. Helen Gardner, The Art of T. S. Eliot, (London and Boston: Faber and Faber Limited, 1949), p.120.

다. 제2부에서는 "성녀"와의 사랑이 신적(神的)인 사랑으로 승화되어 화자는 신과의 일시적인 합일의 상태인 장미원에 접했던 것이다. 여기서 그녀와의 사랑은 화자의 재생을 암시한다.

흰 빛과 푸른빛의 베일을 쓴 침묵의 누이는
주목나무 사이에서, 지금은 피리불지 않는
정원의 신 뒤에서 머리 숙이고 십자를 그었으나 말 한마디 없었다
그러나 샘은 솟아나고 새는 노래했다
시간을 되살려라, 꿈을 되살려라
들려지지 않고, 말해지지 않은 말의 징조를 되살려라

바람이 주목나무에서 무수한 속삭임을 만들어낼 때까지

그리고 우리의 이 추방 후에                    (141 - 8행)

The silent sister veiled in white and blue
Between the yews, behind the garden god,
Whose flute is breathless, bent her head and signed but spoke
no word
But the fountain sprang up and the bird sang down
Redeem the time, redeem the dream
The token of the word unheard, unspoken

Till the wind shake a thousand whispers from the yew

And after this our exile

"성녀"가 "부활과 불멸의 상징"[352]인 주목나무 사이에서 아무 말도 하지 않고 머리 숙여 동의를 표하자 생명의 샘물이 흐르고 새가 축복의 노래를 부르며 내려오는 등 "들려지지 않고 말해지지 않은" 새로운 삶의 증거가 나타난다. 이제 화자는 그녀와의 사랑을 통해 황무지적 현실에서 벗어나 낙원에 들어온 것이다. 그러나 그는 아직도 주목나무로부터 수많은 속삭임이 들려오고 추방이 끝날 때까지 기다려야 한다. 그는 지금까지도 항상 그랬듯이 여기서도 "우리의 추방"이라고 함으로써 자신이 황무지의 주민임을 밝힌다. 그가 비록 현실에 등을 돌리고 구원을 향해 나아가고 있지만 그도 황무지의 주민, 현실 속의 인간임에는 틀림이 없다. "우리의 추방 후에"는 미사가 끝날 때 성모 마리아에게 하는 로마가톨릭교회의 기도의 일부로서 슬픔의 시간 이후에 궁극적인 비전을 보게 될 희망을 의미한다.[353] 화자는 자신이 현실에 얽매여 신에게 접근하지 못했던 시기를 낙원에서 추방당했던 시기로 여기고 이제 그 고난의 세월이 끝나감을 이 말로 표현하고 있는 것이다. 그는 비록 현실이 아니라 환상 가운데서지만 황무지가 낙원으로 변하는 경험을 겪었으므로 낙원으로부터의 추방이 곧 끝나고 실제의 낙원으로 다시 들어갈 수 있으리라는 희망을 품게 된 것이다.

제4부는 이 작품의 6부로 된 전체 중에서 유일하게 마침표가 없이 끝난다. 이것은 화자가 사아완성을 망설이고 있음을 암시하며,

---

352) A. C. Partridge, *op. cit.*, p.202.
353) Nancy K. Gish, *op. cit.*, p.83.

이미 재생의 비전을 획득한 그가 정화의 마지막 단계를 앞두고 마음속에 일어난 경건한 경외심을 표현한 것으로 생각된다.

제5부는 기독교의 진리 중에서 가장 추상적인 개념 중의 하나인 말씀과 정지점과 어둠 속에서 비치는 빛에 관한 명상으로 시작된다.[354]

> 만일 상실된 말이 상실되고, 허비된 말이 허비되고
> 만일 들려지지 않고, 말해지지 않은 말이
> 말해지지 않고 들려지지 않는다 해도,
> 말해지지 않은 말, 들려지지 않은 말씀은 여전히 있다,
> 말이 없는 말씀, 이 세상 안에 있는
> 그리고 이 세상을 위한 말씀이 있다.
> 그리고 빛이 어둠 속에서 비쳤으나
> 진정되지 않은 세상이 말씀에 거역하여 아직도
> 말없는 말씀의 핵심을 중심으로 소용돌이쳤다.        (149-57행)

> If the lost word is lost, if the spent word is spent
> If the unheard, unspoken
> Word is unspoken, unheard;
> Still is the unspoken word, the Word unheard,
> The Word without a word, the Word within
> The world and for the world;
> And the light shone in darkness and
> Against the Word the unstilled world still whirled
> About the centre of the silent Word.

---

354) Kristian Smidt, *op. cit.*, p.217.

여기에 나오는 말씀의 출전은 요한복음 "태초에 말씀이 계셨느니라, 말씀은 하느님과 함께였고, 말씀이 하느님이셨느니라" 속의 말씀이다.355) 이 말씀은 첫 글자가 대문자로 되어 종교적 실체가 분명해졌음이 암시된다. "들려지지 않고 말해지지 않은" 말씀은 "육화(肉化)된 말씀, 성육" 356)으로 인간세상에 보내졌으나 아직 말이 없는 어린 그리스도를 가리킨다.357) 이 말씀은 중재하는 인간의 말이 없어졌어도 "이 세상에 이 세상을 위하여" 존재한다. 이 세상은 말씀의 진정한 가치를 인식하지 못하고 있는 황무지적인 현실이다. 세상의 빛인 그리스도로 육화된 로고스의 빛이 어둠 속에서 비치고 있으나 세상은 말씀의 주변을 맴돌 뿐이다.358)

선회의 이미저리는 "게론촌"에서부터 계속 나오는 것으로 중심에 안주(安住)하지 못하고 주변을 맴도는 해체되는 세상을 나타낸다. 고요하지 못한 세상이 주변을 맴도는 "말없는 말씀"인 중심은 "번트 노튼Burnt Norton"에 나오는 "과거와 미래가 모여 있는"(67행) "회전하는 세상의 정지점"(64행)에 상응한다.359) "말없는 말씀"은 상징적으로 "수레바퀴의 정점"(50행)이 되는데 감각적인 것과 물질적인 것을 추구하는 회전하는 세상의 주민들은 정점의 신비를 파악

---

355) St. John, 1: 1.
356) Stephen Spender, *op. cit.*, p.130.
357) A. C. Partridge, *op. cit.*, p.205.
358) Allen Tate, "Logical Vursus Psychological Unity", in B. C. Southam, ed. *op. cit.*, p.90.
359) Leonard Unger, "Ash Wednesday", in Leonard Unger, ed. *op. cit.*, p.368.

하지 못한다.360) 화자는 자신의 신앙심이 점차 향상되고 있고, 신과 신성한 사랑에 대한 믿음을 지니고 있는데 그가 처해 있는 현실이 말씀에 대적하는 황무지적인 현실인 것을 보고 당혹과 실망을 느낀다. 세상의 어둠에 묻혀서 살아가는 사람들은 스스로 신에게 접근하려는 노력을 하지 않으므로 아무 곳에서도 신의 광휘를 느끼지 못한다. 이런 현실 속에서는 아무 곳에서도 말이 말해질 수 없기 때문에 말씀이 침묵을 지키는 것이다. 화자는 이 세상의 어둠을 밝혀주는 빛인 말씀이 이 세상에 존재하지만 이 세상은 말씀을 받아들일 적당한 장소가 아니라는 인식 때문에 괴로워하고 있다. 그는 이렇게 말씀이 제대로 받아들여지지 않고 악이 횡행하는 현실을 보고, 전지전능하기 때문에 선만 존재하도록 할 수 있을 터인데도 악을 방치하여 인간으로 하여금 고통을 겪게 하는 신에 대하여 회의하고 있는 것이다. 그러나 이 회의는 신의 은총에 대한 강렬한 갈망을 암시하는 효과를 낳는다. 왜냐하면 엘리엇 자신이 "보들레르"론에서 말한 것처럼 "말뿐만 아니라 진심에서 우러나는 철저한 신성모독은 신앙의 부분적 표현"361)이기 때문이다. 그는 신이 악을 방치함으로써 인간에게 고통을 주고 있지만 이 고통이 신의 섭리의 일부라고 믿는 기독교의 통념을 완전히 부정하지는 않는 것이다. 그래서 그는 회의하면서도 "오 나의 겨레, 내가 그대들을 위해 무엇을 했는가"(158행) 하고 회한의 탄식을 하는데 이 탄식은 그의 "종교적 겸

---

360) Fayek M. Ishak, *op. cit.*, p.92.
361) T. S. Eliot, *Selected Essays*, p.421.

손과 이 세상의 상태에 대한 놀람"362)을 나타낸다.

그는 자신과 마찬가지로 신에 대하여 회의하기도 하는 신앙심이 부족한 사람들을 용서해주기를 기도한다. 화자는 신의 은총에 반대하는 사람들을 위해 기도해줄 것을 "베일을 쓴 누이"(177행), 즉 성모 마리아에게 간청한다. 그녀를 노하게 하고 부인하는 자들의 용서를 비는 그의 기도는 재생에 수반되는 사랑의 실천이다. 원죄를 지니고 있는 인간은 환경의 변화에 따라 믿음이 변하는데 현재 이들이 있는 장소는 "정원 가운데의 사막, 사막 가운데의 정원"(182행)으로 원죄에 대한 암시를 지닌다. 그러나 사막과 바위가 여기서는 "마지막 사막"(181행)과 "마지막 푸른 바위"(181행)로 변하여 화자가 유산으로 물려받은 죄악의 땅이 이제는 재생이 가능한 정원의 상황으로 변하고 있음이 암시된다. "시들은 사과 씨를 입에서 뱉는"(183행)에서의 사과는 신이 인간에게 금지한 선악과를 암시한다. 인간의 조상이 악마의 유혹에 넘어가 이 과일을 따먹고 낙원에서 추방되었다. 여기서 그 씨가 시들었다는 것은 화자 자신의 삶도 무의미하게 지내온 것임을 암시한다. 363)

화자는 자신의 과거의 삶도 무의미한 삶이었으므로 이제 "성녀"에게 옛날의 자기와 같은, 신을 멀리하고 있는 사람들이 신의 품에 들어올 수 있도록 해주기를 기도하는 것이다. 이런 기도를 한 후에 그는 소용돌이지는 임흑의 현실에 당혹하면서도 다시 겸손한 자세

---

362) Leonard Unger, *op. cit.*, p.63.
363) Derek Traversi, *op. cit.*, p.79.

를 취한다. 마지막에 "아 나의 겨레"(184행)하고 절규하는 그의 태도는 "주여, 저는 가치가 없나이다" 하는 것과 마찬가지로 겸손을 나타낸다. 지금 화자는 그가 남들을 위하여 베푼 일이 없다고 말하고 있다. 이것은 자신이 가치가 없다고 하는 말과 마찬가지로 그가 겸손하기 때문에 하는 말이다.

제6부에서는 다시 처음의 주제로 돌아간다.

> 비록 나는 다시 돌이키기를 바라지 않지만
> 비록 나는 바라지 않지만
> 비록 나는 돌이키기를 바라지 않지만       (195-7행)

> Although I do not hope to turn again
> Although I do not hope
> Although I do not hope to turn

제1부의 서두에서 "왜냐하면(Because)"을 "비록(Although)"으로 바꾸어 말하는 이 구절은 화자의 태도에 진전이 있음을 분명히 나타낸다. 제1부에서는 화자가 자신의 의지적 행동으로 현실로 돌아가지 않으려 했으나 이제는 그가 자신의 의지적 행동을 양보하는 단계에 와 있다.[364] 이 변화는 그가 겸손함으로써 자신을 신의 품에 방기하고 "성녀"와의 사랑을 통해 신과의 일시적인 합일의 상태인 장미원에 접했었기 때문일 것이다. 이제 그는 더욱 겸손해져서

---

364) George Williamson, *op. cit.*, p.182.

자신의 의지적 행동을 양보하고 현실로 돌아오면서 신의 은총을 기다린다. 그가 현실로 돌아오는 순간은 "죽음과 탄생 사이의 긴장의 시간"(204행)이다. 탄생은 종국적으로 죽음으로 나아가는 것을 의미하므로 죽음은 새롭고 변형된 삶으로의 탄생의 서곡으로 볼 수 있다.[365] 이 작품에서 현실 속의 삶은 "탄생과 죽음 사이의 꿈이 가로지르는 어스름"(190행)으로 묘사되고 있으므로 "죽음과 탄생 사이"는 그가 오관의 죽음을 통하여 재생을 획득하는 순간이다. 그러나 이때 그의 마음속에 탄생, 죽음, 재생의 세 가지 꿈이 떠오르는 것은 그가 아직 고통받는 연옥의 상태에 있다는 점을 우리에게 확신시킨다. [366]

이 작품은 "성녀"에게 하는 다음과 같은 기도로 끝나게 된다.

> 축복받은 누이여, 성스러운 어머니여, 샘의 정령이여,
> 정원의 정령이여
> 허위로써 우리가 자신들을 속이는 일 없게 하소서
> 관심을 갖는 방법과 관심을 갖지 않는 방법을 가르치소서
> 이 바위들 사이에서 나마
> 조용히 앉아 있는 방법을 가르치소서
> 주님의 뜻 속에 우리의 평화가 있게 하시고
> 이 바위들 사이에서 나마
> 누이시여, 어머니시여
> 강의 정령이시여, 바다의 정령이시여,

---

365) Derek Traversi, *op. cit.*, p.82.
366) Fayek M. Ishak, *op. cit.*, p.93.

나를 헤어지지 않게 하소서

그리하여 내 부르짖음이 그대에게 이르게 하소서.  (209 – 19행)

Blessed sister, holy mother, spirit of the fountain, spirit of the
garden,
Suffer us not to mock ourselves with falsehood
Teach us to care and not to care
Teach us to sit still
Even among these rocks,
Our peace in His will
And even among these rocks
Sister, mother
And spirit of the river, spirit of the sea,
Suffer me not to be separated

And let my cry come unto Thee.


이제 화자는 황무지적인 현실로 돌아와 있지만 자신이 항상 굳은 믿음을 지니고 현실의 움직임에 동요하지 않고 신의 품안에서 평화롭게 지내기를 바란다. 그래서 그는 강과 바다의 정령인 "성녀"에게 위와 같이 기도하며 그 기도소리가 "그대"에게까지 들리기를 바란다. 그는 이제 신의 은총이 주어지기를 겸손하게 기다리는 것이다. 지금 그는 "신의 은총의 필요를 절실하게 느끼고"367) 있는 상태이다.

---

367) George Williamson, *op. cit.*, p.182.

이 작품의 주된 주제를 이루는 구원에의 기독교적인 탐색은 근본
적으로 신에 대한 믿음과 내세를 향해 나아가려는 준비이다. 이 점
에서 힌두교와 불교가 주로 지상에서의 인간의 삶에 토대를 두고
있는 것과는 대조된다.[368] 이 작품은 제2부 이외에는 각 부가 모두
기독교의 기도의 단편으로 끝나는데 그것은 화자가 신과의 합일을
고대하며 기독교의 영적세계로 점점 깊이 침잠함을 암시한다.[369]

이 작품에서 우리는 화자가 신과의 합일을 이루기 위하여 노력하
는 과정을 살펴봄으로써 그가 현실의 구원을 위해 노력하기보다는
현실로부터 떠나려고 하는 것을 보았다. 신과의 합일은 지극히 어려
운 일로서 그것을 이루기 위해서는 자신을 신의 품에 방기하고 신
의 은총이 주어지기를 수동적으로 기다려야 한다. 그래서 시인은 현
실의 구원도 역시 현실을 우선 방기한 후 신의 은총을 수동적으로
기다려야 한다는 태도를 보인다. 우리가 겸손하지 않으면 자신을 신
의 품에 방기할 수 없고, 신의 은총을 수동적으로 기다릴 수 없기
때문에 시인은 여기서 겸손을 강조하고 있는 것이다.

"마리나Marina"에는 세속적인 삶을 떠나 영적 실체를 추구하는
삶이 그려져 있다. 세네카Seneca의 극 「헤라클레스*Hercules Furens*」
에서 인용한 제사는 "여기가 어데인가, 이 세상의 어느 지역, 어느
부분인가"라는 뜻으로 헤라클레스가 광기에 사로잡혀 자식과 부인
을 죽인 후 제정신이 들어 자신의 행위를 뉘우치며 하는 말이다.[370]

---

368) Fayek M. Ishak, *op. cit.*, p.106.
369) David Ned Tobin, *op. cit.*, p.68.
370) Michael Herbert, *op. cit.*, p.52.

엘리엇은 이것을 제사로 사용함으로써 자신의 과거의 비기독교적인 삶을 광기에 사로잡혀 살은 삶으로 생각하고 이제 기독교 안에서 올바른 삶을 영위하게 되었음을 표현하고자 한 것으로 짐작된다. 이 작품의 제목으로 사용된 페리클레스의 딸인 마리나는 여기서 구원의 희망이나 가능성을 상징한다.[371]

이 작품은 어느 장소인지 분명히 지적할 수 없는, 물결이 뱃전을 치고 소나무 향기가 풍겨오는 곳에서 안개를 뚫고 돌아오는 화자의 딸의 귀환으로 시작된다. 딸이 돌아오는 것은 영적 실체에 도달할 수 있다는 희망이 돌아오는 것이므로 화자는 물질적, 세속적 욕망만을 추구하는 삶을 죽음과 동등한 것으로 본다.

> 결국 죽음인
> 개 이빨을 날카롭게 하는 자들
> 결국 죽음인
> 벌새의 영광으로 번쩍이는 자들
> 결국 죽음인
> 만족의 돼지우리에 앉아 있는 자들
> 결국 죽음인
> 동물의 황홀에 빠지는 자들은
>
> 모두 바람에, 소나무 숨결에,
> 티티새 노래의 안개에 작아져 무형화한다,
> 장소에 녹아든 이 은총에 의해             (6 - 16행)

---

371) George Williamson, *op. cit.*, p.186.

Those who sharpen the tooth of the dog, meaning
Death
Those who glitter with the glory of the hummingbird, meaning
Death
Those who sit in the sty of contentment, meaning
Death
Those who suffer the ecstasy of the animals, meaning
Death

Are become unsubstantial, reduced by a wind,
A breath of pine, and the woodsong fog
By this grace dissolved in place

　　현실은 죽음을 의미하게 되는데 이것은 성경에 나오는 일곱 가지 치명적인 죄악의 모습으로 등장한다. 성경에 나오는 일곱 가지 죄악은 분노와 시기, 야망과 오만, 나태와 탐욕, 욕정이다.372) 여기서는 일곱 가지 죄악이 모두 열거되지는 않고 대표적인 죄악 네 가지가 나열되어 있다. 구체적으로 말하면 개의 이빨은 탐욕, 벌새의 영광은 오만, 만족의 돼지우리는 나태, 동물의 황홀은 욕정을 각각 상징한다.373) 이러한 죄악은 물질에 대한 집착에서 생겨나는데 물질에의 집착은 영혼에게는 죽음이 된다.374) 황무지의 주민은 물질적인

---

372) Michael Herbert, *op. cit.*, p.52.
373) George Williamson, *op. cit.*, p.186.
374) Fayek M. Ishak, *op. cit.*, p.140.

것에 집착하는 이런 삶에 만족하며 영적 실체를 추구하지 않는다. 시인이 종교생활을 통해 신과의 일시적인 합일의 상태를 경험한 후에 다시 그들을 보아도 그들은 여전히 정신적으로는 죽어 있다. 이제 그들은 "장소에 녹아든 은총"에 의하여 실체가 없이 용해된다. "은총"은 이 작품에서 사용된 유일한 종교적인 어휘로 신의 은총을 뜻한다. 따라서 현실을 떠나는 일, 즉 "세상의 포기"375)가 신의 은총으로 이루어짐이 암시되며 신의 은총에 의하여 화자가 살고 있는 현실이 비실제적인 것으로 변한다.

화자가 이처럼 세속적인 삶을 죽음과 동등한 것으로 인식할 때 잃어버렸던 딸이 돌아온다. 딸의 모습은 영적 실체를 추구하는 삶과 세속적인 것을 추구하는 삶의 중간에 위치해 있는 화자에게 때로는 보다 분명하게 보이고 때로는 불분명하게 보인다. 그가 영적 실체를 추구하는 순간에는 구원의 가능성을 상징하는 딸의 모습이 오관으로 인식할 수 있을 정도로 명백하게 나타나지만 그가 세속적인 삶을 추구하면 그 가능성은 "별보다 더 먼"(19행) 것이 되어 사라진다. 현실과 종교세계의 중간에 있는 화자는 이와 같은 딸의 모습이 영원히 주어진 것인지 아니면 잠시 후에 반납해야 할 상태로 빌린 것인지를 궁금히 여긴다. 이러한 궁금증은 종교적 경험의 애매성을 나타내는 것으로 어떤 때는 신이 아득히 멀게 느껴지며 어떤 때는 신이 마음속에 있는 듯이 느껴지는 것을 뜻한다.376) 화자는 이 계

---

375) A. D. Moody, *op. cit.*, p.157.
376) C. B. Cox and A. E. Dyson, *Modern Poetry: Studies in Practical Criticism*, (London: Edward Arnold, 1984), p.77.

시의 순간이 살아 있는 신과의 진정한 접촉인지 아니면 감각의 환
상인지를 확신하지 못하기 때문에 종교적 경험의 애매함을 질문으
로 표현하고 있다.[377]

화자는 늙고 병들었기 때문에 종교생활을 영위하는 데 어려움이
많지만, 신과의 합일을 이룰 가능성이 있으므로 감각적인 삶을 포기
하고 현실을 떠나 종교세계로 들어간다. 그가 감각적인 삶을 포기하
는 것은 신의 품에 자신을 방기하는 것으로 볼 수 있다. 신의 품
안에서는 사소하고 일시적인 미나 선도 중요성과 실재를 지니기 때
문에 신에게의 방기는 손실이 아니라 큰 이익이다.[378]

딸이 타고 온 배는 이제 낡았지만 새로운 희망으로 인하여 새로
운 배가 된다. 배는 육체를 뜻하는 것으로 그것이 이제는 낡았지만,
화자는 종교적인 비전을 경험했기 때문에 그는 세속적인 삶, 즉 현
실을 포기하고 재생을 위하여 그 배를 타고 나아가려 한다. 그러자
배가 다시 새로운 배로 변하고 화자는 재생의 기쁨에 젖게 된다.[379]
딸이 타고 온 배는 화자를 종교세계로 태우고 갈 배가 된다.

화자는 현실이 아닌 종교적인 차원에서 섬과 딸을 다시 발견한다.

> 내 배를 향한 무슨 바다 무슨 해안 무슨 회색의 섬들이냐
> 그리고 안개 속으로 부르는 티티새 소리냐
> 나의 딸이여.
>
> (33 – 5행)

---

377) *Ibid.*, p.74.
378) Sean Lucy, *op. cit.*, p.145.
379) C. B. Cox ans A. E. Dyson, *op. cit.*, p.79.

What seas what shores what granite islands towards my timbers
And woodthrush calling through the fog
My daughter.

이것은 화자의 영혼의 불멸을 말한다기보다는 새로운 삶으로의 탄생, 즉 부활을 뜻하는 것으로[380] 딸과 늙은 왕의 재결합은 왕 자신의 재생과도 같다. 즉 그것은 그가 지금까지 절망해왔던 희망의 재생이다.[381] 이제 그는 새로운 배를 타고 감각적인 삶의 포기와 자기방기를 통하여 재생을 이루게 된 것이다.[382] 여기서 화자의 재생은 현실의 모든 것을 포기하는 대가로 이루어진다. 현실에 만족하는 삶은 모두 죽음과 동등하며 화자가 종교세계에서 바라볼 때 이러한 삶은 실체가 없이 용해된다. 그는 현실의 시간과 현실의 삶을 모두 포기하고 새로운 시간, 새로운 삶의 세계로 나아가지만 그것이 현실의 구원을 가져오는 것은 아니다.

지금까지 우리는 「텅 빈 사람들」, 「에어리얼 시편들」과 「성회 수요일」을 중심으로 시인의 영국국교로의 개종을 전후하여 그가 신과의 합일을 이루기 위하여 노력하는 과정을 살펴보았다. 우리는 그의 종교시가 그의 종교적 경험을 기록한 것[383]이라고 짐작할 수 있는데 「텅 빈 사람들」에서부터 시인이 기독교로 경도되고 있음이 드러

---

380) Helen Gardner, *op. cit.*, p.126.
381) Grover Smith, *op. cit.*, pp.130 - 1.
382) Elizabeth Drew, *op. cit.*, p.131.
383) Leonard Unger, *op. cit.*, p.41.

난다. 이 작품에서 현실은 전기시에서의 그것과 다름없는 황무지적인 현실로서 화자는 이 현실로부터 떠나려는 태도를 보인다. 결국 그는 현실과 기독교적인 천국 사이에서 갈등을 느끼며 훌찌럭거리면서 세상을 끝낸다. "동방박사의 여행"에서는 화자가 현실을 떠나 종교세계로 나아간 것에 대하여 회의하면서도 믿음을 지니고 계속 여행하여 그리스도의 탄생을 본다. 그러나 그 탄생은 그의 오관의 죽음을 의미할 뿐만 아니라 그리스도 자신의 죽음도 내포하는 것이기 때문에 그는 여전히 회의하고 있으며 변함없는 황무지적인 현실에 대하여 체념하고 "죽어야 할까 보다"라고 말하여 현실로부터 도피하려는 태도를 보인다. "시메온을 위한 노래"에서는 화자가 현실에서 벗어나기 위하여 죽음을 적극적으로 원하고 있다. 왜냐하면 "어린 영혼"에서 보이듯이 인간이 태어날 때에는 신의 은총을 충만하게 받고 있지만 성장하면서 현실의 구속으로 인하여 점차 신에게서 멀어져 임종 때가 되어서야 비로소 참다운 삶을 살게 되기 때문이다. 시인은 "영혼이 신과의 합일을 이루는 과정에 관심을 지니고 있기"384) 때문에 「성회 수요일」에서 화자가 현실을 벗어나 신과의 합일을 이루기 위하여 노력하는 과정을 묘사하고 있다. 그는 악을 방치하여 인간이 고통을 겪도록 하는 신에 대하여 회의하기도 하지만 "악도 일종의 궁극적 실재"385)임을 인식하고 겸손하게 신의 섭

---

384) A. D. Moody, *op. cit.*, p.254.

385) Edmund Wilson, *Axel's Castle: A Study in the Imaginative Literature of* 1870 – 1930, (New York: Charles Scribner's Sons, 1969), p.127.

리를 받아들인다. 그는 "성녀"와의 사랑을 통하여 인간적인 사랑이 이상적인 사랑으로 승화될 때 나타나는 신과의 일시적인 합일의 상태인 장미원에 들어가기도 한다.[386] 그러나 이 장미원은 현실이 아니라 비전속의 것이므로 화자는 다시 현실로 돌아오지 않을 수 없다. 엘리엇은 이 작품에서 정신적인 삶을 자연 또는 장미원으로, 정신적인 삶의 부재를 사막으로 상징하고 있다. 따라서 이때의 시인의 종교적 이해는 사막으로부터 장미원으로 이끌 사랑의 단계에 대한 인식과 더불어 삶과 세상의 포기에 국한되어 있다고 하겠다.[387] 결국 화자는 자신의 의지적 행동을 양보하고 현실로 돌아오지만 그는 신과의 궁극적인 합일을 이루기 위하여 계속 노력할 것임을 밝히면서 신의 은총을 기원한다. 「성회 수요일」은 그 제목이 시사하듯이 정화(淨化)의 시라고 할 수 있다.[388] 제3장에서 다룬 시편 중 시기적으로 가장 늦게 발표된 "마리나"에서 화자는 현실에 만족하며 생활하는 사람들을 죽은 사람으로 인식하고 새로운 가능성으로서의 영적 생활을 영위하며 자신을 신의 품에 방기함으로써 재생을 이룩하기에 이른다. 그가 자신을 신의 품에 방기하는 것은 세상으로부터 도피하여 신의 품에 안주하려는 것이다. 그러나 현실을 떠남으로써 현실의 구원을 이룩하려는 것은 불가능한 일이라고 할 수 있다.[389]

---

386) Leonard Unger, "Ash Wednesday", in Leonard Unger, ed. *op. cit.*, p.361.
387) George Williamson, *op. cit.*, p.260.
388) Helen Gardner, op. cit., p.104.
389) A. D. Moody, *op. cit.*, p.154.

인간의 삶이 현실에 뿌리를 두고 있으므로 현실이 존재해야 구원도 가치가 있는 것인데, 현실을 무시함으로써 현실을 구원한다는 것은 인간의 존재 자체를 부정하는 것이므로 이는 출발부터 잘못된 것이다.

지금까지 살펴본 바와 같이 엘리엇은 현실의 구원문제를 기독교를 통해서도 해결할 수 없었다. 여기서 엘리엇은 기독교가 현실과 유리된 종교적 천국을 제시하여 지복의 상태를 보여주기는 하지만 황무지적인 현실을 구원할 수 없다는 난관에 봉착한 것이다. 그는 기독교를 통하여 현실의 구원이 가능하리라고 생각했으나 현실적으로는 그것이 불가능하다는 것이 이들 작품에서 밝혀진 셈이다. 스테드C. K. Stead가 「성회 수요일」을 두고 이 작품은 거의 위대한 시편이며, 적어도 위대한 시를 포함하고 있지만 현상계에 대한 엘리엇의 작별이라고 말하듯이[390] 엘리엇의 기독교를 통한 현실의 구원의 모색은 현실의 부정에 이르렀다. 이와 같이 기독교를 통해서도 현실의 구원을 달성할 수 없었던 엘리엇은 자신의 본질을 버리지 않고서 이를 극복할 수 있는 방도를 모색하게 된다. 기독교의 현실 부정의 현실관으로는 현실을 구원할 수 없었으므로 그는 현실을 긍정하는 입장을 취하는 동양의 종교에 다시 관심을 기울인다. 불교나 힌두교의 핵심으로 들어가기 위해서는 미국인 또는 유럽인으로 생각하고 느끼는 방법을 버려야 한다[391]고 생각한 그가 자신의 본질을 버리지 않으면서 기독교의 한계를 극복하는 방법은 이 양자의

---

390) C. K. Stead, *Pound, Yeats, Eliot and the Modernist Movement,* (Basingstoke and London: The MacMillan Press Ltd., 1986), p.222.
391) T. S. Eliot, *After Strange Gods*, p.41.

장점을 취하여 융합하는 것이었다. 그러므로 이후의 작품에서 그는 자신의 사고를 기독교에 국한시키지 않고 그가 알고 있는 동서양의 모든 종교사상과 고금의 철학사상을 융화시켜 포용력 있는 종교인 의 관점에서 현실의 구원문제를 해결하려고 시도하게 된다.

# IV

## 동서양의 구원관의 융합

엘리엇이 "종교와 문학"에서 문학을 종교와 완전히 분리하여 생각할 수 없다고 말하고 있듯이[392] 믿음, 사고(思考), 윤리, 감정의 전 체계로서의 종교는 문학에 깊은 영향을 끼치게 마련이다. 여기서 고찰할 「네 사중주Four Quartets」에서는 명백히 종교적인 어휘는 별로 사용되지 않고 있는데, 그 이유는 엘리엇이 원래 종교시인이 아니고, 동서양의 사상의 융합을 꾀하려 하면서 종교적인 상징을 이용할 뿐이지 기독교 사상의 전파를 목적으로 삼지 않았기 때문이라고 생각된다. 이 작품에서 기독교적인 구원의 방법이 암시되고 있음은 분명하다. 그러나 엘리엇은 이 작품에서 단지 기독교를 통한 구원의 방법만을 제시하는 것이 아니라 불교와 힌두교 등의 동양종교의 요소들을 가미하여 동서양의 종교사상의 결합에서 궁극적인 현실의 구원을 모색하고 있는 것으로 보인다. "드라이 셀비지즈The Dry Salvages"에서는 크리쉬나가 직접 언급되고 있기도 하지만 그 이외에도 불교와 힌두교의 상징 내지는 암시가 풍부하게 사용되고 있는 것이 이러한 추측을 가능하게 한다.

영국국교로 개종한 이후 상당한 기간 동안 기독교를 통한 현실의 구원 방도를 모색하던 엘리엇이 동양의 종교에 다시 관심을 가지게 된 이유는 명확하지 않다. 이 당시에 그가 기독교에 대하여 반감이

---

392) T. S. Eliot, *Selected Essays*, p.392.

나 부족한 점을 느꼈다는 전기적인 증거는 없다. 서론에서 설명했듯이 1933년에 발표한 「시의 효용과 비평의 효용*The Use of Poetry and the Use of Criticism*」에서 그는 초기 불교성전으로부터 영향을 받았다는 사실을 말하고, 1948년에 발표한 「문화의 정의에 관한 소고*Notes Towards the Definition of Culture*」에서 자신의 작품에 동양사상의 영향이 남아 있음을 긍정하고 있기는 하지만 이것이 그가 동양사상에 다시 관심을 기울이게 된 이유는 되지 않는다. 그의 전기적인 면에서 뚜렷한 증거는 찾을 수 없으나 그의 시적 발전과정을 보면 현실의 구원이라는 문제에 관하여 기독교의 한계를 느낀 것이라고 생각된다. 기독교의 기본 입장이 절대자에게 자신을 방기하는 것이라면 힌두교와 불교 등의 동양종교는 자신의 진정한 자아를 깨우치는 것을 이상으로 삼는다. 엘리엇은 절대자에게 자신을 전적으로 방기하고 수동적으로 신의 은총을 기다리는 기독교의 수동성에 만족할 수 없었기 때문에 능동적인 자아탐구와 자아를 바탕으로 현실의 구원을 모색하는 불교와 힌두교의 자아 중심주의에 다시 관심을 기울이게 된 것 같다. 그러나 그가 기독교의 테두리를 벗어난 것은 아니다. 그는 기독교를 버리고 동양의 종교에 몰두한 것이 아니라 기독교의 절대자도 인정하며, 자아를 중시하는 동양의 종교에서 필요한 내용을 취하여 현실의 구원을 위한 방법으로 이 양자의 타협 내지는 융합을 모색한 것이다.

　여기서는 「네 사중주」를 중심으로 엘리엇이 다양한 상징을 통하여 표현한 동서양의 사상의 융합과 현실의 구원을 위한 그의 모색의 궁극적 결론이 고찰될 것이다. 이 작품은 그 제목이 시사하듯이 "번트 노튼Burnt Norton", "이스트 코우커East Coker", "드라이 셀비지즈The Dry Salvages", "리틀 기딩Little Gidding"이라는 네 편의 장시로 구성되어 있고, 각 시편은 다시 각각 다섯 부분으로 구성되어 서로 대응되는 의미를 지닌 음악적 구성을 보이고 있다.

"번트 노튼"에 붙어 있는 헤라클레이토스에게서 인용한 제사는 이 작품집 전체의 방향을 암시하기에 충분하다.

　　로고스가 공통적인 것임에도 불구하고 대부분의 사람들은 마치 자신의 지혜를 가진 것처럼 생활한다.
　　올라가는 길이나 내려가는 길이나 동일하다.

　　Τοῦ λόγου δ'ἐόντος ξυνοῦ, ζώουσι οἱ πολλοί
　　ὡς ἰδίην ἔχοντες φρόνησιν.
　　ὁδὸς ἄνω κάτω μία καὶ ωὐτή

　　("Although the Law of Reason (Logos) is common, the majority of people live as though they had an understanding (wisdom) of their own."
　　"The way upward and downward are one and the same.")

　첫 번째 제사는 현실 속의 여러 사상 내지는 종교가 추구하고 있는 궁극적 실재가 동일하다는 사실의 표현으로 생각된다. 이것은 궁극적인 실재가 본질적으로는 동일하지만 대부분의 사람들이 그것을 자기 나름대로 해석하여 편견에 사로잡혀 있다는 말이다. 또한 두 번째 제사가 암시하는 바도 궁극적 실재에 도달하는 방법은 현실 속에 살고 있는 사람들 각자가 주장하듯이 오직 그들의 길만 있는 것이 아니라는 것이다. 위로 올라가는 길과 아래로 내려가는 길이 동일하다는 것은 궁극적 실재에 도달하는 방법이 한 가지가 아니라 최소한 두 가지 또는 그 이상이 있음을 암시한다. 이 제사는 기독교적인 개념을 암시하는 것으로 볼 수도 있으나 오직 기독교적으로만 해석할 수는 없다. 데이비드 워드David Ward도 엘리엇이 헤라클레이토스의 말로 그리스도의 성육의 본질적 상징이 다른 문화와 다른 시대에도 공통된다는 사실을 상기시키려고 한다고 말하여[393] 이 제사가 동양의 문화와 현대 이외의 다른 시대에도 궁극적 실재를 탐구하는 그 나름대로의 방법이 있다는 사실을 표현하는 것임을 긍정하고 있다. 따라서 이제 엘리엇은 개종 이후 경도되어왔던 기독교적인 중심, 절대에의 지향에서 한 걸음 더 나아가 모든 종교의 근본이 동일함을 인식하기 시작한 것으로 생각된다.

"번트 노튼"은 시간에 관한 명상으로 시작된다.

> 현재의 시간과 과거의 시간은
> 아마 모두 미래의 시간에 존재하고
> 미래의 시간은 과거의 시간에 포함된다.
> ......
> 있을 수 있었던 일과 있었던 일은

---

393) David Ward, *op. cit.*, p.240.

한 점을 지향하고, 그 점은 항상 현존한다.
발자국 소리는 기억 속에서 반향하여
우리가 걸어보지 않은 통로로 내려가
우리가 한 번도 열지 않은 문을 향하여
장미원 속으로 사라진다……                    (1 - 14행)


Time present and time past
Are both perhaps present in time future
And time future contained in time past.
……

What might have been and what has been
Point to one end, which is always present.
Footfalls echo in the memory
Down the passage which we did not take
Towards the door we never opened
Into the rose - garden……


  시인은 초월적인 위치에서 현상세계와 영원세계를 한눈에 내려다
보며 모든 시간은 구별이 없이 영원히 존재할 뿐이라고 말한다.[394]
현재의 시간과 과거의 시간이 미래의 시간에 현존하고 미래의 시간
이 과거의 시간에 포함되어 있다는 것은 불교적인 시간관의 표현으
로 시간의 과정과 진전의 실체를 부정하는 것이다.[395] 3세기의 승

---

394) 이창배, 「T. S. 엘리엇 연구: 인간과 문학」, (서울: 민음사, 1988), 143쪽.
395) Krishna Chaitanya, *Sanscrit Poetics: A Critical and Comparative Study*, (New York: Asia Publishing House, 1965), p.328.

려 용수(Nagarjuna)는 현재, 과거, 미래의 시간의 관계에 관하여 다음과 같이 말하고 있다.

> 만약 "현재"와 "미래"가 과거를 전제로 존재한다면
> "현재"와 "미래"는 "과거"에 존재하리라.
> 만약 "현재"와 "미래"가 "과거"에 존재하지 않는다면
> 어떻게 "현재"와 "미래"가 그 "과거"를 전제로 존재할 수 있겠는가?
> "과거"를 전제로 하지 않는다면 "현재"와 "미래" 두 가지는 그 존재가 증명될 수 없을 것이다.
> 그러므로 현재의 시간도 미래의 시간도 존재할 수 없으리라.
>
> If "the present" and "future" exist presupposing "the past,"
> "The present" and "future" will exist in the "past."
> If "the present" and "future" did not exist there [in "the past"],
> How could "the present" and "future" exist presupposing that "past"?
> Without presupposing "the past" the two things ["the present" and "future"] cannot be proved to exist.
> Therefore neither present nor future time exist.[396]

현재가 있음으로 과거와 미래가 존재하고, 과거가 있음으로 미래와 현재가 존재하고, 과거도 또한 현재와 미래가 있음으로 존재한다. 일련의 흐름으로서의 과거, 현재, 미래가 아니라 이들의 상호간의 몰입과 상대적인 존재를 말하는 이 시간관은 시간의 존재 자체

---

396) Quoted in Eloise Knapp Hay, *op. cit.*, p.166.

를 부정하는 것이 아니다. 이는 선에서 말하는 시간이 나로부터 시
작된다는 개념의 다른 표현이다.397) 선에서는 오직 현재, 지금 여기
에 있는 나로부터 무한한 과거와 미래의 시간이 시작된다. 다시 말
하여 선에서의 시간관은 시간 속에 내가 소속되어 있는 것이 아니
라 나에게 시간이 속해 있다는 것이다.

과거에 "있을 수 있었던 일과 있었던 일"은 모두 "항상 현존하는
한 점"을 지향한다. 순수한 가능성의 세계와 실제로 있었던 세계가
엄연히 다른 세계이면서 "항상 현존하는 한 점"으로 귀착되어 연결
된다. 바로 이 귀착점에서 단지 기억 속에서만 존재하는 장미원으로
통하는 문이 우리가 경험하지 못했던 통로를 통하여 열린다. 이 장
미원은 실제의 장소인 장미원이면서 동시에 궁극적 실재의 내재적
특성이 드러나는 시간적 경험의 상징, 즉 영원과 순간이 만나는 순
간을 상징한다.398)

화자는 지빠귀의 말에 따라 "첫 번째 문을 통하여, / 우리의 첫
번째 세상"(22 - 3행)으로 갈 것인지를 망설이다가 장미원에 들어가
서 궁극적 실재를 눈으로 확인한다.

> 연못은 마르고, 콘크리트는 마르고, 가장자리는 갈색,
> 그리고 연못은 햇빛에서 쏟아진 물로 가득 찼고,

---

397) 석지현, 『선으로 가는 길』, (서울: 일지사, 1989), 210 - 1쪽.
398) Morris Weitz, "T. S. Eliot: Time as a Mode of Salvation", in *T.S.
Eliot: Four Quartets*, (London: MacMillan and Co. Ltd., 1969), ed.
Bernard Bergonzi, p.146.

연꽃이 고요히, 고요히, 솟아오르며,
수면은 빛의 중심으로부터 빛났다,
그리고 그것들은 우리의 등 뒤에서 연못에 반사되고 있었다.
그때 한 가닥 구름이 지나니 연못은 텅 비었다.
가라, 새가 말했다, 나뭇잎 밑에 아이들이 가득
소란하게 웃음을 머금고 숨어 있으니.
가라, 가라, 가라, 새가 말했다. 인간이란
너무 많은 실재에는 견딜 수 없는 것이니.
과거의 시간과 미래의 시간
있을 수 있었던 일과 있었던 일은
한 끝을 지향하며, 그 끝은 언제나 현존한다.          (36 – 48행)


Dry the pool, dry concrete, brown edged,
And the pool was filled with water out of sunlight,
And the lotos rose, quietly, quietly,
The surface glittered out of heart of light,
And they were behind us, reflected in the pool.
Then a cloud passed, and the pool was empty.
Go, said the bird, for the leaves were full of children,
Hidden excitedly, containing laughter.
Go, go, go, said the bird: human kind
Cannot bear very much reality.
Time past and time future
What might have been and what has been
Point to one end, which is always present.

IV
동서양의 구원관의 융합

"구름이 흘러가자 텅 빈 웅덩이"가 남아 있는 장미원은 「황무지」에서 나온 "히야신스 정원"에 상응한다.[399] 화자가 「성회 수요일」에서도 접한 바 있는 장미원은 엘리엇에게 있어서 "실재와 접촉하는 순간, 일상적인 삶의 단조로운 유동 속에서 삶의 의미심장한 순간으로 잠시 접하게 되는 의식의 드문 순간, 갑작스러운 계시의 순간을 상징하는 것으로, 개인이 항상 노력은 하지만 달성하지 못하는 경험"[400]을 나타낸다. 이 순간은 영원한 것과 일시적인 것이 만나는 순간이다.[401]  지금 화자가 과거로 돌아가서 일시적으로 접하는 장미원은 "텅 비어 물이 없는 웅덩이"에 불과하지만 "햇빛에서 쏟아진 물"로 채워진다. 엘리엇의 작품에서 물은 정신적 구원을 가져오는 요소로 사용되고 있다.[402] 여기서 화자는 영적인 은총으로 순간적이나마 실재를 경험하지만 그것이 환상으로 나타난 실재이기 때문에 그의 탐색이 끝나지 않았음이 암시된다.

햇빛에서 쏟아진 물로 채워진 웅덩이에 떠오르는 연꽃은 불교의 전통적인 상징물이다.[403] 연꽃은 진흙 속에 뿌리박고 있으나 더럽혀지지 않고 순수한 빛깔로 피어나는 꽃으로 순결과 완성을 암시하

---

399) Hugh Kenner, *op. cit.*, p.262.
400) Louis L. Martz, "The Wheel and the Point: Aspects of Imagery and Theme in Eliot's Later Poetry", in Leonard Unger, ed. *op. cit.*, p.447.
401) Morris Weitz, "T. S. Eliot: Time as a Mode of Salvation", in Bernard Bergonzi, ed. *op. cit.*, p.146.
402) David Ward, op. cit., p.235.
403) Burton Raffel, *op. cit.*, pp.129 – 30.

며 세속적인 것과 신성한 것의 결합을 상징한다.404) 그러므로 연꽃
은 가까우면서도 멀고, 모르면서도 알고, 현실이며 해탈인 불교의
공의 개념과 긴밀하게 관련되어 있다.405) 세속적인 것과 신성한 것
의 결합은 엘리엇이 지금까지 기독교에 경도되어 현실을 떠남으로
써 순수한 종교세계에서 구원을 추구했던 것과는 다른 현실 수용의
자세를 보여주는 것이다. 그가 기독교에 경도되어 추구했던 신과의
합일은 현실을 떠남으로써 달성될 수 있는 것이었다. 여기서 그는
동양적인 개념인 불교의 상징을 원용하여 현실을 수용하는 자세를
보이고 있다. 장미원은 서구적인 상징인데 여기에 동양적인 구원의
상징인 연꽃이 함께 사용됨으로써 동양과 서양의 구원의 상징을 동
일시하려는 그의 노력이 드러난다.406) 즉 불교와 우파니샤드의 연
꽃과 에덴의 정원이 함께 만나고 공이 빛의 중심과 연관된다.407)
데렉 트라베르시Derek Traversi도 연꽃이 불교도의 명상의 경험과
관련되는 것과 단테적인 빛의 상징이 정신적 실재의 본질을 전달하
기 위하여 이 작품에서 반복적으로 환기되는 것이 우연한 일이 아
니라고 말하며 엘리엇이 이 작품에서 기독교 이외의 다른 종교의
본질도 함께 융합하려 하고 있음을 긍정하고 있다.408)

이와 같은 동양과 서양의 상징이 함께 등장하는 장미원은 화자가

---

404) Nancy K. Gish, *op. cit.*, p.98.
405) Cleo McNelly Kearns, *op. cit.*, p.84.
406) P. S. Sri, *op. cit.*, p.103.
407) Cleo McNelly Kearns, *op. cit.*, p.234.
408) Derek Traversi, *op. cit.*, p.102.

실재와 접촉하는 순간으로 일상생활 가운데서의 의미심장한 순간이다.[409] 화역 이샥Fayek M. Ishak도 장미원을 실재로 보면서 그것을 정점과 관련시켜 불교의 궁극적 실재의 존재(Be-ness), 힌두교의 '아트만', 플라톤적 이데아, 플로티누스적 절대라고 말하고 있다.[410] 이는 장미원이 우리가 세상의 근심 걱정으로부터 해방될 때 도달하는 궁극적 실재임을 인정하는 것이다. 그러므로 장미원은 현실과 절연되어 있는 세계가 아니라 현실 가운데 있는 궁극적 실재의 순간을 나타낸다.

장미원의 묘사에서 우리는 인간의 경험, 인간의 사회가 타락한 것이지 인간의 본성이 타락한 것은 아님을 알 수 있다. 이전의 장미원에는 어린이들의 모습이 나타나지 않았다. 그러나 여기의 장미원에서는 어린이들이 "나뭇잎 사이에서 즐겁게 웃고" 있다. 어린 시절은 어른이 되어 성숙이라는 타락한 세계로 추방당하기 이전의 낙원을 의미한다.[411] "어린 영혼"에서 그려지고 있듯이 인간은 성장하면서 신을 멀리하고, 세속적인 경험과 지식을 추구하여 점점 타락한다. 어린이들이 장미원에서 웃고 즐기는 것은 타락하지 않은 상태의 인간만이 실재와의 접촉을 계속 유지할 수 있음을 뜻한다. 그러나 보통의 인간은 새가 말하듯이 너무 "많은 실재"를 지닐 수 없기

409) Louis L. Martz, "The Wheel and the Point: Aspects of Imagery and Theme in Eliot's Later Poetry", in Leonard Unger, ed. op. cit., p.447.
410) Fayek M. Ishak, *op. cit.*, p.132.
411) John Lucas, *op. cit.*, p.147.

때문에 화자가 장미원에 계속 머무를 수는 없다.

"빛의 중심으로부터 표면이 빛난다"는 말은 장미원의 이미저리가 「황무지」에서의 "히야신스 정원"과 연관됨을 나타낸다. "히야신스 정원"에서 화자는 "빛의 중심, 침묵"을 들여다보면서 "아무 말도 할 수 없었다." 이제 "히야신스 정원"의 숭고한 공허함의 비전이 여기서는 충만함의 비전으로 변형되었다.412) 여기서 화자는 "빛의 중심"을 충만함의 비전으로 인식하기는 하지만 그 상태를 계속 유지하지 못하고 현실로 돌아온다. 비록 그가 실재에 계속 접하지 못하고 현실로 돌아오지만 이제는 현실에서도 실재의 현존을 명확히 인식한다. 그것은 연꽃의 상징에서 보이듯이 그가 궁극적 실재와 현실이 연관됨을 알았기 때문이다. 그는 이제 일상적인 모든 시간과 일상적인 모든 일들이 "항상 현존하는 한 점", 즉 신에게로 지향함을 인식하는 것이다.413)

이어서 "회전하는 세상의 정지점"이 수레바퀴의 굴대로 비유되어 묘사된다.

마늘과 사파이어는 진흙 속에서
파묻힌 차축에 엉겨붙는다.                                    (49 - 50행)

Garlic and sapphires in the mud
Clot the bedded axle - tree.

---

412) Martin Scofield, *op. cit.*, p.205.
413) A. D. Moody, *op. cit.*, p.187.

인간을 암시하는 마늘과 신성한 속성을 암시하는 사파이어가[414] 굴대에 엉겨붙는다는 것은 현실세계가 중심인 로고스에 부착되어 있다는 것이다. 특히 마늘과 사파이어가 있는 진흙은 연꽃이 진흙에 뿌리박고 있음에서 알 수 있듯이 현실을 암시한다. 실재를 나타내는 굴대축은 회전하지 않으나 세상을 암시하는 원주는 계속 순환한다. 중심은 항상 원주로부터 일정한 거리를 유지하고 있으며 원주의 균형을 유지해주는 모든 움직임이 정지된 곳이다.[415] 따라서 굴대축의 중심점은 정점(still point)의 개념을 도입하는 상징으로 사용되고 있다.[416] 이 중심의 개념은 회전하는 세계를 암시하는 순환의 이미저리와 더불어 사용되는 것으로 「성회 수요일」에서 기독교적인 신의 개념으로 사용된 바 있다. 여기서는 굴대축의 이미지가 사용되어 수레바퀴와 중심이 동시에 제시됨으로써 불교적인 현상계를 상징하는 윤회의 수레바퀴와 그 중심점, 즉 원초적인 무의 세계 내지는 해탈의 개념이 도입된다.

끊임없이 움직이는 수레바퀴의 원주가 변화와 유동에 종속되는 물질세계를 암시한다면 수레바퀴의 중심, 즉 정점은 절대와 영원의 세계를 암시한다.[417] 수레바퀴의 이미지에서는 이 두 세계가 서로 연결되어 있다. 이는 현상계와 절대세계가 비록 분리되어 있으나 상

---

414) Philip R. Headings, *op. cit.*, p.123.
415) Constance De Masirevich, *On the Four Quartets of T. S. Eliot*, (London: Vincent Stuart Publishers Ltd., 1963), p.17.
416) D. E. S. Maxwell, *op. cit.*, p.176.
417) Staffan Bergsten, *op. cit.*, p.79.

호 교통이 있고, 연결되어 있음을 암시한다. 수레바퀴는 원주나 중심 어느 한 가지만으로 존재할 수 없다. 따라서 이는 현상계도 절대세계가 있음으로 존재할 수 있고 절대세계도 현상계가 있음으로 존재할 수 있음을 암시한다.

수레바퀴의 이미지는 불교에서 뿐만 아니라 힌두교에서도 사용되고 있다.[418] 인도 철학에서 재생의 수레바퀴, 즉 삼사라Samsara라고 알려진 존재의 수레바퀴는 익히 알려진 개념이다. 이 개념은 모든 생명체는 완성에 도달할 때까지 수많은 죽음과 재생을 경험한다는 것이다. 완성은 사람이 모든 세속적인 욕망으로부터뿐만 아니라 감각 세계가 진실한 존재라는 잘못된 의식으로부터 자유롭게 되는 것을 말한다. 이렇게 모든 구속으로부터 자유로워질 때 인간의 진실한 자아는 절대인 브라만과 하나가 된다. 이러한 궁극적인 목표에

---

418) 스베타스바라타 우파니샤드에는 수레바퀴의 개념으로 현상계를 설명한 구절이 있다. "이 거대한 우주는 바퀴이다. 그 위에는 태어남, 죽음, 그리고 재생에 얽매여 있는 모든 창조물들이 있다. 그것은 꼬리를 물고 돌며 결코 멈추지 않는다. 이것이 브라만의 바퀴이다. 개아는 그것이 브라만과 떨어져 있는 것으로 생각되는 만큼, 태어남과 죽음 그리고 재생의 율법인 멍에를 지고 바퀴를 따라 돌아간다. 그러나 브라만의 은총을 통하여 그것이 브라만과 함께한다는 것을 알았을 때, 그것은 바퀴를 따라 더 이상 돌지 않는다. 그것은 영원성을 얻는다. 깊은 명상 속에 인과응보의 세계를 초월하므로 알게 된 그는, 경전에서 최고의 브라만이라고 선언된다. 그는 본질이며, 그 밖의 모든 것은 그림자이다. 그는 소멸되지 않는다. 브라만을 깨달은 자는, 그가 나타나 있는 모든 존재의 안에 있는 유한한 실재자임을 안다. 이런 까닭에 그들은 그에게 헌신한다. 그에게 몰두함으로써 그들은 윤회의 법칙에서 벗어나 해방을 얻는다." 박석일 역, 앞의 책, 191쪽.

도달하지 못한 사람은 영원한 재생의 수레바퀴에서 벗어날 수 없다.[419] 인간의 진정한 자아인 '아트만'은 영원하고 결국에는 브라만과 하나가 되지만, 인간이 재생의 수레바퀴에 매여 있는 동안에는 자신의 진정한 자아를 인식하지 못한다. 자아의 브라만과의 합일은 언제라도 가능한 것으로 합일을 이루면 그는 재생을 그치게 된다.[420] 쿠마라스와미Coomaraswamy는 수레바퀴의 원주를 시간과, 그 중심을 무시간과 동일시한다.[421] 이는 정점이 현상계의 시간을 벗어난 시간 세계에 속하는 것임을 뜻하는 것으로 불교적인 시간관과 동일하다. 수레바퀴의 원주인 삼사라를 따라 움직이는 움직임과 무시간의 중심인 브라만 사이의 차이는 인도철학의 일원론적 경향 때문에 흐려지기도 한다. 그러나 여기서 시간과 영원이 수레바퀴의 이미지로 표현되고 있음은 분명하다.

엘리엇은 회전하지 않는 중심점인 정점을 다음과 같이 설명하고 있다.

> 회전하는 세계의 정점에, 육체도 육체 없음도 아닌,
> 그곳으로부터도 아니고 그곳을 향하여서도 아닌, 정점,
> 거기에 춤이 있다,
> 정지도 운동도 아니다. 고정이라고 불러선 안 된다,
> 과거와 미래가 모이는 점이다. 그곳으로부터
> 또는 그곳으로 향한 운동도 아니다,

---

419) Staffan Bergsten, *op. cit.*, p.81.
420) *Ibid.*, p.84.
421) *Ibid.*, p.83.

상승도 하강도 아니다. 이 점, 이 정점이 없이는,
춤은 없으리라, 거기에만 춤이 있다.
나는 거기에 우리가 있었음을 말할 수 있을 뿐이다.
그러나 어딘지는 말할 수 없다.
그리고 나는 얼마 동안이라고도 말할 수 없다,
왜냐면 그곳을 시간 안에 두는 것이기 때문이다.    (64 – 71행)

At the still point of the turning world. Neither flesh nor fleshless;
Neither from nor towards; at the still point, there the dance is,
But neither arrest nor movement. And do not call it fixity,
Where past and future are gathered. Neither movement from not
towards,
Neither ascent nor decline. Except for the point, the still point,
There would be no dance, and there is only the dance.
I can only say, *there* we have been: But I cannot say where.
And I cannot say, how long, for that is to place it in time.


　　이 정점은 수레바퀴의 굴대와 마찬가지로 회전하는 시간의 세상,
즉 현실을 지탱해주는 지점으로 현실 속에 있으면서도 현실을 초월
한 지점이기 때문에 "육체도 육체 없음"도 아니다. 이 정점이 육체
를 지니고 있으면 현실 가운데 안주하는 것이기 때문에 육체를 지
니지 않은 것이고, 또 육체를 지니지 않았다면 현실과는 별개의 것
이기 때문에 육체 없음도 아닌 것이다. 이 정점은 모든 시간적인
행동과 움직임이 집중되고 용해되는 초점, 또는 인간적인 열망의 궁
극적인 지점으로 규정될 수 있다.[422] 정점은 시간과 공간으로부터

의 해방이 아니라 시간과 공간에 구속되어 있다는 느낌으로부터의
해방이며, 욕망으로부터의 해방이 아니라 변화하는 욕망의 구속으로
부터의 해방이다. 정점은 또 고통으로부터의 해방이 아니라 이해와
동정을 통하여 고통의 파괴적인 힘으로부터의 해방이며, 죽음으로부
터의 해방이 아니라 죽음의 두려움으로부터의 해방이다.[423] 이와
같은 정점에 "멈춤도 움직임도 아닌" 조화로운 춤이 있다. 이 춤은
힌두교의 삼위일체의 신 중의 하나인 쉬바(Shiva, Siva)의 춤이
다.[424] 힌두교의 삼위일체의 신은 창조자인 브라마(Brahma), 보존자
인 비쉬누(Vishnu), 파괴자인 쉬바로 구별되며 크리쉬나(Krishna)에
서 합일한다.[425]

「바가바드 기타Bhagavad Gita」에서 크리쉬나는 "나는 모든 것의
근원이다. 이 세계의 모든 것이 다 내게서 나왔다",[426] "나는 완벽
한 힘을 가지고 있는데 그것은 시간(Kala)이다. 이 시간을 가지고
나는 모든것을 파멸시킨다"[427]라고 선언하여 그가 삼위일체의 신임

---

422) D. E. S. Maxwell, *op. cit.*, p.173.
423) P. S. Sri, *op. cit.*, p.118.
424) Krishna Chaitanya, *op. cit.*, p.332.
425) 브라마와 브라만, 브라흐만은 동일한 신을 지칭하는 것이다. 카르바
　　르야 우파니샤드 8절에 다음과 같은 브라만의 설명이 있다. "그는 창
　　조주 브라흐마(Brahma)이며, 또 그는 최고 절대자의 심판자인 시바
　　신(Siva)이며, 또 인드라(Indra)이며, 불멸의 존재이며, 위대한 그 자
　　신의 신이다. 또 그는 모든 존재를 그 존재답게 유지해주는 신인 비
　　시누(Visnu)요, 또 생명이며, 또 시간이요, 불이요, 달이다." 석진오
　　편저, 앞의 책, 188쪽.
426) *Bhagavad Gita*, 10: 8.

을 말한다. 이러한 크리쉬나의 한 화신인 쉬바의 춤은 이 세상의 정점에서 이루어지는 것으로서 이 정점을 기독교적인 개념으로만 국한시키는 것이 잘못임을 드러낸다. 스타판 베르그스텐Staffan Bergsten도 정점에 있는 이 춤을 쉬바의 춤으로 보며 이 구절이 힌두교에 근원을 두고 있다고 말하고 있다.[428] 쉬바는 무용의 신이며[429] 파괴와 창조의 기쁨을 춤으로 나타내는 힌두교 최고의 신 중의 하나이다.[430] 쉬바가 춤을 추는 곳은 우주의 중심으로 우리의 마음속에 있다. 쉬바는 끊임없이 형성되어가는 현상계를 지탱해주는 존재의 중심을 나타낸다. 즉 그는 정점이다. 정점이 없다면 그의 춤도 없을 것이다. 인간은 자신의 자아를 신성한 본질과 융합시키고 정점에 도달할 때 무시간의 상태에 도달하고, 영원에 참여한다.[431]

회전하는 굴대의 중심은 고정된 곳도, 움직이는 곳도 아닌 지점으로 과거와 미래가 모이고 전후 좌우 상하의 모든 방향으로부터의 중심점으로 움직임이 정지된 곳이다. 바로 이곳에 쉬바의 춤이 존재한다는 사실은 정점을 기독교적인 의미로만 해석해서는 안 된다는 것을 분명히 한다. 정점은 "과거와 미래가 모이는" 곳이므로 "항상 현존하는 한 점"과 동일하다. 정점은 기독교적으로 말하여 신과 신의 힘인, 그 지속기간이 연속도, 부분도, 유동도, 분할도 없는 하나

---

427) *Bhagavad Gita*, 11: 32.
428) Staffan Bergsten, *op. cit.*, p.91.
429) *Ibid.*, p.117.
430) 서경수, 『인도 그 사회와 문화』, (서울: 동국대학교 부설 역경원, 1979), 56쪽.
431) P. S. Sri, *op. cit.*, p.98.

의 영원한 점이라고 할 수 있다.[432] 정점은 "시간과 무시간의 교차점"으로 그 속성이 이성에 의하여 결정될 수 없기 때문에 우리가 그것을 시간 속에 명확하게 위치시킬 수는 없다.[433] 이 장소는 현실적인 욕망이 없어지고, 행동과 고통이 끊어진 곳이므로 현실을 초월한 장소이다. 그러면서도 "감각의 은총"에 둘러싸여 있으므로 현실과 완전히 절연되어 있는 장소도 아니다.

현실에서 중심인 정점으로 가는 길은 제사에서 밝혀졌듯이 위로 올라가는 길, 즉 빛의 중심으로 상승하는 길과 아래로 내려가는 길, 즉 현실의 관능적인 모든 것을 벗어버리는 길이 있다. 엘리엇은 아래로 내려가는 길을 다음과 같이 설명하고 있다.

> 더 아래로 내려가라, 다만 영원한
> 고독의 세계로,
> 세계가 아닌 세계, 아니 세계가 아닌 그 곳으로,
> 내부의 암흑으로, 모든 소유들이
> 상실되고 없는 곳,
> 감각세계의 건조지대,
> 공상세계의 철거지대,
> 정신세계의 무활동지대.
> 이것이 한 길이고, 다른 길도
> 동일하다, 움직임에서가 아니라
> 움직임을 삼가는 것이라는 데서. 그러나 세계는 욕망 속에서

---

432) D. E. S. Maxwell, *op. cit.*, p.173.
433) A. C. Partridge, *op. cit.*, p.221.

움직인다, 과거의 시간과 미래의 시간의
금속제 길 위로.  (117 – 29행)

Descend lower, descend only
Into the world of perpetual solitude,
World not world, but that which is not world,
Internal darkness, deprivation
And destitution of all property,
Desiccation of the world of sense,
Evacuation of the world of fancy,
Inoperancy of the world of spirit;
This is the one way and the other
Is the same, not in movement
But abstention from movement; while the world moves
In appetency, on its metalled ways
Of time past and time future.


　여기에 제시된 실재를 추구하는 길은 모든 재산, 감각세계, 공상
세계, 심지어는 정신세계까지도 버리는 부정의 길이다. 신과의 합일
에 이르는 이 방법은 인도의 요가 수행자, 신플라톤적인 신비주의
자, 십자가의 성 요한이 가르친 방법과 다르지 않다. 일시적인 모든
것을 제거함으로써 우리는 신, 영원과의 합일에 이를 수 있다.434)
많은 비평가들이 이 구절을 기독교적 신비주의의 관섬에서 해석하
고 있지만 엘리엇의 철학은 "위대한 종교들의 심오하고 비극적인

---

434) Staffan Bergsten, *op. cit.*, p.183.

철학이며 이교적인 세계에서의 고대 신비의 심오하고 비극적인 철학"435)이기 때문에 이것을 기독교적인 견해, 철학에 한정시키는 것은 위험한 일이다. 어둠의 상징은 기독교적인 상징일 뿐만 아니라 힌두교적인 상징이기도 하다.436)

이제 중심점인 정점이 기독교적인 신의 상징으로 나타난다. 인간의 말은 시시각각으로 부서지고 변하지만 황무지적인 현실 가운데에 있는 말씀, "태초에 말씀이 있었느니라"라고 마태복음 제1장 1절에서 말하는 하나님은 현실 가운데에 존재한다. 지금까지 불교적인 연꽃의 이미저리, 힌두교적인 쉬바신의 춤의 이미저리, 또는 부정의 길이나 긍정의 길에 의해 도달하는 중심의 이미저리 등을 통하여 묘사된 정점인 로고스가 기독교적인 신의 이미저리와 융합된다. 이는 엘리엇이 기독교와 여타의 종교와의 공통점을 인식하고 있으나 개인적인 종교로는 기독교를 신봉하게 되었음을 뜻한다. 스타판 베르그스텐도 여기의 "말씀"이 명확히 그리스도를 가리킨다고 보기는 어렵다고 하며 이 작품에서의 신의 개념은 기독교적인 개념보다는 오히려 다양한 종교의 그것으로서 철학적, 동양적인 것으로 규정될 수 있다고 말하고 있다.437)

그리하여 엘리엇은 그 중심에 사랑을 위치시킨다.

　　　패턴의 세부는 움직임이다,

---

435) Constance De Masirevich, *op. cit.*, p.21.
436) Kristian Smidt, *op. cit.*, p.187.
437) Staffan Bergsten, *op. cit.*, p.189.

십 단의 계단의 모습에서처럼.
욕망 그 자체는 움직임이나
그 자체가 바람직하지 않다.
사랑은 그 자체는 부동이고,
움직임의 원인과 목적일 뿐,
무시간이고, 시간의 양상에서가 아니면
바라지 않는 것,
비존재와 존재 사이의
모방의 형태로 파악된다.
티끌이 움직이는 순간에도
한 줄기 햇빛 속에서 갑자기
나뭇잎 속에서 아이들의
숨은 웃음소리가 일어난다
빨리, 당장, 여기, 지금, 언제나ー
우습게도 쓸모없는 슬픈 시간은
앞으로 뒤로 뻗친다.　　　　　　　(162ー78행)


The detail of the pattern is movement,
As in the figure of the ten stairs.
Desire itself is movement
Not in itself desirable;
Love is itself unmoving,
Only the cause and end of movement,
Timeless, and undesiring
Except in the aspect of time
Caught in the form of imitation
Between unbeing and being.

Sudden in a shaft of sunlight
Even while the dust moves
There rises the hidden laughter
Of children in the foliage
Quick now, here, now, always —
Ridiculous the waste sad time
Stretching before and after.


엘리엇은 어떤 양식에 의하여 정지에 이른다고 하면서 그 양식의 내용이 움직임이라고 하는데 이것은 정중동(靜中動)의 양식이라 할 수 있다. 이러한 정중동의 양식은 기독교적 신비주의에서 사다리의 이미저리를 이용하여 표현하는 신에게 도달하는 방법과 같다. 엘리엇 자신이 기독교적 신비주의의 "계단의 모습에서처럼"이라고 밝혀 그것이 기독교적 신비주의의 것과 유사함을 이야기하고 있다. 엘리자베스 드루Elizabath Drew도 이를 기독교적 신비주의의 관점에서 파악하여 사다리의 꼭대기에 사랑으로서의 신을 위치시킨다.[438] 사랑이 그 자체는 움직이지 않는 중심인 데 반하여 욕망은 그 자체가 움직이는 현실을 나타낸다. 엘리엇이 신의 사랑으로 보고 있는 사랑이라는 중심은 현실의 움직임의 원인이지만 그 자체는 부동이다.[439] 현실과 그 중심인 사랑의 이와 같은 관계는 현실 가운데의 장미원의 이미저리에 의하여 보다 분명하게 된다. 세상인 티끌[440]이 선회

---

438) Elizabeth Drew, *op. cit.*, p.161.
439) Andrew Swarbrick, *op. cit.*, p.66.
440) Hugh Kenner, "Into Our First World", in Bernard Bergonzi, ed. *op.*

하는 반면에 장미원이라는 실재는 움직이지 않는 것이고, 그 세계는 순수한 세계로서 "지금, 여기에, 지금, 항상" 있다. 그러나 평범한 사람들은 그것을 이해하지 못하고 슬픈 시간을 보낼 뿐이다. 이 사랑은 그리스 철학의 플라톤적 사랑, 절대와 동일시된다.441) 이는 순간적인 움직임과 영원한 정지 사이의 플라톤적 개념이 기독교적으로 수용된 것이라고 할 수 있다. 사랑은 장미원의 중심에 위치하고 있으며 이 사랑의 결실인 아이들이 웃는 모습은 가능했었을 수도 있는 세계에 속하는 것이다.442) 이러한 가능성의 세계인 실재 세계와 현실은 지금까지 살펴본 바와 같이 서로 관련되어 있다. 낸시 기쉬Nancy K. Gish도 "중심에 있는 정점은 실제적이며, 변화하는 세상이 그것에 의존하고 있다"443)고 하여 실재와 현실이 밀접한 관계가 있음을 말하고 있다.

정점의 개념이 기독교적으로 통합되고 있으나 여타의 종교 내지는 철학의 사상이 모두 표현되고 있는 것으로 보아 우리는 이 작품이 「황무지」만큼이나 기독교적이라고 할 수 있을 뿐 엘리엇의 위대한 기독교 시라고 할 수는 없다.444) 세상은 말씀이 크리쉬나, 붓다, 또는 그리스도의 가면으로 나타날 때 그것을 인식하지 못한다. 오히려 세상은 말씀에 대적하여 반항하고, 그것이 육화(肉化)되어 나타

---

441) Staffan Bergsten, *op. cit.*, p.93.
442) *Ibid.*, p.158.
443) Nancy K. Gish, *op. cit.*, pp.102 - 3.
444) A.E. Dyson, *Yeats, Eliot and R.S. Thomas: Riding the Echo*, (London and Basingstoke: The MacMillan Press Ltd., 1981), p.185.

IV
동서양의 구원관의 융합

231

날 때 그것을 박해한다. 말씀을 거절함으로써 세상은 그 자체를 윤회의 수레바퀴에 더욱 굳건히 붙잡아 매며, 끊임없는 변화와 고통을 겪는다.445)

「네 사중주」의 두 번째 작품인 "이스트 코우커"는 메어리 스튜어트Mary Stuart의 "나의 시작에 나의 종말이 있다"는 구절로 시작된다.446) "나의 시작에 나의 종말이 있다"는 말은 엄격한 결정론적 진술로 보이는데 이 첫 단락은 운율과 반복에 의해 인간의 삶과 역사의 순환적인 견해를 수립한다. 인간과 인류의 생명과 인간이 이룩한 일의 생명은 지상에서의 모든 삶의 양식과 동일한 양식, 즉 끊임없이 반복되는 탄생, 성장, 부패, 죽음의 연속적인 양식을 가진 것으로 파악된다.447) 이는 불교적인 윤회의 개념이 변형된 것으로서 불교에서는 물질이 유전하는 것이 아니라 본질적인 정신이 윤회하는 것으로 말하지만, 여기서는 물질의 변화 유전이 언급되어 있다. 엘리엇은 여기서 삶의 시작은 이미 그 종말을 향해서 움직이는 것이라고 말한다. "이스트 코우커"의 끝에 나오는 "나의 종말에 나의 시작이 있다"는 말은 사람의 지상에서의 종말은 진실한 시작, 즉 다른 실재의 시작임을 표시하는 말이다. 다시 말하여 첫 행이 인간의 시간상의 딜레마를 이야기한다면 끝행은 인간의 영적 패러독스를 말하는 것이다.448) 첫 행에서 현상계에서의 인간과 인간의

---

445) P. S. Sri, *op. cit.*, p.49.
446) Stephen Spender, *op. cit.*, p.171.
447) Helen Gardner, *op. cit.*, pp.164 - 5.
448) Wallace Fowlie, "Time in Sever Hall and in The Quartets", in *T.*

모든 일들의 일시성, 불영속성에 대한 인식이 표현된다. 현상계에서
의 모든 것들이 변화의 과정에 종속되어 있다. 불영속성이 일상생활
에서 가치가 있고 의미가 있는 것들을 부식하는데 아무것도 이 과
정의 냉혹한 수레바퀴를 멈출 수 없다. 인간은 과거와 현재 사이에
찢겨져 현재의 순간을 충만하게 살 수 없는 "찬바람에 날리는 종잇
조각"과도 같다. 시간의 수레바퀴에서는 죽음이 불가피하고 죽음은
파국적이다. 그러나 모든 해체는 혼돈으로의 일시적인 귀환이다.[449]
해체되었던 것들은 새로운 삶으로 형태를 취하여 다시 살아난다.

　현실이 이처럼 윤회의 수레바퀴에 얽매여 있는 상태이므로 화자
는 이제 현실적인 지혜에 귀를 기울이지 않고 오히려 그 어리석음
에 귀를 기울이겠다고 한다. 화자는 현실 속에 살고 있는 인간들이
얻을 수 있는 지혜는 겸손의 지혜라고 말하여 겸손을 강조한다. 왜
냐하면 아담이 낙원에서 추방된 이래로 인간은 계속 신에게서 멀어
져 세속적인 지식만을 추구하였으므로 한정된 가치밖에 없는 인간
의 지식은 신의 영광에 견주어 무가치하기 때문이다. 그래서 화자는
"노인의 지혜를 듣지 않고 그들의 어리석음을 듣겠다"(95행)고 한
다. 자만심 때문에 겸손한 삶을 영위할 수 없는 인간은 "두려움과
분노를 두려워하고"(96행) 다른 사람에게 또는 심지어 신에게조차도
소유되기를 두려워한다. 엘리엇은 겸손을 "인간이 얻기를 바랄 수
있는 유일한 지혜"(98 - 9행)라고 하는데, 그는 산문에서도 여러 번

---

　S. Eliot: *Essays From the Southern Review*, (Oxford: Clarendon
Press, 1988), ed. James Olney, p.91.
449) Constance De Masirevich, *op. cit.*, p.29.

겸손을 강조한 바 있다. 그는 "셰익스피어와 세네카의 금욕주의 Shakespeare and the Stoicism of Seneca"에서 "겸손은 모든 미덕 중에서 가장 어려운 미덕이다, 자신을 좋게 생각하려는 욕망보다 없 애기 어려운 것은 아무것도 없다"[450]고 말하고 있으며 "시에 관하 여On Poetry"에서 "시인에게 있어서 겸손이 가장 필수적인 미 덕"[451]이라고 말하고 있다. 다이슨A.E. Dyson은 "진실한 기독교적 인 겸손은 우리의 신비로운 우주에서 초월의 궁극적 신비에 있는 피조물의 상태에 대한 인식"[452]이라고 말하고 있다.

우리가 살고 있는 세계의 물질문명의 공허함을 생각할 때 겸손이 유일한 지혜이고 겸손은 무한하다는 말의 의미는 분명해진다.[453] 겸손은 정신적 해방과 화해가 새로운 암흑시대로 점점 위협받고 있 는 것처럼 보이는 세상에서 엘리엇이 추구하는 최고의 실재이다.[454] 그러나 여기서 사용되고 있는 겸손을 오직 기독교에서만 강조하는 것처럼 여기는 태도는 다소 편협한 태도로 여겨진다. 힌두교나 불교 에서도 겸손은 중요한 미덕이다. 겸손은 영혼의 신비적인 발전에 필 수불가결한 요소이기 때문에 동서양의 금욕주의의 기본적인 덕목이 다. 기독교에서 겸손의 윤리적 가치는 성육에 그 근원을 두고 있는 반면에 우파니샤드적 신비주의에서는 그것이 적절한 지식과 지혜로

---

450) T. S. Eliot, *Selected Essays*, pp.130.
451) Quoted in Kristian Smidt, *op. cit.*, p.32.
452) A. E. Dyson, *op. cit.*, p.223.
453) James Johnson Sweeney, "'East Coker': A Reading", in Bernard Bergonzi, ed. *op. cit.*, p.46.
454) F. O. Matthissen, *op. cit.*, p.195.

이끄는 문턱이 되고 불교에서는 영혼을 업보로부터 해방시켜 해탈에 이르기 위하여 겸손이 중요한 덕목으로 인정되고 있다.455) 따라서 엘리엇이 겸손을 기독교에만 국한된 미덕으로 생각하고 있다고 보기는 어렵다.

여기서 엘리엇이 겸손을 최고의 미덕으로 받아들이는 것은 지상에서의 지복의 상태의 가능성을 암시한다.456) 무용수나 집들처럼 우리들도 사라질 것이다. 그러나 회전하는 세상의 정지점에의 굴복, 즉 태초부터 있었고 지금도 있는 말씀을 수용하는 겸손을 해결하는 만족스러운 방법인 장미원에서의 순간이 엘리엇에게는 있다.457) 집들은 건물들뿐만 아니라 가족과 왕조를 모두 일컫는다. 개인의 삶과 가족의 삶, 사회적인 수준과 문명적인 수준에서 분명한 탄생, 성장, 부패, 죽음의 순환은 우리로 하여금 지상에 매여 있도록 한다.458) 이제 이러한 지상에 매인 것 모두는 겸손하지 못함으로써 파괴되어 바다 밑으로 가라앉아 버렸다.

화자는 자신의 영혼에게 겸손하게 "고요히 있어 신의 어둠이 될 어둠이 너에게 오게 하라"(113 - 4행)고 말한다. 엘리엇의 시에서 빛은 클리언스 브룩스Cleanth Brooks가 말하듯이 "주로 신의 상징으로 쓰이므로 어둠은 그 반대를 뜻할 것으로 짐작되지만, 여기서의

---

455) Fayek M. Ishak, *op. cit.*, p.113.
456) D. E. S. Maxwell, *op. cit.*, p.128.
457) Philip R. Headings, *op. cit.*, p.127.
458) Harry Blamires, *Word Unheard: A Guide Through Eliot's Four Quartets*, (London: Methuen and Co. Ltd., 1969), p.42.

어둠은 그렇지 않다. 여기서의 어둠은 정신적인 죽음이 아니라 빛과 마찬가지로 정신적인 삶으로의 길"459)을 상징한다. 「네 사중주」에서 정신적으로 불모한 현실은 어둠이 아니라 "흐린 빛"(B.N.93 - 4행)으로 상징되고 있다.

화자는 신의 어둠이 도래하도록 영혼에게 고요히 있으라고 다시 말한다. 화자는 자신의 영혼에게 잘못된 것에 대한 희망이나 사랑을 버리고 오직 믿음으로 신의 은총이 도래하기를 기다리라고 한다. 크리쉬나와 부처가 강조한 것은 이 생에서의 욕망과 집착에서 벗어나 목표에의 헌신적인 봉사를 통하여 이제 여기에서의, 즉 이 삶에서의 해탈이었다. 우리가 해탈을 이루면 무지의 어두움은 파괴되고 환상의 베일이 찢겨지며, 무시간의 실재는 깊고 강렬한 느낌에 의해 자신의 존재 속에서 실현된다. 이렇게 실현되는 것은 다름 아닌 정점이다. 우리들의 희망은 시간적인 차원의 것들에 대한 희망이고 사랑도 또한 욕망에서 생기는 것이므로 기독교적인 것과는 다르다. 기독교적인 희망은 모든 세속적인 희망을 버리고, 세속적인 희망이 좌절되는 데서 오는 낙담을 견딜 수 있는 확신을 포함하는 것이다. 기독교적인 사랑은 세속적인 사랑을 초월하여 자신을 희생하는 것이다. 또한 믿음은 욕망을 버리고 자신이 원하는 미래를 향한 모든 움직임이 끊어진, 기다리는 상태이다.460) 화자는 자신의 영혼에게 아무 "생각도 없이 기다리라"고 말한다. 그러면 "신의 어둠이 신의

---

459) Cleanth Brooks, *The Hidden God*, p.79.
460) Harry Blamires, *op. cit.*, pp.62 - 3.

빛"으로 되어 그는 재생을 이룰 것이고 장미원의 순간이 도래할 것
이라고 말한다. 장미원의 순간은 현실이 변화한 곳으로, 현실이 "죽
음으로의 행진"[461]을 그치는 곳이다. 필립 헤딩즈Philip R. Headings
도 우리가 겸손함으로써 장미원에 도달할 수 있다고 말하고 있
다.[462] 우리가 겸손함으로써 도달하는 장미원은 일시적인 사물들로
구성된 세계로부터의 해방을 암시하며 보다 높은 실재를 암시한다.
이 효과는 흐르는 물, 빛, 정원, 웃음, 계절의 순환 등의 다섯 가지
개인적인 상징에 의존한다.[463]

이러한 장미원에 도달하는 방법을 시인은 다시 설명한다.

> 그곳에 도달하자면,
> 그대가 있는 그곳에 도달하자면, 그대가 있지 않은
> 그곳에서 벗어나려면,
> 그대는 환희가 없는 길로 가야 한다.
> 그대가 모르는 것에 이르자면
> 그대는 무지의 길로 가야 한다.
> 그대가 소유하지 않은 것을 소유하고자 한다면
> 그대는 무소유의 길로 가야 한다.
> 그대가 아닌 것에 이르자면
> 그대는 그대가 아닌 길로 가야 한다.
> 그리고 그대가 모르는 것이 그대가 아는 유일한 것이고
> 그리고 그대가 가진 것은 그대가 갖지 않은 것이고

---

461) *Ibid.*, p.60.
462) Philip R. Headings, *op. cit.*, pp.127 – 8.
463) Gertrude Patterson, *op. cit.*, p.177.

그리고 그대가 있는 곳은 그대가 있지 않은 곳이다.

(137-48행)

In order to arrive there,
To arrive where you are, to get from you are not,
You must go by a way wherein there is no ecstasy.
In order to arrive at what you do not know
You must go by a way which is the way of ignorance
In order to possess what you do not possess
You must go by a way of dispossession.
In order to arrive at what you are not
You must go through the way in which you are not.
And what you do not know is the only thing you know
And what you own is what you do not own
And where you are is where you are not.


이 구절은 진실한 자아완성을 이루기 위해서는 자기방기에 의해 자신을 규율할 필요가 있다는 사실을 다양하게 표현한 것이다. 첫째 진실로 충만하게 존재하고 시끄러운 세상으로부터 벗어나기 위해서는 부정의 길로 가야 한다. 둘째 진실한 지식을 얻기 위해서는 사실을 자기중심적으로 획득하려고 하지 말고, 인간 무지의 한계를 받아들여야 한다. 즉 마음으로부터 정보를 찾으려는 성향을 비우고 침묵에 마음을 열어 놓아야 한다. 셋째 부족한 것을 소유하기 위해서는 자신을 벗어버리는 방법을 배워야 한다. 데렉 트라베르시Derek Traversi는 이것이 적극적인 삶을 사는 것이라고 하며 십자가의 성

요한의 부정의 길이라고 말하고 있으나[464] 십자가의 성 요한의 영성의 암야로 이르는 길은 불교의 "공"에 이르는 길과 크게 다르지 않다.[465] 다시 말하여 자아 완성을 위하여 나아가는 길은 기독교의 길과 불교나 힌두교의 길이 동일하다.

"이스트 코우커"의 제5부에서는 화자가 "그리하여 나는 중도에 있다"(174행)고 말하는데 우리는 여기서 불교의 중도를 생각하게 된다. 숲 속의 성자 용수(Nagarjuna)는 "중도의 기본원리"에서 존재와 비존재 사이의 중간의 길에 대해 언급한다.[466] 용수에게는 중도가 존재와 비존재에 관한 모든 고정된 방식을 포함한 모든 "양식"으로부터 자아를 해방시킴으로써 달성되는 자유의 길이다. 그러나 중도를 추구하는 불교도들은 인간이 변화하는 존재로부터 독립된 영원한 실재를 알 수 없다고 주장하면서, 변화하는 형태와 그 속에 형태가 존재하는 공 사이의 관계에 초점을 맞춘다. 엘리엇이 여기에서 중도를 말한 것은 이 작품에서 인생 자체가 존재와 비존재 사이의 중도라는 의미에서인 것으로 생각된다. 그러므로 "우리들은 노력할 뿐이고 나머지는 우리의 일이 아니다"(191행). 이 구절은 「바가바드 기타」 2장 47절 "그대의 지금 할 일은 오직 행동하는 것이지, 결코 그 행동의 결과에 대한 생각이 아니다. 오, 아르쥬나야, 행동의 결과에 대한 집착은 없이 행동하라. 그러나 또 행동 아니함에도 집착하지 마라"의 초발한 행동의 칠획적 표현을 그대로 옮겨놓은

464) Derek Traversi, *op. cit.*, pp.143 - 4.
465) Cleo McNelly Kearns, *op. cit.*, p.158.
466) Eloise Knapp Hay, *op. cit.*, p.173.

것이다. 인간의 행동이 시간에 묶여 있고 변화의 영역에 속하기 때문에 시간 속에 있는 동안은 인간이 행동에서 벗어날 수 없다. 그러나 그 결과에 대해 집착하지 않고 행동할 때 우리는 무시간의 상태인 영원에 도달하게 된다.

그러므로 우리는 현실 가운데서 장미원을 인식하기 위해서 계속 탐구해야 한다. 비록 시인이 겸손함으로써 장미원으로 나타나는, 신과의 순간적인 합일을 경험하고, 다양한 종교와 사상을 통하여 다각적으로 명상해보고, 정죄의 불로 자신의 원죄를 태워버렸으나 아직 현실의 구원에 이르지는 못했다. 그리하여 화자는 "더 완전한 합일, 더 깊은 영교를 위하여 / 어두운 추위와 공허한 폐허를 통하여 / 다른 강열함 속으로의"(207-9행) 탐험가가 되어야 하는 것이다. "더 깊은 영교"로의 탐구는 우리가 현실적, 시간적 차원을 넘어서는 것이다. 이런 의미에서 인간의 현실의 종말은 새로운 시작이라고 할 수 있다. 그렇기 때문에 화자는 현재의 상태에 만족하지 못하고 "나의 종말에 나의 시작이 있다"(211행)고 말하여 탐구를 계속할 것임을 다짐한다. 크리스찬 스미트Kristian Smidt도 이 구절을 "재생이 죽음을 뒤따른다는 것뿐만 아니라 나의 목표(나의 종말, 나의 사랑)에 나의 노력의 추진력이 있다"[467]는 뜻이라고 설명하고 있다.

화자는 "드라이 셀비지즈"에서 더 넓은 바다 가운데로 탐험해 나간다.

---

467) Kristian Smidt, *op. cit.*, p.218.

나는 신들에 대해서는 그리 많이 모르지만, 강은
힘센 갈색 신이라고 생각한다 - 퉁명스럽고, 야성적이고, 고집 센,
……

강은 우리의 내면에 있고, 바다는 우리의 주변 도처에 있다.
바다는 또한 육지의 끝이고,
그 속으로 바다가 뻗어 있는 화강암이다.
그리고 해안이다. 바다는 거기로
태초의 창조, 그리고 다른 창조를 상징하는 것들,
불가사리, 참게, 고래의 등뼈 등을 밀어 올린다.
그 웅덩이 속에서 바다는 더욱 미묘한 해조류와 말미잘로
우리의 호기심을 자극한다.
바다는 우리가 잃은 것들, 찢어진 어망,
깨어진 새우잡이 통발, 꺾어진 노, 죽은 외국인의 장신구 따위를
밀어 올린다. 바다에는 여러 목소리가 있다,
여러 신들과 여러 목소리가 있다.                    (1 - 25행)


I do not know much about gods; but I think that the river
Is a strong brown god - sullen, untamed and intractable,
……

The river is within us, the sea is all about us;
The sea is the land's edge also, the granite
Into which it reaches, the beaches where it tosses
Its hints of earlier and other creation:
The starfish, the horseshoe crab, the whale's backbone;
The pools where it offers to our curiosity
The more delicate algae and the sea anemone.
It tosses up our losses, the torne seine,

The shattered lobsterpot, the broken oar
And the gear of foreign dead men. The sea has many voices,
Many gods and many voices.

이 구절은 여러 종교에 대한 암시를 지닌다.[468] 특히 여기서 강을 신으로 보고 그것이 우리 내면에 있다고 함으로써 이 구절은 불교 내지는 힌두교에 대한 암시를 지닌다. 불교에서도 개개인에게 불성이 내재되어 있다고 생각하며 이것을 깨우치는 것을 이상으로 삼고 있지만, 힌두교에서도 개개인이 '아트만'을 지니고 있다고 생각하며 이것이 브라만과 합일하는 것을 이상으로 삼고 있다. 우리 주변에 있는 현상계의 바다는 인간의 이성으로는 이해할 수 없는 발견되지 않은 진리이다. 현상계에 살고 있는 우리는 노력하지 않으면 끊임없이 변화하는 현상계의 배후에 또 그 너머에 있는 브라만을 인식할 수 없다.[469] 강과 바다의 상징은 일시적인 질서의 운동과 삶 속에 있는 시간에 궁극적으로 용해되어 있는 무한한 실재를 구현하고 있다.

화자는 "영원의 대우주적 리듬"[470]인 바다에서 "태초부터 있었고 현재도 있는, 땅의 용기가 올리는 종"(47-9행)소리를 듣는다. "안개 속에서" 울리는 이 종소리는 대우주적인 리듬에 의한 시간, 즉 시계로 측정되는 시간보다 오랜 원초적인 시간을 잰다. 여기서 울리

---

468) A. E. Dyson, *op. cit.*, p.238.
469) P. S. Sri, *op. cit.*, p.100.
470) George Williamson, *op. cit.*, p.223.

는 종소리는 인간의 모든 노력이 끝나는 죽음을 알리는 조종(弔鐘)으로 후에 화자가 죽음을 받아들임으로써 오는 탄생, 재생을 의미하는 성수태고지를 가리키는 "안젤루스의 종소리"로 발전된다.471) 이 종소리는 우리로 하여금 기도하도록 요구하며 또한 조종소리처럼 우리의 죽음을 상기시킨다.472)

조종이 울리는 소리를 듣고 기도할 수 없는 화자는 "기도할 수 없는"(54행) "비참한 예고"(55행)에 대한 두려움에 떤다. 그래서 그는 "떠다니는 난파물, 해변에 있는 뼈의 기도, 비참한 예고에 대한 기도할 수 없는 기도의 종말은 어디에 있는가?"(53-5행)라고 절규하고 마지막 수태고지를 기다린다.

> 마지막으로 더해지는 것은 꺼져가는 힘에 대한
> 꺼져가는 긍지와 울분,
> 헌신 아닌 것으로 통할 수 있는 집착 없는 헌신,
> 그리고 서서히 물 새어드는 표류하는 배에서
> 분명히 들리는 마지막 수태고지의
> 종소리의 조용한 경청.              (63-8행)

> There is the final addition, the failing
> Pride or resentment at failing powers,
> The unattached devotion which might pass for devotionless,
> In a drifting boat with a slow leakage,

---

471) Derek Traversi, *op. cit.*, p.157.
472) Helen Gardner, *op. cit.*, pp.171-2.

The silent listening to the undeniable
Clamour of the bell of the last annunciation.

여기서 불교적인 윤회관과 기독교의 수태고지가 하나로 합쳐진다. 앞에서도 설명한 바 있듯이 불교적인 관점에서 보면 해탈하여 붓다가 될 때까지 생명 현상은 계속되는 것이다. 여기서 화자는 "마지막 첨가", "마지막 수태고지" 등으로 말하여 그가 현세에서의 삶으로 윤회를 그치고 해탈에 이를 단계에 도달했음을 말한다. 특히 "수태고지"가 대문자로 되어 있지 않은 것으로 보아 이는 그리스도의 수태고지가 아니라 화자 자신의 수태고지라 할 수 있다. 재생이나 육화는 불교에 뿐만 아니라 베단타Vedanta에도 나오는 개념이다. 개개인의 의식은 무수한 삶을 통하여 완전한 자기 인식의 자유나 해탈을 향하여 나아간다. 이 과정에서 육화는 낮은 단계의 삶의 것일 수도 있고, 높은 단계의 삶의 것일 수도 있다. 이 개념은 비록 믿음의 항목은 아니지만 기독교에도 있어 모든 개인이 자신의 죄를 회개하고 신 안에서 다시 태어나도록 촉구한다.[473]

화자의 수태고지와는 다른 수태고지인 대문자로 된 기독교적인 의미의 수태고지도 여기에 등장한다.

> 거기엔 끝이 없다, 소리 없는 흐느낌에,
> 시든 꽃의 시들음에,
> 고통 없고 동작 없는 고통의 움직임에,

---

473) P. S. Sri, *op. cit.*, p.24.

바다의 표류와 표류하는 난파물에,
백골이 저의 신, 죽음에 드리는 기도에는 끝이 없다.
다만 한 수태고지의
겨우 간신히 기도할 수 있는 기도뿐.          (81-5행)

There is no end of it, the voiceless wailing,
No end to the withering of withered flowers,
To the movement of pain that is painless and motionless,
To the drift of the sea and the drifting wreckage,
The bone's prayer to Death its God. Only the hardly, barely prayable
Prayer of the one Annunciation.

현실 가운데서 수태고지를 바라던 화자의 태도는 이제 고통이 극에 달해 현실을 어떻게 할 도리가 없음을 인지하고 죽음으로 나아가기를 바라는 것으로 바뀐다. 죽음은 현실의 종말이며 재생의 문턱이 되므로 이는 화자가 다시 새로운 삶으로 태어나기를 바라는 것이다. 이는 앞에서 말한 마지막 수태고지와 연결되어 화자가 불교적인 관점에서 윤회의 삶을 그치고 궁극적 해탈을 이루어 현실을 장미원으로 인식하고자 하는 것으로 여겨진다. 이와 같은 화자의 수태고지가 여기에서는 대문자로 표기되며 "한 수태고지"가 됨으로써 기독교적인 의미에서의 수태고지 즉 그리스도의 수태고지로 변한다. 영원과 시간의 결합인 그리스도의 수태고시는 시간에 대조되는 것으로 단지 성자만이 그 결합을 이해할 수 있다. 여기서의 종교의 수용은 주로 기독교적이지만 「황무지」에서와 같이 보편적인 의미를 암시하기 위하여 그것이 동양적 사고와 결합되어 있다.474) 월리스 화울리Wallace Fowlie는 소문자로 된 수태고지를 신의 가혹한 목소리인 죄와 죽음의 수태고지로 보고, 대문자로 된 수태고지를 그리스도의 도래를 알리는 수태고지로 보고 있다.475) 이는 두 종류의 수태고지를 모두 기독교적인 관점에서 파악한 것으로 다소 편협한 태도라고 여겨진다. 오히려 소문자의 수태고지가 여러 번 반복되어 나오는 것으로 보아 이는 악의 수태고지로 생각하기보다는 불교적인 윤회의 관점에서 파악되는 화자의 반복되는 삶의 수태고지로 보는 것이 타당하다.

제3부에서 엘리엇은 비쉬누의 화신으로 숭배되는 힌두교의 위대한 신인 크리쉬나를 등장시켜 현실과 종교세계의 융합을 꾀한다. 이에 앞서 나오는 제2부의 끝부분의 "파괴자인 시간이 보존자인 시간"(117행)이라는 구절은 비쉬누와 쉬바에 대한 암시이다. 시간의 두 측면에 관한 이 고찰은 시간이 영원의 파괴자와 고통의 보존자로서의 역할을 하고 있음을 나타내는 것이면서 동시에 힌두교의 신들에 대한 암시를 지닌다. 비쉬누와 쉬바는 브라만과 함께 힌두교 최고의 신인 크리쉬나의 한 화신이다. 이러한 암시는 그것이 직접적으로 가리키는 것보다 엘리엇의 시가 힌두교와 불교에 깊이 젖어 있음을 드러낸다. 인도인들은 실재는 한 영적인 브라만이고 감각인식의 세계는 상대적이고 기만적인 마야(maya)라고 생각했다. 브라만은 움직이

---

474) Nancy K. Gish, *op. cit.*, p.109.
475) Wallace Fowlie, "Time in Sever Hall and in The Quartets", in James Olney, ed. *op. cit.*, p.93.

지 않는 존재이면서 움직이는 존재이고, 그의 다양한 현시 중의 하나가 도처에 편재한 존재인 '아트만'(개인)이다. 브라만은 무시간이기 때문에 깨달음을 원하는 사람은 마치 열반을 추구하는 사람이 자신을 시간의 얽매임에서 풀어내야 하듯이 시간의 흐름을 망각해야 한다. 이때 겸손이 필요한데 겸손은 기독교의 미덕일 뿐만 아니라 불교와 힌두교에서도 중요한 미덕임은 앞에서 살펴본 바 있다.

엘리엇은 「바가바드 기타」에서 크리쉬나를 인용하고 있는데 이 작품은 그가 단테의 「신곡」에 버금가는 것으로 여기는 작품이다.[476] 힌두교를 전체적으로 가장 정확하게 표현해 주고 있는 「바가바드 기타」는 「마하바라타」*Mahabharata*라는 서사시의 일부분이다. 「마하바라타」는 바라타왕으로부터 세습되어 내려온 판다바스(Pandavas)와 카우라바스(Kauravas)라는 적대시하는 두 가문 사이에서 벌어지는 왕권 다툼을 중심으로 전개된다. 양편의 군대가 마지막 싸움을 앞두고 쿠룩쉐트라(Kurukshetra) 평원에 정렬해 있을 때 아뤼나는 상대편의 진영에도 자신의 친척, 친지들이 포진해 있는 것을 보고 동족 사이의 대량 학살이 벌어져서 그들 사회가 완전히 파멸해버릴 끔찍스러운 결과를 예상하고 전율을 금치 못한다. 그는 무사로서의 의무와 도덕적인 인간으로서의 가책으로 괴로워하는 나머지 싸움을 포기하겠다고 선언한다. 이때 판다바스의 영웅인 아뤼나와 비쉬누의 화신이자 아뤼나의 전차몰이인 크리쉬나 사이의 대화가 「바가바드 기타」의 내용을 이룬다. 이 대화는 인간과 신 사이의 무시간적 대

---

476) T. S. Eliot, *Selected Essays*, p.258.

화로서 모든 시대에 모든 영웅의 마음속 깊은 곳에서 일어난다.[477]
크리쉬나는 아뤼나의 정신적 안내자로 행동한다. 아뤼나의 그릇된
망상을 없애고 그가 올바른 행동의 길을 갈 수 있도록 크리쉬나는
절대적이며 상대적인 두 가지 측면에서 이야기를 전개시켜 나간다.
우선 그는 인간의 영혼이란 결코 파멸될 수 없으며 불멸이기 때문
에 어느 누구도 진정한 죽음을 당할 수 없다고 지적하면서, 죽음이
란 평범한 인간들을 구속하는 환상에 지나지 아니하므로 식견이 높
은 자들은 이 사실을 잘 알고 자유롭게 행동한다고 말한다. 그리고
나서 그는 이야기를 절대적인 측면에서 상대적인 측면으로 바꾸면
서, 아뤼나에게 행동의 결과에 연연하지 말고 무사로서의 의무를 다
하도록 종용한다. 엘리엇은 이를 무사의 행동에 국한시키지 않고 모
든 인류에게 하는 권고로 여기서 도입하고 있다. 자기방기를 통하여
인간이 이 세상에서 행동과 정신력의 영원한 갈등을 조화시켜 가는
동안에 비로소 그는 브라만과 하나가 될 수 있다. 결국 인간은 이
지상에서 자신의 운명을 성취하기 위해서는 신적이며 인간적인 양
극단의 이상을 동시에 만족시켜야 하는 만큼 이 이론은 우리에게
평상시나 전쟁 시를 막론하고 행동의 가능성을 확신시켜 줌으로써
인간 내부에 내재해 있는 모순을 해결해준다. 크리쉬나에 의하면 이
길이야말로 지상에 얽매여 사는 인간이 신성(神性)의 일부를 나누
어 가질 수 있는 유일한 방법인 것이다. 크리쉬나와 아뤼나 사이의
대화는 시간 속에서의 움직임, 움직임의 불가피성과 영원성, 움직임

---

477) Krishna Chaitanya, *op. cit.*, p.176.

아님에 대한 올바른 태도, 보다 높은 차원에서 본 움직임의 현존 등을 다룬다.[478]

「바가바드 기타」에 나오는 크리쉬나는 최고신의 육화이지만 그는 많은 육화 중의 하나인 반면에 그리스도의 육화는 독립되어 따로 존재한다.[479] 제2부에서는 그리스도의 수태고지를 통하여 미래에는 어떤 가능성이 보이지 않을까 하고 생각되기도 했는데 이제는 미래 도 쓸모없는 것이 되고 말았다. 화자는 크리쉬나의 가르침의 의미를 생각하는데 여기서 수레바퀴의 이미지가 도입된다. 제사에 사용된 헤라클레이토스의 말을 부연설명한 "위로 올라가는 길이 아래로 내 려가는 길이고, 앞으로 나아가는 길이 뒤로 물러서는 길"(130행)이 라는 구절은 수레바퀴의 이미지로서가 아니면 설명될 수 없다. 중앙 에 차축이 있는 수레바퀴에서는 전후 좌우 상하 어느 방향으로 가 도 중심을 향해 가는 길이다. 따라서 여기서 "위로 올라가는 길과 아래로 내려가는 길, 앞으로 나아가는 길과 뒤로 물러서는 길"은 모두 중심인 정점, 장미원으로 지향하는 길이 된다. 이 모든 길이 우리를 유일한 실재로서의 현재로 데려온다.[480] 즉 긍정의 길과 부 정의 길이 하나의 길이고 주어진 계시의 길과 자기수양의 길이 하 나의 길이다.[481] 이 길은 기독교, 불교, 힌두교 등의 모든 종교가 공유하는 신비적인 경험의 길이다.[482]

---

478) Constance De Masirevich, *op. cit.*, pp.44-5.
479) Staffan Bergsten, *op. cit.*, p.227.
480) Elizabeth Drew, *op. cit.*, p.183.
481) Harry Blamires, *op. cit.*, p.104.

엘리엇은 이 작품에서 다양한 철학사상 및 종교의 개념을 사용하여 중심에 도달하는 방법을 설명하고 있다. 여러 종교로부터의 이미저리를 엘리엇이 사용하는 것에는 힌두교의 포용적인 태도가 반영되어 있다.483) 여기서는 주로 크리쉬나를 통하여 힌두교의 개념이 도입된다. 크리쉬나의 설교를 통하여 정점이 설명되는 것이다.484)

화자는 크리쉬나가 말하듯이 우리에게 행동의 결과에 연연하지 말고 앞으로 나아가라고 권고한다. 화자는 크리쉬나의 설교 형식을 빌려 현실 가운데 살고 있는 모든 사람을 시시각각 변화하는 여행자, 과거와 미래에 연결되어 있는 매순간 죽어가는 존재로 생각하고 이야기한다. 화자는 기선의 이미저리와 기차여행의 이미저리를 이용하여 현실에 집착하지 말도록 권고한다. 강을 건너는 이미지는 불교에서뿐만 아니라 베단타에서도 끊임없이 형성되는 존재로부터 영원한 존재로의 전이를 나타내기 위하여 종종 사용되었다.485) 기선의 이미지는 철도여행의 이미지와 마찬가지로 무시간적인 동요하는 "현재"를 상징한다. 이 두 가지 이미저리는 붓다의 욕정과 열반이라는 두 해안에 대한 말을 현대화한 것이다. 열반은 때로는 삶의 강물이 비워지는 바다에 비유되기도 한다. 붓다는 「담마파다Dhammapada」에서 "이 해안도 저 해안도, 또 둘 다도 없는 사람, 두려움도 없고 구

---

482) Harry T. Antrim, *T. S. Eliot's Concept of Language: A Study of Its Development*, (Gainsville: University of Florida Press,1971), p.66.
483) Philip R. Headings, *op. cit.*, p.135.
484) Northrop Frye, *op. cit.*, p.60.
485) P. S. Sri, *op. cit.*, p.112.

속박지도 않는 사람 그 사람을 나는 브라마나(Brahmana)라고 부른다"486)라고 말한 바 있다. 불교의 가르침은 본래가 현실생활을 차안(此岸)으로, 또 이상적인 생활을 피안(彼岸)으로 단정하는 것은 아니지만 그와 같은 가정이 있어야만 이상에 정진하는 것이 보통사람의 사정이라 하겠다. 그래서 불교에서는 현실을 차안으로 이상세계를 피안으로 설명하기도 한다. 도피안(到彼岸)은 추상명사이지만 이상의 완성을 뜻하기도 한다.487) 엘리엇은 여기서 불교와 힌두교의 개념을 융합하고 있다. 불교와 힌두교는 행동이나 비행동의 목표를 윤회의 수레바퀴로부터의 해방에 두고 있다. 과거가 현재에 의해 보상받듯이 현재는 미래에 의하여 보상받는다. 그러나 현재만이 경험의 순간을 유지하며, 모든 경험은 현존하므로 "앞으로 나아가는" 사람들의 진실한 목적지는 현재이다.

여기서 과거와 미래가 현재에 연결되어 있다는 단선적인 시간개념이 설명되는 것은 아니다. 여기서의 시간은 앞에서 설명한 바 있는 불교적인 시간개념으로 우리가 올바로 이해하기만 하면 현실이 낙원으로 변하듯이 순간이 영원으로 확장될 수 있는 시간이다. 크리쉬나는 이런 시간 속에서 과거나 미래 혹은 현재에 대한 집착이 없이 행동하라고 우리에게 권고한다. "행동의 결과를 생각하지 마라"(162행)는 구절은 「바가바드 기타」 제2장 47절 "그대의 지금 할 일은 오직 행동하는 것이지, 결코 그 행동의 결과에 대한 생각이

---

486) Quoted in Grover Smith, *op. cit.*, p.282.
487) 석영학, 앞의 책, 171쪽.

아니다. 오, 아르쥬나야, 행동의 결과에 대한 집착은 없이 행동하라. 그러나 또 행동 아니함에도 집착하지 마라"에서의 직접 인용이다. 우리가 앞으로 나아가는 것은 어떤 목적이 있는 세속적인 고려에 의해서가 아니라 현실을 낙원으로 바꾸기 위해 보다 깊은 영교로 나아가는 것이다.[488] 크리쉬나의 권고는 우리가 현실 속에 살면서 행동의 결과에 초탈하고 공평무사함을 견지하라는 것이고 초탈에 의한 공평무사한 행동은 자아의 광휘(sattva)에로 이끈다는 것이다. 불교에서 공평무사한 행동은 영혼의 고통 또는 일련의 재생(윤회)으로부터의 해방의 길을 닦고 우리를 해탈로 이끈다.[489] 여기서 우리가 크리쉬나의 권고에 따라 행동하면 현실 가운데 장미원의 순간을 경험할 수 있다는 암시를 받는다.

시인은 이것이 자신의 말이라기보다는 크리쉬나의 말임을 밝히면서 공평무사하게 행동하라고 다시 권고한다.

"오 항해자들이여, 오 선원들이여,
항구로 간 그대들이여, 몸으로
바다의 시련과 심판을, 또는 어떠한 사고라도
그것을 겪을 그대들이여, 이것이 그대들의 참된 목적지이다."
크리쉬나가 전쟁터에서
아르주나에게 충고했을 때도 이러했다.
고별이 아니다,
앞으로 나아가라, 항해자들이여.                    (165-72행)

---

488) Martin Scofield, *op. cit.*, p.225.
489) Fayek M. Ishak, *op. cit.*, p.120.

'O voyagers, O seamen,
You who came to port, and you whose bodies
Will suffer the trial and judgement of the sea,
Or whatever event, this is your real destination.'
So Krishna, as when he admonished Arjuna
On the field of battle.
Not fare well,
But fare forward, voyagers.

이 충고는 미래를 위한 삶과 결과에 따라 행동을 정당화시키는 것에 대한 엘리엇의 경고와 일치한다. 현대인들은 마치 내일이 없는 것처럼 행동하기 때문에[490] 이 권고는 이러한 현대인들에게 윤회의 사슬로부터 벗어나기 위해서는 현실적인 것에 욕망을 두지 말고 진실한 목적인 해탈을 위하여 노력하라고 하는 것이다. 공평무사한 행동은 윤회의 법칙에 매여 있는 자아로부터의 초탈이다. "앞으로 나아가라"는 말은 이 자아로부터 초탈하여 "또 다른 강렬함"으로의 영적인 탐험을 계속하라는 것을 의미한다.[491] 크리쉬나의 이러한 가르침에 따르면 이 명상된 "존재의 영역"이 항해자들의 진정한 목적지이다.[492] 우리는 미래를 기대하거나 행동의 결과를 추구해서는 안 된다. 우리는 마치 미래가 없는 듯이, 마치 모든 순간이 죽음의 순간인 듯이 살아야 한다. 신약성서에도 「바위The Rock」의 코러스

---

490) Harry Blamires, *op. cit.*, p.103.
491) Elizabeth Drew, *op. cit.*, p.184.
492) George Williamson, *op. cit.*, p.226.

IV

동서양의 구원관의 융합

에 인용된 "나는 추수를 생각하지 말고 알맞은 파종만 생각하라고 말한다"와 같은 내일에 대한 이런 사사로움이 없음을 암시하는 구절이 있다.[493]

이와 같이 힌두교에서의 행동관은 기독교의 그것과 동일하다. 데렉 트라베르시도 힌두교나 기독교를 막론하고 도달하는 궁극적 이상향은 동일하다고 말하여 같은 견해를 보이고 있다.[494] 힌두교와 기독교의 종교적 감정이 유사한 것은 불교에도 그대로 적용될 수 있다. 왜냐하면 불교에서의 현실을 해탈하는 방법이 힌두교나 기독교에서 말하는 방법과 큰 차이가 없기 때문이다.[495]

제5부에서 정점이 현실 가운데 존재한다는 사실이 분명하게 드러난다.

> 인간의 호기심은 과거와 미래를 탐색하고
> 그 차원에 집착한다. 그러나 무시간과
> 시간의 교차점을 인식하는 것은
> 성자의 직무이다—
> 아니 직무라기보다 사랑과
> 열정과 무아와 자기방기 속에
> 사랑에 죽는 일생 동안에 주고받는 그 무엇이다.
> 대부분의 우리들에게는 다만 방심한 순간,

---

493) Helen Gardner, "A Study of Eliot's More Recent Poetry", in *T. S. Eliot: The Critical Heritage*, Vol. II. ed. Michael Grant, p.479.

494) Derek Traversi, *op. cit.*, pp.167 - 8.

495) William T. Moynihan, "Character and Action in Four Quartets", in Linda W. Wagner, ed. *op. cit.*, p.95.

즉 시간세계를 들락날락하는 순간,
한 줄기 햇빛에 없어지고 마는 정신착란의 발작이나,
보이지 않는 야생 백리향, 또는 겨울 번개,
또는 폭포, 또는 너무도 심원하게 들려서
전혀 들리지 않지만, 그 음악이 계속되는 동안
듣는 이 자신이 음악인 그런 순간들만이 있을 뿐. 이러한 순간들은
다만 암시와 추측일 뿐이다. 나머지는
기도, 준수, 규율, 사고 그리고 행위이다.
반쯤 추측된 암시, 반쯤 이해된 천혜는 성육이다.   (203 – 19행)


Men's curiosity searches past and future
And clings to that dimension. But to apprehend
The point of intersection of the timeless
With time, is an occupation for the saint –
No occupation either, but something given
And taken, in a lifetime's death in love,
Ardour and selflessness and self – surrender.
For most of us, there is only the unattended
Moment, the moment in and out of time,
The distraction fit, lost in a shaft of sunlight,
The wild thyme unseen, or the winter lightning
Or the waterfall, or music heard so deeply
That is not heard at all, but you are the music
While music lasts. These are only hints and guesses,
Hints followed by guesses; and the rest
Is prayer, observance, discipline, thought and action.
The hint half guessed, the gift half understood, is Incarnation.

크리스찬 스미트는 "엘리엇의 후기 작품에서는 무시간의 개념이 점점 더 기독교적인 계시와 관계된다"[496]고 말하여 무시간의 종교적 의미를 인정하고 있다. 또한 낸시 기쉬도 "엘리엇이 성자에게 속하는 것으로 여기는 교차의 경험은 신의 직접적인 이해와 신과의 합일일 것"[497]이라고 말하고 있다. "회전하는 세상의 중심에 있는 정점을 가리키는 시간과 무시간의 교차점"[498]은 만달라의 개념이기도 하다. 「네 사중주」에서의 무시간의 순간, 시간과 무시간의 교차점, 정점, 장미원 등은 만달라의 다른 표현이다.[499]

여기서 이 정점을 인식하는 일은 성자의 경우와 보통 사람의 경우로 나뉘어 설명된다. 윤회의 수레바퀴는 끊임없는 유동을 상징하며 계속 돌아간다. 이 세상에 있는 식물, 동물, 인간 등의 다양한 삶의 형태는 그들의 업에 따라 삶을 계속 영위한다. 그러나 성자는 수레바퀴의 정점을 이해하고 정점에 의하여 회전하는 세상을 이해함으로써 현실의 구속에서 벗어나 조화롭게 살 수 있다.[500] 성자는 "사랑과 열정과 무사함과 자기방기"를 통하여 신을 직접 인식하고 신과의 합일을 이룬다. 사랑의 본질로서의 희생과 더불어 육체적인 자아는 정복되고 진실한 자아, 즉 힌두교의 우파니샤드적인 '아트만'이 자기굴복의 정신을 통하여 드러난다.[501] 그러나 대부분의 인

---

496) Kristian Smidt, *op. cit.*, p.179.
497) Nancy K. Gish, *op. cit.*, p.129.
498) Harry Blamires, *op. cit.*, p.118.
499) P. W. Martin, *Experiment in Depth*, (London: Routledge and Kegan Paul, 1955), p.133.
500) P. S. Sri, *op. cit.*, p.51.

간들은 성자들처럼 신을 직접 인식할 수 없고, 종교적인 규율을 통하여 "주의하지 않은 순간"에 일시적으로 신과의 합일을 이루는 장미원의 순간에 접할 수 있을 뿐이다. 불교에서 성자는 궁극적으로는 집착을 버리고 현실의 모든 구속으로부터 해방된 자유로운 인간을 말한다.[502] 여기서 말하고 있는 성자는 불교에서 말하는 성자와 다르지 않다.

그러나 현실의 구속을 벗어버리지 못한 평범한 사람들은 성자처럼 신과의 완전한 합일을 기대하지 못하고 "반 정도 추측된 암시, 반 정도 이해된 천혜"를 성육으로 받아들일 수밖에 없다. 성육은 엘리엇이 모든 시작(詩作)과정을 통하여 추구한 이상이며 사고의 중심점이다. 여기서의 성육은 그리스도의 성육이지만 반드시 이에 국한되는 것은 아니다. 인도적인 성육의 개념과 기독교적인 성육의 개념 사이의 외관상의 대립이 여기에서 화해된다. 여기서 성육은 단일하거나 특별한 것이 아니라 반복될 수 있는 사건으로 언급되고 있다. 다시 말하여 그리스도의 성육은 독특한 사건이지만, 이것은 시간과 무시간의 교차점이기 때문에 황홀한 비전의 순간인 다른 교차점과도 관련되어 있다.[503] 엘리엇은 "이스트 코우커"의 끝부분에서 "더 완전한 합일, 더 깊은 영교를 위하여 / 또 다른 강렬함 속으로"(207-8행) 탐험해야 한다고 말하는데, 그렇게 탐험하는 목적이 신과의 완전한 합일, 즉 성육을 이루기 위해시임을 여기서 보여주고

501) Fayek M. Ishak, *op. cit.*, p.121.
502) 석영학, 앞의 책, 168쪽.
503) Staffan Bergsten, *op. cit.*, p.231.

있다. 대부분의 평범한 사람들이 "실재의 속성에 대한 직관적 통찰의 순간"[504]인 성육을 이루는 것은 "반 정도는 이해된 천혜"에 의하지만, 나머지는 "기도, 준수, 규율, 사고와 행위" 등 자신의 노력을 통해서이다. 이 다섯 가지 인간의 노력은 불교의 팔정도를 상기시키는 것으로 우리가 현실의 얽매임에서 해방되기 위해서는 올바른 노력이 필요하다는 것을 뜻한다. 우파니샤드와 「바가바드 기타」에도 해탈을 이루기 위해서는 인간의 노력이 필요하다는 사실과 인간의 삶에 신의 은총이 작용한다는 사실이 암시되어 있고 「바가바드 기타」에는 무시간적 존재가 때때로 육화하여 이 세상에 나타난다는 사실이 암시되어 있다.[505] 엘리엇은 우리가 궁극적인 깨달음에 도달하기 위해서는 각자의 노력이 필요하다는 생각을 여기서 보여주고 있는 것이다. 대부분의 평범한 사람들에게 천혜는 신의 은총으로 주어지지만, 그들은 신의 은총만으로 성육을 이루는 것이 아니라 스스로의 노력을 통하여 그것을 이루게 된다. 성육은 평범한 사람들이 성자들처럼 "시간과 무시간의 교차점"을 인식하는 것으로, 평범한 사람이라도 성육을 이루면 그에게는 현실적인 모든 시간 구분이 없어지고, 그는 신과의 완전한 합일을 이루게 된다. 성육은 신과 인간, 영원과 시간의 불가능한 합일을 상징한다.[506]

이와 같이 현실과 절대세계의 결합의 가능성을 추구한 시인은 그 결합이 이루어진 상태를 다음과 같이 설명한다.

504) Elizabeth Drew, op. cit., p.144.
505) P. S. Sri, op. cit., pp.105-6.
506) Fayek M. Ishak, op. cit., p.122.

여기에서 존재영역들의
불가능한 결합이 구현되고,
여기에서 과거와 미래는
정복되고, 화해된다,
그렇지 않다면 여기서는 행동이
움직임의 원인도 없이 −
다만 악마나 귀신의 힘에 이끌리는,
움직이지 않는 것의
움직임이리라. 그리고 옳은 행동은
과거와 또한 미래로부터의 해방이다.
대부분의 우리들에게는 이것이
여기에서 결코 실현될 수 없는 목표이다.
우리는 노력을 계속하고 있기 때문에
다만 패배하지 않을 뿐이다.
우리의 일시적인 역전이
(주목나무로부터 과히 멀지 않은 곳에서)
의미심장한 토양의 삶을 풍요롭게 한다면
우리는 결국 만족하리라.                    (220−37행)


Here the impossible union
Of spheres of existence is actual,
Here the past and future
Are conquered, and reconciled,
Where action were otherwise movement
Of that which is not moved
And has in it no source of movement −
Driven by daemonic, chthonic

Powers. And right action is freedom

From past and future also.

For most of us, this is the aim

Never here to be realised;

Who are only undefeated

Because we have gone on trying;

We, content at the last

If our temporal reversion nourish

(Not too far from the yew – tree)

The life of significant soil.


　수태고지는 성육을 말하는데 성육은 이중성을 지니고 있다. 성육을 통하여 "존재영역들의 불가능한 결합이 사실화되고, 과거와 미래가 정복되고 화해된다." 이처럼 성육은 현실과 종교세계의 두 영역을 하나로 합치는 역할을 한다. 그리스도가 인간으로 태어날 때의 성육 가운데서 이미 시간과 영원이 결합되었다.[507] 대부분의 인간은 이 세상에서 성육을 이룰 수 없지만 우리가 이 세상에서 성육을 이룰 수 없다고 해서 좌절할 필요는 없다. 우리는 신의 은총이 주어지기를 기다리는 겸손한 자세로 노력하기만 하면 되는 것이다. 그러면 "여기"에서 "일시적인 역전"이 이루어진다. "우리의 일시적인 역전"은 표면적으로는 육체의 죽음을 의미하지만 "의미심장한 토양의 삶"은 그 이상의 것을 뜻한다. 이 작품은 행동의 결실과 재생에

---

507) Wallace Fowlie, "Time in Sever Hall and in The Quartets", in James Olney, ed. *op. cit.*, p.94.

관한 시편이다.508) 여기서 화자는 우리가 결과에 마음을 두지 않고 올바르게 노력하는 것이 중요하다는 점을 말하고 있다. "죽음의 상징인 주목나무는 한편으로는 그 안에 역사의 형식이 존재하는 영원의 상징"509)이다. 그러므로 우리가 비록 이 세상에서 성육을 이루지는 못하더라도 죽음에 가까이 접근하면서, 현실로부터 종교세계로의 "일시적인 역전"이 이 세상에서의 삶을 풍요롭게 한다면 우리는 만족한다.

화자의 이러한 성자와 같은 태도는 마지막 시편인 "리틀 기딩"에서도 계속 이어진다. "리틀 기딩"에서 그는 현실이 그대로 장미원임을 인식하게 된다. 이 작품은 앞의 세 편의 사중주뿐만 아니라 엘리엇의 모든 시의 결산을 시도하는 작품으로서 지금까지 그의 작품에 나온 모든 개념과 사상이 융화, 통일되어 하나로 된다. 여기서 현실과 종교세계 사이의 갈등도 해소되고 이 두 세계가 하나로 융합된다.

작품의 제목인 '리틀 기딩'은 1625년에 니콜라스 훼라Nicholas Ferrar와 그의 가족이 설립한 종교적 유토피아사회로서510) 종교와 현실이 하나로 융합된 신앙촌이다. 이 장소 이름을 제목으로 사용함으로써 엘리엇은 현실과 종교세계가 별개의 것이 아님을 상징적으로 암시한다.511) 가정생활과 종교생활이 화해를 이루는 이 장소이

508) Elizabeth Drew, *op. cit.*, p.188.
509) Leonard Unger, "T. S. Eliot", in Leonard Unger, ed. *op. cit.*, p.393.
510) Philip R. Headings, *op. cit.*, p.136.

름을 제목으로 사용함으로써 엘리엇은 가정생활과 종교생활의 어느 한쪽에 중점을 두는 것이 아니고 양편에 균등한 가치를 두고 있음을 암시한다. 이는 시각만 달리하면 지금까지의 현실이 그대로 절대 세계가 되기 때문에 이제 구태여 이 둘을 구분할 필요가 없어졌기 때문이다.

이러한 현실을 묘사하고 있는 이 작품은 계절에 관한 고찰로 시작된다.

> 한겨울 봄은 독자적인 계절이다.
> 해질 무렵엔 질퍽거리지만 영원하고,
> 극지와 열대 사이, 시간 속에 부유하는 계절이다.
> ……
> 이것이 봄철인데
> 시간의 계약 중엔 없다. 지금 산울타리 나무들은
> 한 시간 동안 일시적인 눈꽃송이들로
> 하얗다. 그것은 여름 꽃보다
> 더 순간적이고, 꽃망울도 안 맺고, 시들지도 않으며,
> 생성의 체계에는 없는 꽃이다.
> 그 여름이 어디에 있는가, 상상도 할 수 없는
> 영도의 여름이?                              (1-20행)

---

511) Harry Blamires, *op. cit.*, p.123.

Midwinter spring is its own season

Sempiternal though sodden towards sundown,

Suspended in time, between pole and tropic.

. . .

This is the spring time

But not in time's covenant. Now the hedgerow

Is blanched for an hour with transitory blossom

Of snow, a bloom more sudden

Than that of summer, neither budding nor fading,

Not in the scheme of generation.

Where is the summer, the unimaginable

Zero summer.

지금의 계절은 겨울인데 이때의 한 낮의 햇빛은 현실 가운데 위치하는 영원한 순간이라는 오묘한 순간을 만들어낸다. "상상도 할 수 없는 영도의 여름"은 바로 이러한 오묘한 순간으로 시간의 구별이 불분명해지는 순간의 영원한 행복을 나타낸다.512) 이 순간은 시간세계 즉 현실 가운데서 순간적으로 파악되는 무시간의 순간이다.513) 이 오묘한 순간은 불교적인 용어로 말하면 자성이 드러나는 순간이다.514) 불교의 교리에 따르면 인간은 누구나 불성을 지니고 있다. 평범한 인간들은 이 불성을 계발하여 해탈에 이르지 못한 상태에 있을 뿐이다. 평범한 인간들도 현실 가운데서 생활하면서 자신의 불성을

---

512) A. C. Partridge, *op. cit.*, p.245.

513) Cleanth Brooks, *The Hidden God*, p.80.

514) Constance De Masirevich, *op. cit.*, p.51.

깨우치면 해탈에 이르게 된다. 화자는 여기서 이와 같은 오묘한 순간이 현실 가운데 있음을 인식하고 있다. 클레오 맥넬리 컨즈Cleo McNelly Kearns도 눈으로 피어난 "이 꽃이 현실(Samsara)이며 해탈(Nirvana)"515)이라고 말하여 이를 긍정하고 있다. 이런 오묘한 순간은 '리틀 기딩'이라는 현실이 있음으로 해서 존재할 수 있다.

'리틀 기딩'은 우리가 어느 길을 통해서 오든지 도달할 수 있는 장소이고 이곳에 도착함으로써 그 목적이 완수되는 장소이다. 결국 이 장소는 영국의 한 장소이면서 추상적인 세계가 되는 장소이다.

> 그리고 그대가 온 목적이라고 생각한 것은
> 다만 한 껍질, 의미의 껍질로서,
> 목적은 그것이 다소라도 실현되는 때에 비로소
> 그 껍질에서 터져 나온다. 그대에겐 목적이 없었거나
> 또는 그 목적이 그대가 상상한 목표를 지나치고,
> 달성될 때에는 변질되거나 한다. 다른 곳에도
> 또한 세계의 끝은 있다, 어떤 곳은 바다의 턱에,
> 또는 시커먼 호수 위에, 사막이나 도시에-
> 그러나 이곳이 시간과 장소에 있어 가장 가깝다,
> 지금 그리고 영국에서는                    (31-40행)

> And what you thought you came for
> Is only a shell, a husk of meaning
> From which the purpose breaks only when it is fulfilled

---

515) Cleo McNelly Kearns, *op. cit.*, p.257.

If at all. Either you had no purpose
Or the purpose is beyond the end you figured
And is altered in fulfilment. There are other places
Which also are the world's end, some at the sea jaws,
Or over a dark lake, in a desert or a city —
But this is the nearest, in place and time,
Now and in England

   이곳이 모든 목적이 완수되는 장소라는 것은 "드라이 셸비지즈"에서 크리쉬나의 말을 빌려 화자가 권고한 앞으로 나아가는 일이 완수되는 장소라는 의미이다. 즉 이 장소는 현실 가운데 있는 시간과 무시간의 교차점, 즉 정점인 것이다. 정점은 이 삶 자체에서 획득될 수 있는 깨달음의 상태이지 죽음 너머의 어떤 세상에 있는 것이 아니다.516) 정점은 감각을 초월하고 욕망, 행동, 고통으로부터의 자유를 가져오며 우리에게 이해를 초월하는 평화를 부여한다. 정점은 순간적이면서도 잊을 수 없고, 일시적이며 영원하고, 시간 안과 밖에 있는, 과거와 미래가 모여 있는, 모든 대립이 해소되는 현재의 순간이다. 이 장소는 장미원이며 현실의 모든 잡다한 것이 끝나는 장소이므로 "세상의 끝"인 것이다. 엘리엇은 여기서 세상이 끝나는 방법, 즉 성육을 이해하는 방법이 다른 곳에도 있다고 함으로써 다른 종교에서도 추구하는 궁극적 이상은 동일함을 말하고 있다.

   화자가 이 정점으로 온 것은 의미의 껍질을 위해서이다. 이 양파

---

516) P. S. Sri, *op. cit.*, p.96.

의 이미지는 디오니서스나 십자가의 성 요한가 부정의 길에서 그들의 규율을 위해 사용한 이미지이다. 하지만 붓다도 중심에 아무것도 없이 오직 껍질만으로 구성되어 있는 양파의 이미지를 사용하여 깨달음에 이르는 길을 설명하고 있다. 붓다는 우리가 마치 양파의 껍질을 한 꺼풀씩 벗겨나가듯이 자신의 마음을 계속 벗겨나가면 결국 아무것도 남지 않게 되는데 이때 깨달음에 이른다고 했다.[517] 화자가 이와 같은 깨달음을 위해서 온 장소가 '리틀 기딩'이다. 그러므로 우리는 이곳에서 현실과 종교적인 깨달음이 하나로 됨을 알 수 있다. 화자는 시간과 무시간의 교차점을 인식하기 위하여 이곳에 온 것이다. 그가 이곳에 온 것은 무엇을 "증명하거나, 지식을 늘리거나, 호기심을 채우거나 보도하기 위해서"(45-7행)가 아니다. 그는 "기도가 효험 있었던 장소에서 기도하기 위하여"(47-8행) 온 것이다.

우리가 현실과 종교 세계가 하나로 되는 곳에 도달하기 위해서는 "감각과 개념", 즉 육체적인 오관과 정신적인 사려분별을 버리고 겸손해야 한다. 이 작품에서 겸손이 직접 언급되지는 않았지만 인간의 한계를 인식하는 것이야말로 사실상의 겸손이라 할 수 있다.[518] 우리가 겸손함으로써 죽은 사람과의 영교도 시간을 뛰어넘어 가능해진다. 진실한 기도는 말이나 의식으로 하는 것이 아니다. "기도가 직관의 단계를 넘어 전적으로 의식적인 실재의 단계로 나아갈 때 장미원에서 계시의 순간이 위치시키는 것처럼 보이는 실재"[519]가

---

517) Eloise Knapp Hay, *op. cit.*, p.183.
518) James Kirkup, "Eliot", in Michael Grant, ed. *op. cit.*, Vol. Ⅱ.p.505.
519) Derek Traversi, *op. cit.*, p.187.

진실한 기도인 것이다. 진실하게 기도할 때 신 및 신과의 합일의 상태를 상징하는 정점인 "시간과 무시간의 교차점"은 지금 '리틀 기딩'이라는 명확한 한 지점으로 나타난다. 이 지점은 현실 속의 한 지점이므로 바로 영국이며, 일상적으로 구분되는 시간의 과정 밖에 존재하는 지점이기 때문에 아무 곳도 아니며, 따라서 현실 가운데에는 결코 없으면서도 항상 현존하는 지점인 것이다. 여기서 '리틀 기딩'이라는 특별한 순례지는 신비적인 영교가 이루어지는 모든 장소를 뜻하기 때문에 "영국이며 아무 곳도 아니고 결코 없으면서도 항상 있는"(55행) 보편적인 장소가 된다.520)

이곳에서 우리가 진실로 영교를 원할 때 '리틀 기딩' 자체가 장미원으로 변하고, 우리는 시간과 무시간의 교차점에 위치할 수 있게 된다. 우리가 시간과 무시간의 교차점을 인식하는 것은 해탈을 이루어 윤회의 수레바퀴에서 벗어나는 것이고 신과의 합일을 이루는 것이다. 그렇게 될 때 우리의 육체와 정신 및 이 세상을 구성하고 있는 흙, 물, 불, 바람 등의 4대 원소가 모두 허망한 것으로 보이게 된다.

화자는 현실을 바라보는 관점에는 세 가지가 있다고 말한다. 첫째는 현실에 집착하는 것이니 이는 현실을 벗어나려는 정신적인 노력이 전혀 없이 현실에 만족하며 지내는 삶이다. 둘째는 현실에서 초탈한 것이니 이것이 바람직한 삶의 길이나. 셋째는 이 양지 사이에 존재하는 무관심이니 이것은 "죽음과 같은 상태"521) 인 황무지

---

520) Constance De Masirevich, *op. cit.*, p.53.

적인 삶이라 할 수 있다. 바람직한 삶은 초탈의 길로서 「바가바드 기타」에서 크리쉬나가 말한 것처럼 행동의 결과에 연연하지 않고 오직 공평무사한 태도로 살아가는 것이다. 또한 초탈, 비집착은 불교적인 개념으로서 자연적인 것이 아니라 의식적으로 노력함으로써 이루어지는 것으로, 자기 몰각, 즉 완전히 자신을 방기함으로써 자신을 잊는 것과 같다.522) 공에 대하여 생각하는 사람만이 이 초탈의 길을 갈 수 있다. 집착과 초탈은 외견상 무관심에서 화해를 이루는 듯하지만 이는 거짓된 것이고, 사랑에서 진실로 조화를 이루게 된다.523) 이 세 가지 길 중에서 가장 나쁜 것은 무관심이다. 집착은 현실에의 관심이 과도하기 때문에 생기는 것이고, 초탈은 현실에 관심이 있기는 하지만 그것이 바람직한 것이 아니라는 사실을 알기 때문에 취할 수 있는 행동이다. 그러나 무관심은 현실에 대한 생각이 전혀 없고, 이를 초월하려는 의식조차 없는 상태이기 때문에 가장 나쁜 것이다. 초탈이 가장 좋지만 집착도 무관심보다는 낫다.524)

"리틀 기딩"의 제4부에서 현실과 이상이 합치되는 광경이 런던의 공습 장면으로 제시된다.

---

521) James Kirkup, "Eliot", in Michael Grant, ed. *op. cit.*, Vol.Ⅱ. p.507.
522) Edward Conze, *op. cit.*, p.135.
523) Denis Donoghue, "T. S. Eliot's Quartets: A New Reading", in *Twentieth Century Poetry: Critical Essays and Documents*, (Stratford: The Open University Press, 1975), eds. Graham Martin and P. N. Furbank, p.316.
524) Philip R. Headings, *op. cit.*, p.140.

비둘기가 내려오면서 백열의
공포의 불길로 대기를 부순다
그 불길의 혀가 선언한다
죄와 과오로부터의 유일한 구원을.
유일한 희망, 그렇지 않으면 절망은
이 불섶을 택하느냐 저 불섶을 택하느냐에 있다 —
불로써 불로부터 구원받기 위하여.　　　　　　(202 — 8행)

The dove descending breaks the air
With flame of incandescent terror
Of which the tongues declare
The only discharge from sin and error.
The only hope, or else despair
Lies in the choice of pyre or pyre —
To be redeemed from fire by fire.


　백열의 공포의 불꽃과 더불어 오는 비둘기는 신의 구원의 불이
다.525) 비둘기는 전통적으로 성령의 상징으로 사용되기 때문에526)
비둘기의 도래는 성령의 도래라고 할 수 있는데 성령의 도래는 이
세상에 신이 계속하여 존재한다는 사실을 암시한다.527) 성령의 도
래로 인하여 우리는 죄와 잘못을 벗어나서 현실 가운데서 지복의
순간을 맞이하게 된다. 우리가 정화의 불에 의하여 욕정의 불로부터

---

525) Elizabeth Drew, *op. cit.*, p.196.
526) Martin Scofield, *op. cit.*, p.233.
527) Nancy K. Gish, *op. cit.*, p.116.

해방되기 위해서는 올바른 선택을 해야 한다. 우리가 올바로 선택하기만 한다면 우리는 현실 가운데서 지복의 순간을 경험할 수 있겠지만 올바로 선택하지 못한다면 현실은 계속 암담한 상태에 있게 된다. 우리가 올바로 선택하고 노력하기만 하면 폭격당하고 불타는 런던, 바로 이곳에서, 지금 우리의 이상, 지금까지 화자가 추구해왔던 궁극적인 실재인 신과 인간과의 결합이 이루어지게 된다.528)

이러한 현실과 이상의 여기서의 결합은 현실과 기독교적인 신과의 결합이라기보다는 사랑과의 결합이다.

> 그러면 누가 고통을 고안해냈는가? 사랑이다.
> 사랑이란 견딜 수 없는 화염의 셔츠
> 인간의 힘으론 벗길 수 없는 셔츠를 짠
> 두 손 뒤에 있는
> 낯선 이름이다.
> 우리는 이 불, 그렇지 않으면 저 불에 태워지면서
> 살 뿐이요, 숨 쉴 뿐이다.                    (209 - 15행)

> Who then devised the torment? Love.
> Love is the unfamiliar Name
> Behind the hands that wove
> The intolerable shirt of flame
> Which human power cannot remove.
> We only live, only suspire
> Consumed by either fire or fire.

---

528) A. D. Moody, *op. cit.*, p.256.

헤르큘레스는 독약이 묻은 네서스의 셔츠를 벗어버릴 수 없어서 고통을 겪으면서 장작불에 몸을 던져 자신의 육체를 불태웠는데 신성한 원소는 남아서 올림푸스로 올라갔다. 비록 인간이 참을 수 없는 욕정의 셔츠를 만들었으나 신성한 사랑도 역시 "참을 수 없는 불길의 셔츠"이다. 왜냐하면 인간의 손의 배후에는 어떻게 하면 고통이 치유될 수 있는가를 보여주는 상처 입은 외과의의 손이 있기 때문이다.529) 우리가 올바른 행동에 의해 현실의 욕정을 사랑으로 승화시키고 정화의 불에 의해 우리의 욕정과 자아를 불태울 때, 우리는 진실한 삶을 영위할 수 있게 된다. 불교의 자비나 기독교의 사랑은 자신보다는 남을 먼저 생각하는 것으로 비록 언어적 표현은 다르지만 실제로는 동일한 것이다. 여기에 등장하는 사랑은 궁극적인 실재이므로 기독교적인 신의 의미로 국한시킬 수는 없다.530)

"리틀 기딩"의 제5부에는 지금까지 「네 사중주」에 나왔던 모든 개념과 상징이 종합되어 있다.

> 우리가 시초라고 부르는 것은 흔히 끝이고
> 끝을 맺는 것은 시초를 만드는 것이다.
> 끝은 우리가 출발한 그곳이다.
> ......
> 우리는 죽어가는 이와 함께 죽는다.
> 보라, 그들이 떠나고, 우리도 그들과 함께 간다.

---

529) Elizabeth Drew, *op. cit.*, p.196.
530) Derek Traversi, *op. cit.*, pp.205 - 6.

우리는 죽은 자들과 함께 태어난다.
보라, 그들이 돌아오며, 우리를 함께 데리고 온다.
장미의 순간과 주목나무의 순간은
동등한 기간. 역사 없는 민족은
시간에서 구원받지 못한다. 왜냐하면 역사는
무시간의 순간의 한 패턴이기 때문이다. 그래서 겨울날 오후,
외딴 예배당 안에, 빛이 희미해질 때
역사는 지금이고 영국이다.                    (216-39행)


What we call the beginning is often the end
And to make an end is to make a beginning.
The end is where we start from.
......

We die with the dying:
See, they depart, and we go with them.
We are born with the dead:
See, they return, and bring us with them.
The moment of rose and the moment of the yew-tree
Are of equal duration. A people without history
Is not redeemed from time, for history is a pattern
Of timeless moments. So, while the light fails
On a winter's afternoon, in a secluded chapel
History is now and England.


　　시작과 종말이 간단없이 뒤섞이는 것은 불교적인 관점에서의 현실
의 계속되는 윤회를 철학적으로 표현한 것이다. 해탈을 이루지 못한

상태에서는 생이 무한히 계속된다. 우리는 죽으면 다시 태어나고 태어나면 다시 죽는 윤회를 거듭한다. 그러므로 사랑의 시간과 죽음의 순간이 동일한 지속기간을 갖는다. 주목나무는 죽음과 불멸의 상징[531]이기 때문에 인간은 그 그늘에서 평화로이 휴식을 취할 수 있다. 여기서 "현세의 삶에서 발생하는 신비로운 황홀의 순간",[532] 즉 사랑에 대한 두려움이 죽음에 대한 두려움과 결합되어 각각이 모두 삶에 대한 두려움을 지닌다.[533] 현실에서의 신의 편재를 이해하는 것이 현세의 실체를 부정하거나 현세의 실체가 없는 특성을 선언하는 것은 아니다. 그것은 현세의 실체양식을 처음으로 신의 창조물로 이해하는 것이다.[534] 그러므로 그것은 현실 가운데의 한 장소에서 무시간의 순간을 경험하는 것이다. 전기시에서는 의미가 없는 것으로 부정되었던 역사도 무시간의 양식으로 인식되고 '리틀 기딩'에서 한 겨울의 "영도의 여름"이라는 오묘한 순간의 실현이 기약된다. 다시 말하면 '리틀 기딩'이라는 현실에서 현실과 종교생활이 결합되어 중심인 정점이 현실을 상징하는 원주의 각 부분과 연결되게 된다.[535]

화자는 사랑에 이끌려, 소명의식을 지니고 탐구를 계속하여 낙원

---

531) Leonard Unger, "T. S. Eliot", in Leonard Unger, ed. *op. cit.*, p.393.
532) Staffan Bergsten, *op. cit.*, p.241.
533) Helen Gardner, "The Music of 'Four Quartets'", in Bernard Bergonzi, ed. *op. cit.*, p.132.
534) Morris Weitz, "T. S. Eliot: Time as a Mode of Salvation", in Bernard Bergonzi, ed. *op. cit.*, p.152.
535) Nancy K. Gish, *op. cit.*, p.118.

에 도달한다.

우리는 탐구를 그치지 않으리라
그러면 모든 우리의 탐구의 끝은
우리가 처음 출발했던 곳에 도달하는 것이며
그 장소를 처음으로 아는 것이리라.
미지의, 기억된 문을 지나서
아직 발견되지 않은 마지막 땅이
바로 시초였던 곳일 때,
가장 긴 강의 근원에서 일어나는
숨겨진 폭포소리나
사과나무 속의 어린이들의 목소리는
찾은 것이 아니니까 알려지지도 않았지만,
들린다, 반쯤 들린다
바다의 두 파도 사이 정적 속에서.
빨리, 당장, 여기, 지금, 언제나 -
하나의 완전히 단순한 상태
(모든 것 이상을 대가로 하는)
모든 것이 잘 되리라
사물들의 모든 방식이 잘 되리라
화염의 혀들이 한데 겹쳐지고
불의 왕관을 쓴 매듭이 되고
불과 장미가 하나로 될 때.                    (241-61행)


We shall not cease from exploration
And the end of all our exploring

Will be to arrive where we started
And know the place for the first time.
Through the unknown, remembered gate
When the last of earth left to discover
Is that which was the beginning;
At the source of the longest river
The voice of the hidden waterfall
And the children in the apple – tree
Not known, because not looked for
But heard, half – heard, in the stillness
Between two waves of the sea.
Quick now, here, now, always –
A condition of complete simplicity
(Costing not less than everything)
And all shall be well and
All manner of things shall be well
When the tongues of flames are in – folded
Into the crowned knot of fire
And the fire and the rose are one.


　여기에는 지금까지 「네 사중주」에 나온 인간의 속성과 자연세계에 관한 모든 은유가 요약되고 융합되어 있다. 시인의 탐구는 끝이 없지만 "더 깊은 정신적인 강도와 영교로의 탐구는 우리를 다시 자연과 인간의 세상, 즉 장미원으로 이끌어 그 장미원이 다른 형식으로 새로워지고 변형된 것을 발견하도록 한다."536) 우리의 진실한 목적은 시작의 진실한 속성을 이해하는 것, 다시 말하여 자신과 세계의 신성한 기원, 탄생과 타락으로 인해 일시적으로 향유할 수 없었던 기쁨과 신의 진실한 속성을 아는 것이다. 우리가 일시성의 한계와 죄의 사실에 매여 있는 인간이고 지상에 추방당해 있는 인간이기 때문에 유일한 진전은 "문"을 통하여야 한다.537) "기억된 문", "사과나무 속의 어린이들의 목소리", "고요 속에서 들린, 반쯤 들린" 등의 말은 "번트 노튼"과 "드라이 셀비지즈"에서 나온 가능한 실재의 순간적 인식을 암시한다. 또한 여기서 에덴동산의 신화와 낙원에 있는 근원으로부터 흐르는 강물이 언급된다.538) 이 강물은 또한 "드라이 셀비지즈"에서 나온 "강은 신"이라는 구절을 상기시켜 기독교 이외의 다른 종교의 원천도 이와 다를 바 없음을 암시한다. "기억된 문"은 생명의 강물의 근원인 낙원에 있는 "숨겨진 폭포 소리"와 사과나무에 어린이들이 있는 곳, 즉 장미원으로 통하는 문이다. "번트 노튼"에서 도입된 장미원의 궁극적 형태가 시작이면서 동시에 종말인 것이다.539) 사과나무는 "드라이 셀비지즈"의 "쓴 사과와 사과 한 입"(118행)을 상기시키며 아담의 타락 이후 인간이 원죄를 지고 있음을 말한다. "바다의 두 파도 사이에서 고요 속에 들리고 반쯤 들린"은 "드라이 셀비지즈"에서의 "조종"과 "반 정도 추측된 암시, 반 정도 이해된 천혜"를 상기시킨다. 이는 기독교적인 의미뿐만 아니라 불교적인 의미와 힌두교적인 의미를 지니고 있음

---

536) Elizabeth Drew, *op. cit*., p.198.
537) Harry Blamires, *op. cit*., p.180.
538) Derek Traversi, *op. cit*., p.214.
539) George Williamson, *op. cit*., p.233.

은 앞에서 설명한 바 있다. 이것은 현실 가운데서 장미원의 순간을 경험하기 위하여 인간이 노력해야 할 바인 것이다. 여기서 자연의 이미저리를 사용한 상징적인 탐구는 끝나고 이어서 순수한 추상의 세계가 전개된다.

"빨리, 당장, 여기, 지금, 언제나"라고 우는 새의 소리는 일상적으로 구분되는 모든 시간이 지향하는 "항상 현존하는 한 점"이 현실 가운데 영원히 현존함을 암시한다. 이 한 점은 "회전하는 세상의 중심점"과 동일한 지점으로 "드라이 셀비지즈"에서 "성육"으로도 표현된 "시간과 무시간의 교차점"이다. 이 교차점은 기독교적인 의미뿐만 아니라 불교와 힌두교적인 의미를 지니는 지점이다.540) "완전히 단순한 상태"는 "겸손은 인간이 얻기를 바랄 수 있는 유일한 지혜"라는 말을 상기시켜 모든 현실적인 구속을 떨쳐버리고 신을 받아들일 수 있는 상태임을 말한다. "모든 것 이상을 대가로 하는" 이란 성자의 일은 "사랑에서의 평생의 죽음, 열정, 무사함, 자기방기"를 통하여 "시간과 무시간의 교차점"을 인식하는 일임을 상기시킨다. "모든 것이 잘 되리라"라는 말은 이 작품의 제3부에서 나온 노력과 죄악과 죽음 등 인간이 이 세상에서 받는 고통이 모두 "거룩한 신의 계획에 필요한 것"이라는 말을 상기시킨다. 여기서 시인은 신이 인간에게 가한 악과 고통도 신의 섭리에 의하여 주어진 것으로 받아들이는 겸손함을 보여 준다. 따라서 신의 **온총**과 인간의

---

540) Delmore Swartz, "Anywhere out of the World", in Michael Grant, ed. *op. cit.*, Vol.Ⅱ. pp.569‑70.

노력이 하나로 합쳐질 때 모든 것이 신의 섭리에 따라 잘 되리라고 시인은 말하는 것이다. 여기에서 "불의 왕관을 쓴 매듭"은 불교적 개념을 내포하기 때문에[541] 마지막 결론은 불교와 기독교 사상의 융합을 보여준다.[542]

이 작품은 이와 같이 화자가 현실 가운데서 장미원의 순간의 구현을 상상함으로써 끝난다. 현실이 비록 고통스러운 것이기는 하지만 우리가 크리쉬나의 권고대로 결과에 연연하지 않고 겸손한 자세로 공평무사하게 행동한다면 그 현실 가운데서 우리는 신도, 실재도, 시간과 무시간의 교차점도, 또 정점도 경험할 수 있는 것이다. 이러한 여러 가지 용어로 설명된 개념들은 별개의 것이 아니라 동일한 것인데 이해를 쉽게 하기 위하여 여러 이름으로 불렀을 뿐이다. 우리가 이러한 실재를 인식하기만 하면 현실이 그대로 장미원이 되고 우리는 윤회를 그치고 해탈에 이를 수 있다. 이 이상향은 엘리엇이 전기시에서부터 계속 추구해 온 현실의 구원이 이루어진 상태라 하겠다. 결국 이 작품에서 현실의 구원이 이루어지게 되었으므로 엘리엇의 모든 시작과정(詩作過程)은 보람찬 것이었다고 할 수 있다. 현실의 부정이나 탈피가 아니라 현실의 긍정으로서 끝날 수 있게 된 것은 엘로이스 냅 헤이가 다음과 같이 말하듯이 엘리엇이 추구해 왔던 이상향이 현실 가운데서 구현되기 때문이다.

---

541) "불은 성자의 정신적, 심리적, 윤리적 고행에 대한 불교도의 강조와 연관된 상징이다." Cleo McNelly Kearns, *op. cit.*, p.266.
542) Eloise Knapp Hay, *op. cit.*, p.187.

「네 사중주」의 탁월한 길에서 칭송되는 기독교 성자들은 모두
정점을 신의 왕국에서의 합일이 심지어는 우리가 지상에 있는 동안
에도 구현될 수 있다는 그리스도의 약속과 결합시킴으로써 디오니
서스의 부정의 길을 얼마간 바꾸었다. 삶의 세속적 실체와 "지금
그리고 언제나" 신과의 합일의 가능성에 대한 이 주장은 엘리엇이
그의 시편의 끝부분에서 불교적이지 않은 결론을 가져오게 되는 통
찰력이다. 그러나 그는 붓다의 이미지를 잊은 것은 아니다. 붓다의
초기 경전은 엘리엇이 자신의 기독교 전통을 재창조하는 데 도움을
주었다. 그 이미지는 "리틀 기딩"의 끝에서 두 번째 행에서 적절히
드러나 있다.

The Christian saints commemorated in the via eminentiae of
Four Quartets all modified Dionysius's negative way by
associating the still point with Christ's promises that union in the
Kingdom of God is actual even while one is on earth. This
assertion of life's earthly reality and the possibility of union with
God "now and always" is the vision Eliot brings to the last part
of his poem, a non‐Buddhist conclusion. He had not, however,
forgotten the image of the Buddha, whose early Scriptures, had
assisted him in recreating his own Christian tradition. That image
surfaces aptly in the second‐to‐last line of "Little Gidding".543)

이와 같이 엘리엇은 현실을 고통의 바다로 파악하고 있다. 현실
을 고통의 바다로 보는 이유는 현실이 흥망성쇠의 변전을 거듭하는
것으로서 영속적인 것이 아니기 때문이다. 이는 불교적인 관점에서

---

543) *Loc. cit.*

현실을 고통의 바다로 파악하는 것과 같다. 엘리엇은 순환하는 현상계의 중심을 강조함으로써 불교와 힌두교, 기독교의 개념을 융화시키고 있다. 이 정점의 이미저리는 동서양의 정신적인 지주의 융합을 꾀할 뿐만 아니라 고금의 철학사상까지 포용하여 시간과 무시간의 중심점이 되어 융화의 상징으로 사용되고 있는 것이다.

맺음말

엘리엇의 시는 기법과 내용 면에서 다양하기 때문에 그 속에서 전체를 관류하는 일관성을 찾기란 쉽지 않다. 그의 시를 일관하는 원리는 관점에 따라 여러 가지로 생각될 수 있겠으나 필자는 현실에 대한 관심이 중요한 원리 구실을 하고 있다고 생각한다. 그의 시에 있어서의 현실에 대한 관심은 종교와 밀접한 관련을 맺으면서 전개된다. 그는 동서고금의 여러 종교 및 사상에 관심을 지니고 있었으며 시기에 따라서 특정 종교나 사상에 보다 많은 관심을 드러내 보이고 있다. 본고에서는 그가 종교에 대하여 특별한 관심을 지니고 있지 않던 시기, 불교, 힌두교 등의 동양종교에 경도되던 시기, 기독교에 경도되던 시기, 동서양적 구원관의 융합을 꾀하던 시기 등의 네 시기로 나누어 그의 시를 고찰해 보았다. 시기에 따라 특정 종교에 대한 그의 관심이 작품 가운데 보다 두드러지게 표현되어 있으며 후기에는 특정 종교에 그의 관심이 편중되지 않고 여러 종교의 상징이나 암시가 융화되어 표현되어 있다. 이러한 그의 종교적 관심이 현실과 밀접한 관련을 맺으면서 변모하며 발전되고 있으므로 그는 현실에 대한 관심을 지니고 현실의 구원을 위하여 다양한 종교 및 사상을 탐구했다고 해도 과언은 아닐 듯싶다. 그것은 초기시의 현실부정의 태도에서 후기시의 현실긍정의 태도로 발전하는 과정에서 고뇌하고 탐색하는 시인의 자세가 작품 가운데 드러나 있기 때문이다.

여기서 우리는 엘리엇이 기독교인이면서도 다른 종교에 많은 관심을 지니고 있었다는 점에 착안하여 그가 현실의 구원을 모색하는 과정 및 그 결론을 살펴보았다. 그가 태어나고 자라난 가정이 유니테어리언이즘을 신봉하는 집안이었지만 기독교 이외에도 불교, 힌두교 등의 동양종교가 그의 정신적 성장과정에 큰 기여를 했음은 이미 살펴본 바와 같다. 그의 불교에 대한 이해는 대학원 재학시절에 시작된 것이 아니라 그보다 앞선 시기에 이미 시작된 것이라 할 수 있다. 왜냐하면 그는 부처의 생애에 관한 장편 서사시인 「아시아의 빛*The Light of Asia*」에 관하여 다음과 같이 말하고 있기 때문이다.

> 나는 이러한 방식으로 내가 지금까지도 따스한 애정을 지니고 있는 시편인 에드윈 아놀드 경이 쓴 「아시아의빛」을 소년시절에 우연히 접하게 되었다. 이 작품은 고타마 붓다의 생애에 관한 장편의 서사시였는데 내가 그 내용에 잠재적인 공감을 지녔었음에 틀림없다. 왜냐하면 나는 이 작품을 즐겁게, 두 번 이상이나 읽었기 때문이다.

> It was in this way that I came across, as a boy, a poem for which I have preserved a warm affection: *The Light of Asia*, by Sir Edwin Arnold. It was a long epic poem on the life of Gautama Buddha: I must have had a latent sympathy for the subject－matter, for I read it through with gusto and more than once.[544]

여기서 우리는 그가 이 작품에 대하여 "따스한 애정을 지녀왔다"는 말과 그 내용에 관하여 "잠재적인 공감을 지녔었음에 틀림없다"는 말에 주목할 필요가 있다. 그가 영국국교로 개종한 시기를 전후한 작품에서 명백히 기독교적인 태도를 보인다는 사실은 부정할 수 없다. 그러나 그의 작품 전체를 오직 기독교적인 관점에서 쓰여진 것이라고 해석하는 것은 다소 편협한 태도라고 여겨진다. 왜냐하면 위 글에서도 보이듯이 그가 부처의 생애에 관한 작품에 "따스한 애정"을 지녀왔으며 (현재완료 시제로 되어 있는 것에 주의해야 한다. 이 글이 들어 있는 "무엇이 열등한 시인가"는 그의 모든 시편이 발표된 이후인 1944년 9월에 처음 행해진 연설이며, 이 연설이 실린 「시와 시인에 관하여On Poetry and Poets」는 1957년 9월에 처음 출판되었다. 따라서 붓다에 대한 그의 관심이 일과성의 것이 아니라 지속적인 것임을 알 수 있다), 지금 (1944년 이 연설이 행해질 때)은 어떤지 모르겠으나 적어도 한동안은 "잠재적인 공감을 지녔었음에 틀림없는" 것으로 보아 그의 작품에 그 흔적이 남아 있음을 그도 긍정하는 것으로 확대해석할 수 있기 때문이다. 실제로 그는 자신의 작품에 동양사상의 영향이 남아 있음을 긍정하기도 했다.[545] 또한 그가 「황무지」를 쓸 때 불교로 개종하려 했음을 생각하면 이 작품에는 기독교적인 요소보다는 불교나 힌두교적인 요소가 더 큰 비중을 차지하고 있으리라는 것을 쉽게 짐작할 수 있다.

---

544) T. S. Eliot, *On poetry and Poets*, p.42.
545) 본고 서론 주 18 참조.

우리는 「황무지」 이전의 작품에서 엘리엇이 현실을 어떻게 인식하고 있는가를 살펴보았다. 초기시에서 그는 현대문명의 황혼기적 상태와 영적 실체에 귀의하지 못하고 죽음의 도시 같은 현실에 질식당하는 현대인의 모습을 묘사하며 구원의 가능성을 모색하였다. 이 시기의 작품에서는 현실이 부정적인 모습으로 묘사되고 있으며 이에 대립되는 이상향의 세계는 비록 여러 가지 모습으로 나타나고 있으나 현실과 절연되어 있다. 이상향의 세계와 대립되어 있는 현실은 이 두 세계 사이의 차이가 크면 클수록 부정적으로 인식될 수밖에 없다. 엘리엇의 초기시에서 현실에 몸담고 있는 현대인들은 진정한 정신적인 삶을 영위하지 않고 단지 물질적, 육체적인 삶만을 영위하고 있어서 동물과 다름없는 삶을 살고 있다. 이들은 상호간에 진정한 정신적 교감을 이루지 못한 채 의사소통이 단절되어 소외된 상태에 있고 이들의 현실은 정신적인 지주가 없이 파멸로 치닫고 있는 상태이다. 서구문명의 토대를 이루고 있는 기독교조차도 그 현실적인 모습은 타락한 상태에 있다고 인식한 엘리엇은 현실을 구원하기 위한 방도를 힌두교, 불교 등의 동양의 정신문명에서 모색하게 된다.

그가 동양의 정신문명에 경도된 시기의 작품인 「황무지」에서 그는 불교와 힌두교 등의 동양의 정신문명에 입각하여 현실을 파악하고 그 현실에서의 해탈 내지 구원의 가능성을 모색한다. 이 작품에서 현대인들은 정신적 가치관의 부재로 인하여 성적인 타락, 권태 등을 겪는 소외상태에 처해 있다. 특히 그들은 윤회의 수레바퀴에 매여 있기 때문에 그들의 영원히 반복되는 삶이 고통스러운 것이라는 사실을 이 작품의 화자는 인식하고 있다. 그들의 현실도 역시 파멸로 치닫고 있으며 그는 이를 구원하고자 한다. 황무지의 주민들도 현실 가운데서 해탈을 이루면, 그들과 그들의 현실이 구원될 것이지만 그들은 이 사실을 깨닫지 못하고 황무지적인 삶을 계속 영위할 뿐이다. 그들과 그들의 현실의 구원 가능성은 "주라, 동정하라, 자제하라"는 우레의 명령으로 제시되기는 하지만 그것은 가능성에 그칠 뿐이다. 이것은 서구인인 엘리엇이 동양의 정신문명을 통해서 이룰 수 있는 한계였다. 감정적 이유와 실용적인 이유 때문에 동양과 서양의 문화적 장벽을 초월할 수 없었던 그는 전통과 정통을 찾아 기독교로 눈을 돌린다.

그는 전통과 정통을 추구하여 영국국교로 개종한 이후 기독교를 통하여 현실의 구원방도를 모색한다. 그러나 그 모색은 그가 현실을 떠남으로써 현실의 문제를 회피하고자 하는 것으로 진행된다. 그는 신과의 합일을 추구하면서 종교세계로 깊이 침잠함으로써 현실의 고난을 외면하려 한다. 이 시기에 나온 작품들의 화자는 현실이 영적 생활을 영위하는 데 방해되는 것으로 인식하고 이상향의 세계, 즉 신의 세계인 천국을 향해 나아가면서 현실을 포기하고 현실로부터 떠나기를 염원한다. 이 시기에 나온 작품 중의 하나인 「성회 수요일」의 화자는 신과의 일시적인 합일의 순간인 장미원을 경험하기도 하지만 현실을 도외시한 상태에서의 이상적인 절대세계의 추구는 현실의 구원이라는 측면에서 본다면 거의 무가치한 것이라 해도 과언이 아니다. 엘리엇은 현실의 구원방도를 모색하고 있으므로 여기에서 그가 기독교의 한계를 느꼈다고 생각된다. 그러므로 우리는 여기서 그의 태도에 있어서 어떤 변화가 필연적으로 뒤따를 것임을 예견하게 된다.

그 변화는 「네 사중주」에서 나타난다. 그는 기독교 사상을 버리지는 않지만, 개종 이후 기독교로만 경도되던 태도를 지양하고 힌두교, 불교 등의 동양종교와 고대 철학사상까지 융합하면서 현실과 절대세계의 타협 내지는 융화를 구한다. 이러한 태도의 변화는 그가 편협한 기독교인이 아니라 다른 종교의 가치를 적극적으로 인정하는 포용력 있는 종교인이 되었음을 드러낸다. 그는 모든 종교의 근본이 동일함을 인식했던 것이다. 훼엑 이샥Fayek M. Ishak도 엘리엇과의 인터뷰에서 그가 동양의 종교와 서양의 그것이 근본적으로는 동일하다고 생각하고 있음을 알게 되었다고 다음과 같이 말하고 있다.

나의 엘리엇과의 인터뷰에서, "당신은 불교, 힌두교, 기독교가 상호간의 종교의식의 차이에 관계없이 동일한 목적을 위해 일한다고, 적어도 신비주의적 관점에서는 그렇다고 생각하는가"라는 나의 질문에 그는 다음과 같이 대답했다. "그래요, 그러나 우리가 그것 모두를 믿을 수는 없습니다. 우리는 '하나의' 신앙을 가져야 합니다. 나는 기독교가 불교 경전과 공통점이 더 많다고 생각합니다. 불교 경전에는 붓다가 타인의 구원을 위하여 부활할 것이라고 적혀 있습니다. 이 종교들은 사랑과 자비, 그리고 구원을 추구하는 점에서 같습니다." 이 종교들은 또한 "물질"에서의 초탈과 모든 유형의 소유를 포기하는 점에 있어서도 명백히 똑같다. 이 특징들은 인간을 절박한 상실로부터 지키는 일이 뒤따르게 될 그러한 필연적인 구원을 성취하는 데 있어서 근본적인 역할을 한다.

In my interview with the poet, he gave me the following answer to my question: "Do you think that Buddhism, Hinduism and Christianity work for the same purpose irrespective of the sacramental differences among them, at least from the mystical point of view?" "Yes. One can't believe in them all. One should have 'a' faith. I think Christianity has more in common with the Buddhist Sutra which states that Buddha will come back for the salvation of others. These religions are in common in love, in charity and in seeking salvation." They are notably alike too in the fields of detachment from "matter" and renunciation of all types of possessiveness. These features play fundamental roles in bringing about the necessary redemption which may ensue in the rescue of mortals from imminent loss.546)

엘리엇은 이와 같이 동서양의 종교의 본질이 사랑과, 인간의 구원에 있어서 공통된다고 생각하고 있었던 만큼 그러한 생각이 그의 작품에 명시적 또는 암시적으로 드러나는 것은 당연한 일이다. 이러한 생각은 장미원과 정점으로 구현되어 있는데 장미원은 현실과 절연되어 있는 장소가 아니라 바로 현실이며, 정점은 기독교의 신뿐만 아니라 동서양의 모든 종교 및 고금의 철학사상을 포용하는 지점이 된다.

---

546) Fayek M. Ishak, *op. cit.*, pp. 147 - 8.

엘리엇은 수레바퀴의 이미지를 이용하여 수레바퀴의 원주는 현실이고 수레바퀴를 수레바퀴이게 지탱해주는 중심점은 정점이라고 표현한다. 정점은 비록 언어적 표현은 다르지만 실제로는 로고스, 기독교의 하나님, 불교의 해탈의 경지, 힌두교의 쉬바신의 춤이 있는 곳으로, 그 춤 또는 쉬바신 자신, 시간과 무시간의 교차점, 장미원 등의 실재와 동일하다. 그러므로 엘리엇은 이것을 "사랑"으로 표현하고 크리쉬나의 권고를 인용하여 우리에게 "앞으로 나아가라"고 말한다. 이 말의 의미는 현실에 대한 집착이나 결과에 대한 기대 없이 공평무사한 마음으로 삶을 살아가라는 것이며 죽음을 전제로 한 무시간적인 운명에 순응하라는 의미를 내포하고 있다. 동양사상의 무상 또는 윤회의 의미가 여기에 내포되어 있음은 다시 말할 필요가 없지만 그보다 참된 순간 순간을 사는 것이 궁극적인 현실의 구원방도라는 것을 우리에게 알려주는 것이 그의 목적이라고 생각된다.

이와 같은 인식은 "리틀 기딩"에서 밝혀지듯이 평범한 사람들에게는 반 정도는 천혜로 주어지고 나머지는 자신의 노력에 의하여 달성하는 경지이지만 성자는 항상 인식하고 있는 경지이다. 엘리엇은 현실 속의 모든 종교, 사상의 근본이 동일하고, 그것이 현실과 관계를 맺고 있을 때에만 가치가 있음을 인식하였다. 다시 말하여 현실도 절대세계가 있음으로 해서 가치가 있고, 절대세계도 역시 현실이 있음으로 해서 가치가 있음을 인식하였다. 또한 그는 현실에서 절대세계로 가는 길도 비록 외관상 다르게 보일지라도 궁극적으로는 하나의 길임을 인식하고 그것을 헤라클레이토스의 말을 제사로 사용하여 표현하고, 작품 속에서 부연설명한다. 이처럼 현실과 이상 세계와의 결합의 가능성의 추구가 엘리엇의 시에서는 처음부터 끝까지 일관되고 있으며 그러한 뜻에서 그의 작품은 "유기적 전체"[547]를 이루고 있다고 할 수 있다.

---

547) T. S. Eliot, *Selected Essays*, p. 23.

# |참고문헌|

Ackroyd, Peter. *T. S. Eliot*. London: Hamish Hamilton, 1984.

Alvarez, A. *The Shaping Spirit: Studies in Modern English and American Poets*. London: Chatto and Windus, 1958.

Antrim, Harry T. *T. S. Eliot's Concept of Language: A Study of Its Development*. Gainsville: University of Florida Press, 1971.

Bahm, A. J. *Philosophy of the Buddha*. London: Rider and Company, 1958.

Bantock, G. H. *T. S. Eliot and Education*. London: Faber and Faber, 1970.

Barrett, William, ed. *Zen Buddhism: Selected Writings of D. T. Suzuki*. New York: Doubleday and Company, Inc., 1956.

Beck, L. Adames. *The Splendour of Asia: The Story and Teaching of the Buddha*. New York: Dodd, Mead and Company, 1926.

Bedient, Calvin. *He Do the Police in Different Voices: The Waste Land and Its Protagonist*. Chicago and London: The University of Chicago Press, 1986.

Beehler, Michael. *T. S. Eliot, Wallace Stevens, and the Discourses of Difference*. Baton Rouge and London: Louisiana State University Press, 1987.

Behr, Caroline. *T. S. Eliot: A Chronology of his Life and Works*. London and Basingstoke: The Macmillan Press Ltd., 1983.

Bennett, Charles A. *A Philosophical Study of Mysticism.* New Haven: Yale University Press, 1923.

Benstock, Bernard, ed. *Critical Essays on James Joyce.* Boston, Massachussetts: GK. Hall and Co., 1985.

Bergonzi, Bernard. *T. S. Eliot.* New York: The Macmillan Company, 1972.

_____. ed. *T. S. Eliot: Four Quartets.* (A Casebook), London: MacMillan and Co. Ltd., 1969.

Bergsten, Staffan. *Time and Eternity: A Study in the Structure and Symbolism of T. S. Eliot's Four Quartets.* Stockholm: Svenska Bokforlaget, 1960.

Blackmur, R. P. *Form and Value in Modern Poetry.* New York: Doubleday and Company, Inc., 1957.

Blamires, Harry. *Word Unheard: A Guide through Eliot's Four Quartets.* London: Methuen and Co. Ltd., 1969.

Bloom, Harold, ed. *T. S. Eliot's The Waste Land.* New York, New Haven Philadelphia: Chelsea House Publishers, 1986.

Bolle, Kees W. *The Bhagavad Gita: A New Translation.* Berkeley, Los Angeles, London: University of California Press, 1979.

Bornstein, George. *Transformations of Romanticism in Yeats, Eliot, and Stevens.* Chicago and London: The University of Chicago Press, 1976.

Brooks, Cleanth. *The Hidden God: Studies in Hemingway, Faulkner, Yeats, Eliot, and Warren.* New Haven and London: Yale University Press, 1963.

_____. *Modern Poetry and the Tradition.* New York: Oxford University Press, 1965.

Browne, E. Martin. *The Making of T. S. Eliot's Plays.* Cambridge: Cambridge University Press, 1969.

Bush, Ronald. *T. S. Eliot: A Study in Character and Style.* New York, Oxford: Oxford University Press, 1984.

Cattaui, Georges. Trans. by Pace, Claire and Stewart, Jean. *T. S. Eliot.* U. S. A.: Minerva Press, 1966.

Chace, William M. *The Political Identities of Ezra Pound and T. S. Eliot.* Stanford, California: Stanford University Press, 1973.

Chaitanya, Krishna. *Sanscrit Poetics: A Critical and Comparative Study.* New York: Asia Publishing House, 1965.

Coles Editorial Board. *T. S. Eliot's Major Poems and Plays.* Toronto: Coles Publishing Company Limited, 1981.

Conze, Edward. *Buddhism: Its Essence and Development.* Oxford: Bruno Cassirer, 1957.

Coote, Stephen. *T. S. Eliot: The Waste Land.* London: Penguin Books, 1985.

Cox, C. B. and Dyson, A. E. *Modern Poetry: Studies in Practical Criticism.* London: Edward Arnold, 1984.

_____. *The Practical Criticism of Poetry: A Textbook.* London: Edward Arnold Ltd., 1965.

Cox, C. B. and Hinchliffe, Arnold P. eds. *T. S. Eliot: The Waste Land.* ( A Casebook), London and Basingstoke: The MacMillan Press Ltd., 1968.

Craig, Cairns. *Yeats, Eliot, Pound and the Politics of Poetry*. Pittsburgh: University of Pittsburgh Press, 1982.

Daiches, David. *Poetry and the Modern World*. Chicago: The University of Chicago Press, 1948.

Dasgupta, S. N. *Hindu Mysticism*. Chicago and London: The Open Court Publishing Co., 1927.

Davidson, Harriet. *T. S. Eliot and Hermeneutics*. Baton Rouge and London: Louisiana State University Press, 1985.

De Molina, David Newton, ed. *The Literary Criticism of T. S. Eliot*. Bristol: The Athlone Press, 1977.

Douglass, Paul. *Bergson, Eliot and American Literature*. Lexington, Kentucky: The University of Kentucky, 1986.

Drew, Elizabeth. *T. S. Eliot: The Design of His Poetry*. New York: Charles Scribner's Sons, 1953.

Dyson. A. E. *Yeats, Eliot and R. S. Thomas: Riding the Echo*. London and Basingstoke: The MacMillan Press Ltd., 1981.

Easthope, Antony. *Poetry as Discourse*. London and New York: Methuen, 1983.

Eliot, T. S. *After Strange Gods: A Primer of Modern Heresy*. London: Faber and Faber Limited, 1933.

_____. *The Complete Poems and Plays of T. S. Eliot*. London and Boston: Faber and Faber, 1978.

_____. *For Lancelot Andrewes*. London: Faber and Faber, 1970.

_____. *The Idea of a Christian Society and Other Writings*.

London: Faber and Faber, 1982.

_____. *Knowledge and Experience in the Philosophy of F. H. Bradley*. New York: Farrar, Straus and Company, 1964.

_____. *Notes Towards the Definition of Culture*. London, Boston: Faber and Faber Limited, 1979.

_____. *On Poetry and Poets*. London, Boston: Faber and Faber Limited, 1979.

_____. *Poems Written in Early Youth*. New York: Farrar, Straus and Giroux, 1967.

_____. *The Sacred Wood: Essays on Poetry and Criticism*. London: Methuen and Co. Ltd., 1972.

_____. *Selected Essays*. London: Faber and Faber Limited, 1976.

_____. *To Criticize the Critic and Other Writings*. London: Faber and Faber, 1978.

_____. *The Use of Poetry and the Use of Criticism*. London: Faber and Faber, 1975.

_____, ed. *Literary Essays of Ezra Pound*. London, Boston: Faber and Faber, 1954.

Eliot, Valerie, ed. *The Letters of T. S. Eliot*. Vol. I. London: Faber and Faber, 1988.

_____, ed. *T. S. Eliot: The Waste Land: A Facsimile and Transcript of the Original Drafts Including the Annotations of Ezra Pound*. New York: Harcourt Brace Jovanovich, Inc., 1971.

Ellis, Steve. *Dante and English Poetry.* Cambridge, London and New York: Cambridge University Press, 1983.

Ellmann, Maud. *The Poetics of Impersonality: T. S. Eliot and Ezra Pound.* Sussex: The Harvester Press Limited, 1987.

Ellmann, Richard and O'Clair, Robert, eds. *The Norton Anthology of Modern Poetry.* New York: W. W. Norton and Company. Ins., 1973.

Ellwood, Robert S. Jr. *Mysticism and Religion.* Englewood Cliffs, New Jersey: Prentice – Hall Inc., 1980.

Empson, William. *Seven Types of Ambiguity.* New York: New Directions Publishing Corporation, 1966.

Frazer, James George. *The Golden Bough: A Study in Magic and Religion.* Toronto: The MacMillan Company, Collier – Macmillan Canada Ltd., 1969.

Freed, Lewis. *T. S. Eliot: The Critic as Philosopher.* West Lafayette, Indiana: Purdue University Press, 1979.

Frye, Northrop. *T. S. Eliot: An Introduction.* Chicago and London: The University of Chicago Press, 1981.

Gabel, John B. and Wheeler, Charles B. *The Bible as Literature: An Introduction.* New York, Oxford: Oxford University Press, 1986.

Gallup, Donald. *T. S. Eliot: A Bibliography.* London: Faber and Faber Limited, 1969.

Gardner, Helen. *The Art of T. S. Eliot.* London, Boston: Faber and Faber Limited, 1949.

_____. *The Composition of Four Quartets.* London and

Boston: Faber and Faber, 1978.

Gish, Nancy K. *Time in the Poetry of T. S. Eliot: A Study in Structure and Theme*. London and Basingstoke: The MacMillan Press Ltd., 1981.

Gordon, Lyndall. *Eliot's Early Years*. Oxford and New York: Oxford University Press, 1977.

_____. *Eliot's New Life*. Oxford: Oxford University Press, 1988.

Grant, Michael, ed. *T. S. Eliot: The Critical Heritage*. Vol. I. London, Boston, Melbourne and Henley: Routledge and Kegan Paul, 1982.

_____, ed. *T. S. Eliot: The Critical Heritage*. Vol. II. London, Boston, Melbourne and Henley: Routledge and Kegan Paul, 1982.

Gray, Piers. *T. S. Eliot's Intellectual and Poetic Development 1909 – 1922*. Sussex and New Jersey: The Harvester Press and Humanities Press, 1982.

Gross, Harvey. *Sound and Form in Modern Poetry*. U. S. A.: The University of Michigan Press, 1964.

Hay, Eloise Knapp. *T. S. Eliot's Negative Way*. Cambridge and London: Harvard University Press, 1982.

Hayward, John, ed. *T. S. Eliot: Selected Prose*. Harmondsworth, Middlesex: Penguin Books, Faber and Faber, 1953.

Headings, Philip R. *T. S. Eliot*. New Haven, Conn: College and University Press, Publishers, 1964.

Heaney, Seamus. *The Government of the Tongue: The 1986 T. S. Eliot Memorial Lectures and Other Critical Writings*. London, Boston: Faber and Faber, 1988.

Herbert, Michael. *T. S. Eliot: Selected Poems*. (York Notes), Essex and Beirut: Longman Group Limited and York Press, 1982.

Hilliard, F. H. *The Buddha: The Prophet and the Christ*. London and New York: George Allen and Unwin Ltd. and The MacMillan Company, 1956.

Hirst, Desiree. *Brodie's Notes on T. S. Eliot's Selected Poems*. London and Sydney: Pan Books, 1980.

Hyman, Stanley Edgar. *The Armed Vision: A Study in the Methods of Modern Literary Criticism*. New York: Random House, Inc., 1955.

Ikeda, Daisaku. *Buddhism: The Living Philosophy*. Tokyo: The East Publications, Inc., 1974.

Ishak, Fayek M. *The Mystical Philosophy of T. S. Eliot*. New Haven, Conn: College and University Press, Publishers, 1970.

Jay, Gregory S. *T. S. Eliot and the Poetics of Literary History*. Baton Rouge and London: Louisiana State University Press, 1983.

Johnson, Anthony L. *Sign and Structure in the Poetry of T. S. Eliot*. Pisa, Italy: Editrice Tecnico Scientifica, 1976.

Katz, Nathan, ed. *Buddhist and Western Philosophy*. New Delhi, Bangalore and Jullundur: Sterling Publishers Private Limited, 1981.

Kearns, Cleo McNelly. *T. S. Eliot and Indic Traditions: A Study in Poetry and Belief.* Cambridge: Cambridge University Press, 1987.

Kenner, Hugh. *The Invisible Poet: T. S. Eliot.* London: Methuen and Co. Ltd., 1959.

_____, ed. *T. S. Eliot: A Collection of Critical Essays.* Englewood Cliffs, N.J.: Prentice – Hall, Inc., 1962.

Kermode, Frank, ed. *Selected Prose of T. S. Eliot.* London: Faber and Faber, 1975.

Kojecky, Roger. *T. S. Eliot's Social Criticism.* New York: Farrar, Straus and Giroux, 1971.

Leavis, F. R. *Education and the University.* Cambridge: Cambridge University Press, 1943.

_____. *New Bearings in English Poetry.* Middlesex: Penguin Books Ltd., 1963.

_____. *Revaluation: Tradition and Development in English Poetry.* London: Chatto and Windus, 1969.

_____. *Valuation in Criticism and Other Essays.* Cambridge: Cambridge University Press, 1986.

Levenson, Michael H. *A Genealogy of Modernism.* Cambridge: Cambridge University Press, 1984.

Lindberg, Kathryne V, *Reading Pound Reading: Modernism After Nietzsche.* New York, Oxford: Oxford University Press, 1987.

Litz, A. Walton, ed. *Eliot in His Time: Essays on the Occasion of the Fiftieth Anniversary of The Waste Land.* Princeton, New

Jersey: Princeton University Press, 1973.

Lobb, Edward. *T. S. Eliot and the Romantic Critical Tradition.* London, Boston and Henley: Routledge and Kegan Paul, 1981.

Lu, Fei-Pai. *T. S. Eliot: The Dialectical Structure of His Theory of Poetry.* Chicago and London: The University of Chicago Press, 1966.

Lucas, John. *Modern English Poetry: From Hardy to Hughes.* London: B. T. Batsford Ltd., 1986.

Lucy, Sean. *T. S. Eliot and the Idea of Tradition.* London: Cohen and West, 1960.

Mackinnon, Lachlan. *Eliot, Auden, Lowell: Aspects of Baudelairean Inheritance.* London and Basingstoke: The MacMillan Press Ltd., 1983.

Macrae, Alasdair D. F. *T. S. Eliot: The Waste Land.* (York Notes), London and Beirut: Longman Group Limited and York Press, 1980.

Margolis, John D. *T. S. Eliot's Intellectual Development 1922-1939.* Chicago and London: The University of Chicago Press, 1972.

Martin, P. W. *Experiment in Depth: A Study of the Work of Jung, Eliot and Toynbee.* London: Routledge and Kegan Paul, 1955.

Martin, Graham and Furbank, P. N. ed. *Twentieth Century Poetry: Critical Essays and Documents.* Stratford: The Open University Press, 1975.

Martin, Stoddard. *Wagner to "The Waste Land": A Study of the*

*Relationship of Wagner to English Literature*. London and
Basingstoke: The MacMillan Press Ltd., 1982.

Masirevich, Constance De. *On the Four Quartets of T. S. Eliot*.
London: Vincent Stuart Publishers Ltd., 1963.

Matthews, T. S. *Great Tom: Notes Towards the Definition of T. S.
Eliot*. New York: Harper and Row, Publishers, 1974.

Matthiessen, F. O. *The Achievement of T. S. Eliot: An Essay on the
Nature of Poetry*. London, Oxford, New York: Oxford
University Press, 1958.

Maxwell, D. E. S. *The Poetry of T. S. Eliot*. London: Routledge and
Kegan Paul, 1954.

Meisel, Perry. *The Myth of the Modern: A Study in British
Literature and Criticism After 1850*. New Haven and London:
Yale University Press, 1987.

Menand, Louis. *Discovering Modernism: T. S. Eliot and His Context*.
New York, Oxford: Oxford University Press, 1987.

Miller, James E. Jr. *T. S. Eliot's Personal Waste Land: Exorcism of
the Demons*. University Park and London: The Pennsylvania
State University Press, 1977.

Moody, A. D. *Thomas Stearns Eliot: Poet*. Cambridge: Cambridge
University Press,1980.

_____, ed. *The Waste Land in Different Voices*. London:
Edward Arnold, 1974.

O'Conner, William Van. *Sense and Sensibility in Modern Poetry*.
Chicago, Illinois: The University of Chicago Press, 1956.

Olney, James, ed. *T. S. Eliot: Essays from the Southern Review*. Oxford: Clarendon Press, 1988.

Osborne, Arthur. *Buddhism and Christianity in the Light of Hinduism*. London: Rider and Company, 1959.

Otto, Rudolf. Trans. Bracy, Bertha L. and Payne, Richenda C. *Mysticism East and West: A Comparative Analysis of the Nature of Mysticism*. New York: Meridian Books, 1957.

Partridge, A. C. *The Language of Modern Poetry: Yeats, Eliot, Auden*. London: Andre Deutsch, 1976.

Patterson, Gertrude. *T. S. Eliot: Poems in the Making*. Manchester, New York: Manchester University Press, Harper and Row Publishers, Inc., 1971.

Pearce, Roy Harvey. *The Continuity of American Poetry*. Princeton, New Jersey: Princeton University Press, 1961.

Perkins, David. *A History of Modern Poetry: From the 1890s to the High Modernist Mode*. Cambridge and London: The Belknap Press of Harvard University Press, 1976.

_____. *A History of Modern Poetry: Modernism and After*. Cambridge and London: The Belknap Press of Harvard University Press, 1987.

Pinion, F. B. *A T. S. Eliot Companion: Life and Works*. Basingstoke and London: The MacMillan Press Ltd., 1986.

Pinkney, Tony. *Women in the Poetry of T. S. Eliot: A Psychological Approach*. London and Basingstoke: The MacMillan Press Ltd., 1984.

Press, John. *A Map of Modern English Verse*. Oxford: Oxford University Press, 1969.

Pritchard, William H. *Lives of the Modern Poets*. London and Boston: Faber and Faber, 1980.

Quinn, Maire A. *T. S. Eliot: Four Quartets*. (York Notes), Essex: Longman Group Limited, 1982.

Radhakrishnan, S. *Indian Philosophy*. Vol. I. New York, London: The MacMillan Company, George Allen and Unwin Ltd., 1929.

_____. *Indian Philosophy*. Vol. II. New York, London: The MacMillan Company, George Allen and Unwin Ltd., 1931.

Raffel, Burton. *Possum and Ole Ez in the Public Eye: Contemporaries and Peers on T. S. Eliot and Ezra Pound 1892－1972*. (Archon Books), Connecticut: The Shoe String Press, Inc.,, 1985.

_____. *T. S. Eliot*. New York: Frederick Ungar Publishing Co., 1982.

Rao, P. Nagaraja. *The Bhagavad Gita and the Changing World*. Ellis Bridge, Ahmedabad: The New Order Books Co., 1953.

Ricks, Christopher. *T. S. Eliot and Prejudice*. London, Boston: Faber and Faber Limited, 1988.

Rosental, M. L.. *Sailing into the Unknown: Yeats, Pound, and Eliot*. New York: Oxford University Press, 1978.

Schweitzer, Albert. Trans. Russel, Charles E. B. *Indian Thought and Its Development*. Boston: The Beacon Press, 1936.

Scofield, Martin. *T. S. Eliot: The Poems*. Cambridge: Cambridge University Press, 1988.

Sencourt, Robert. *T. S. Eliot: A Memoir*. New York: Dodd, Mead and Company, 1971.

Shusterman, Richard. *T. S. Eliot and the Philosophy of Criticism*. New York: Columbia University Press, 1988.

Sisson, C. H. *English Poetry 1900 − 1950: An Assessment*. London and New York: Methuen, 1981.

Skaff, William. *The Philosophy of T. S. Eliot: From Skepticism to a Surrealist Poetic 1909 − 1927*. Philadelphia: University of Pennsylvania Press, 1986.

Smidt, Kristian. *Poetry and Belief in the Work of T. S. Eliot*. London: Routledge and Kegan Paul, 1961.

Smith, Grover. *T. S. Eliot's Poetry and Plays: A Study in Sources and Meaning*. Chicago and London: The University of Chicago Press, 1974.

_____. *The Waste Land*. London: George Allen and Unwin, 1983.

Southam, B. C. *A Student's Guide to the Selected Poems of T. S. Eliot*. London and Boston: Faber and Faber, 1981.

_____, ed. T. S. Eliot: *'Prufrock', 'Gerontion', Ash Wednesday and Other Shorter Poems*. (A Casebook), London and Basingstoke: The MacMillan Press Ltd., 1978.

Spender, Stephen. *T. S. Eliot*. New York: The Viking Press, 1975.

Spiro, Melford E. *Buddhism and Society and Its Burmese Vicissitude*.

London: George Allen and Unwin Ltd., 1970.

Spurr, David. *Confilcts in Consciousness: T. S. Eliot's Poetry and Criticism.* Urbana, Chicago and London: University of Illinois Press, 1984.

Sri, P. S. *T. S. Eliot: Vedanta and Buddhism.* Vancouver: University of British Columbia Press, 1985.

Stead, C. K. *The New Poetics: Yeats to Eliot.* Middlesex: Penguin Books, 1964.

_____. *Pound, Yeats, Eliot and the Modernist Movement.* Basingstoke and London: The MacMillan Press Ltd., 1986.

Sultan, Stanley. *Ulysses, The Waste Land and Modernism.* Port Washington, N.Y., London: Kennikat Press, 1977.

Suzuki, Daisetz Teitaro. *Mysticism: Christian and Buddhist.* New York: Harper and Brothers Publishers, 1957.

Svarny, Erik. *'The Men of 1914': T. S. Eliot and Early Modernism.* Milton Keynes, Philadelphia: Open University Press, 1988.

Swarbrick, Andrew. *Selected Poems of T. S. Eliot.* (MacMillan Master Guides), Basingstoke and London: MacMillan Education Ltd., 1988.

Symons, Arthur. *The Symbolist Movement in Literature.* New York: E. P. Dutton and Co., Inc., 1958.

Thwaite, Anthony. *Twentieth Century English Poetry.* London and New York: Heinemann, and Barnes and Noble, 1978.

Tobin, David Ned. *The Presence of the Past: T. S. Eliot's Victorian Inheritance.* Ann Arbor, Michigan: UMI Research Press, 1983.

Traversi, Derek. *T. S. Eliot: The Longer Poems*. New York and London: Harcourt Brace Jovanovich, 1976.

Trawick, Buckner B. *The Bible as Literature: The Old Testament and the Apocrypha*. New York: Harper and Row, Publishers, 1970.

Trotter, David. *The Making of the Reader*. London and Basingstoke: The MacMillan Press Ltd., 1984.

Unger, Leonard. *Eliot's Compound Ghost: Influence and Confluence*. University Park and London: The Pennsylvania State University Press, 1981.

_____. *T. S. Eliot: Moments and Patterns*. Minneapolis: University of Minnesota Press, 1966.

_____, ed. *T. S. Eliot: A Selected Critique*. New York, Toronto: Inehart and Company Inc., 1948.

Wagner, Linda W., ed. *T. S. Eliot: A Collection of Criticism*. New York: McGraw – Hill Book Company, 1974.

Wain, John, ed. *Interpretations: Essays on Twelve English Poems*. London: Routledge and Kegan Paul, 1955.

Ward, David. *T. S. Eliot: Between Two Worlds*. London and Boston: Routledge and Kegan Paul, 1973.

Weber, Max. Trans. and ed. Gerth, Hans H. and Martindale, Don. *The Religion of India: The Sociology of Hinduism and Buddhism*. New York: The Free Press, 1958.

Weston, Jessie L. *From Ritual to Romance*. New York: Doubleday and Company, Inc., 1957.

Williams, John. *Twentieth-Century British Poetry: A Critical Introduction*. London: Edward Arnold, 1987.

Williamson, George. *A Reader's Guide to T. S. Eliot: A Poem-by-Poem Analysis*. New York: Farrar, Straus and Giroux, 1966.

Wilson, Edmund. *Axel's Castle: A Study in the Imaginative Literature of 1870-1930*. New York: Charles Scribner's Sons, 1969.

York, R. A. *The Poem as Utterance*. London and New York: Methuen, 1986.

김장호. 『불교문학과 희랍비극』. 서울: 동국대학교 부설 역경원, 1980.

민희식. 『성서의 뿌리: 오리엔트 문명과 불교』. 서울: 도서출판 산방, 1989.

_____. 『불교와 서구사상』. 서울: 도서출판 산방, 1989.

박석일 역. 『바가바드 기타』. 서울: 정음사, 1987.

_____, 역. 『우파니샤드』. 서울: 정음사, 1974.

박희선. 『선의 탐구: 증도가의 세계』. 서울: 홍법원, 1982.

법정 역. 『숫타니파아타』. 서울: 정음사, 1974.

B. S. 라즈니쉬, 신종현 역. 『우파니샤드』. 서울: 청하, 1990.

서경수. 『속 인도 그 사회와 문화』. 서울: 동국대학교 부설 역경원, 1985.

_____. 『인도 그 사회와 문화』. 서울: 동국대학교 부설 역경원, 1979.

석영학. 『싯달타의 고뇌: 불타의 이상』. 서울: 태종문화사, 1980.

석지현. 『선으로 가는 길』. 서울: 일지사, 1989.

석진오 역해. 『바가바드 기타』. 서울: 고려원, 1987.

_____, 편저. 『우파니샤드: 인도의 사상』. 서울: 홍법원, 1984.

스즈끼 다이세쯔, 동봉 역.『선의 진수』. 서울: 고려원, 1989.

에드워드 콘즈 외, 김종욱 편역.『불교사상과 서양철학』. 서울: 민족사, 1990.

이소가노미 겐이찌로, 박희준 역.『윤회와 전생』. 서울:고려원, 1989.

이창배.『T.S.엘리엇 연구:인간과 문학』. 서울: 민음사, 1988.

이청담.『해설 반야심경』. 서울: 보성문화사, 1988.

정승석 편역.『리그베다』. 서울: 도서출판 김영사, 1984.

중촌원, 이기영 역.『인도 사상사』. 서울: 동국대학교 부설 역경원, 1984.

한국영어영문학회 편.『T. S. 엘리어트』. 서울: 민음사, 1978.

황동규 편.『엘리어트』. 서울: 문학과 지성사, 1978.

・**저자**・

최희섭　・**학 력**・
　　　　91년 고려대학교 대학원 영어영문학과 문학박사
　　　　84년 고려대학교 대학원 영어영문학과 문학석사
　　　　現職 전주대학교 인문대학 교수

　　　　・**경 력**・
　　　　80-87년 경기도내 공립 고등학교 교사(평택기계공업고등학교,
　　　　　　　이천농업고등학교, 수원여자고등학교)
　　　　88-93년 고려대학교・수원대학교・공주대학교・건국대학교 강사
　　　　98.3-99.2. 미국 Waynesburg College 초빙교수
　　　　93년-현재 전주대학교 언어문화학부 전임강사/ 조교수/ 부교수/ 교수

　　　　현재 한국동서비교문학학회 고문
　　　　　　한국번역학회 총무
　　　　　　대한영어영문학회 편집위원장

　　　　역임 한국동서비교문학학회 회장
　　　　　　한국동서비교문학학회 부회장
　　　　　　한국예이츠학회 부회장
　　　　　　한국현대영미시학회 편집위원장
　　　　　　한국번역학회 편집위원장
　　　　　　한국예이츠학회 감사
　　　　　　한국문학과 종교학회 감사
　　　　　　한국호손과 미국소설학회 감사


　　　　・**저 서**・
　　　　『미국문화 바로알기』
　　　　『영국문화 바로알기』(2인 공저)
　　　　『번역 첫걸음 내딛기』
　　　　『번역입문』
　　　　『영작문 기초부터 다지기』
　　　　『쿨 호수의 야생 백조』(예이츠시번역총서 3권 수십인 공저)
　　　　『영미문화의 이해』(2인 공저)
　　　　『각주가 상세한 영시개론』
　　　　『쉬운 영시개론』
　　　　『초록 기사의 슬픔』(예이츠시번역총서 2권 수십인 공저)
　　　　『행복한 목동의 노래』(예이츠시번역총서 1권 수십인 공저)
　　　　『T. S. 엘리엇을 기리며』(수십인 공저)
　　　　『영미시개론』
　　　　『미국 현대시의 이해』

『영국현대시의 이해』
『현대영미시』
『대학영어』

• 역 서 •

『동물농장』(웅진문학에디션 뿔)
『영시감상의 첫걸음』(도서출판 동인)

• 논 저 •

「광한루원의 영어 안내판에 나타난 고유명사 철자 오류」
「휘트먼의 동양사상에 대한 관심」
「『번역학연구』의 현황과 국내문헌 인용 고찰」
「『동서비교문학저널』의 현황과 전망」
「『현대영미시 연구』 수록 논문의 현황과 국내문헌 인용 고찰」
「『문학과 종교』의 현황과 국내 발행 학술지에서의 인용정도」
「『T. S. 엘리엇 연구』의 현황과 전망」
「『한국예이츠저널』 수록논문의 국내문헌 인용 고찰」
「『쿠퍼의 언덕』과 『윈저 숲』에 나타난 정치적 자연풍경」
「『드라이 샐비지즈』와 『리틀 기딩』에 나타난 엘리엇의 시간관」
「『청금석 부조』의 "비극적 환회"와 불교」
「『번트 노튼』과 『이스트 코우커』에 나타난 엘리엇의 시간관」
「『원로 정치가』의 등장인물의 이름연구」
「『황무지』의 『불의 설교』의 불교적 고찰」
「휘트먼의 『나 자신의 노래』의 "자신"의 불교적 고찰」
「엘리엇의 "전통"의 형성과 발전」
 외 다수

## 엘리엇 시에 있어서의 동서 구원관의 융합

| | |
|---|---|
| • 초판 인쇄 | 2008년 7월 10일 |
| • 초판 발행 | 2008년 7월 10일 |
| • 지 은 이 | 최희섭 |
| • 펴 낸 이 | 채종준 |
| • 펴 낸 곳 | 한국학술정보㈜ |
| | 경기도 파주시 교하읍 문발리 513-5 |
| | 파주출판문화정보산업단지 |
| | 전화 031) 908-3181(대표) · 팩스 031) 908-3189 |
| | 홈페이지 http://www.kstudy.com |
| | e-mail(출판사업부) publish@kstudy.com |
| • 등 록 | |
| • 가 격 | 30,000원 |

ISBN 978-89-534-9657-6 93840 (Paper Book)
      978-89-534-9658-3 98840 (e-Book)